Ernst Udet

Hans Herlin

Ernst Udet
Der Flieger

Bechtermünz

Genehmigte Lizenzausgabe für
Verlagsgruppe Weltbild GmbH,
Steinerne Furt, 86167 Augsburg
Copyright © 1974 by Autor –
Erben und AVA GmbH,
München-Breitbrunn (Germany)
Umschlaggestaltung: imprint, Augsburg
Umschlagmotiv: Bildarchiv Preußischer Kulturbesitz
Gesamtherstellung: Clausen & Bosse GmbH,
Birkstraße 10, 25917 Leck

Printed in Germany

ISBN 3-8289-0535-8

2006   2005   2004   2003
Die letzte Jahreszahl gibt
die aktuelle Lizenzausgabe an.

Einkaufen im Internet: *www.weltbild.de*

INHALT

Zwei Minuten vor den Nachrichten schob man dem Sprecher im Studio des Reichssenders Berlin einen schmalen Papierstreifen zu. »Als erste Meldung!« war am Rand vermerkt.

Der Sprecher legte den Streifen über den Wehrmachtsbericht vom 17. November 1941. Seine Hände strichen das dünne graue Papier glatt, ehe er den Text überflog. Dann las er ihn noch einmal, während der blaue Stift in seiner Hand einzelne Wortgruppen unterstrich.

Generaloberst Ernst Udet … bei Erprobung einer neuen Waffe … auf tragische Weise … in Erfüllung seiner Pflicht … Der Führer hat ein Staatsbegräbnis angeordnet.

Die Studio-Uhr zeigte eine Minute vor vierzehn Uhr. Der Sender strahlte noch das Mittagskonzert aus.

Die Einzelzimmer der Privatklinik des Luftwaffenarztes Professor Kempkes in der Augsburger Straße in Berlin hatten Radio. Auch Zimmer siebzehn. Dort hörte der Oberstleutnant Walter Angermund die Nachricht. Eben noch hatte Angermund vor sich hingedöst. Eben noch kam die Musik aus dem schwarzen Gehäuse des Volksempfängers am Kopfende seines Bettes und dann, unvermittelt, die feierlich getragene Stimme des Sprechers. –

Angermunds erster und einziger Gedanke war: »Das kann doch gar nicht sein …« Er schaltete das Radio ab. Die Stille des Raumes machte alles noch unwirklicher. Er schob sich im Bett hoch und nahm das Telefon vom Nachttisch. Er stellte es auf seine Brust und wählte die Nummer des Reichsluftfahrtministeriums.

Die Nummer war besetzt. Er legte auf, wählte. Wieder besetzt. Er hämmerte auf die Gabel. Er versuchte es noch dreimal, aber es antwortete ihm immer nur das abweisende Zeichen. Dann wählte er eine andere Nummer. Als er die ruhige Stimme seiner Frau hörte, ließ er sich auf das Kissen zurückfallen.

»Hast du die Nachrichten gehört?« fragte er. »Eben …«

»Nein.«

»Die letzten Nachrichten«, sagte er, »vor ein paar Minuten.« Angermund blickte unwillkürlich zur Tür. »Der Udet ist tot«, sagte er dann. »Der Ernst Udet. Tot. Ich denke, das kann gar nicht wahr sein … Mich hat keiner informiert. Ich liege hier, und Erni …«

Sie antwortete lange nicht, und er sah in diesem Augenblick ihr Gesicht vor sich. Er versuchte, wie immer in solchen Augenblicken, die beiden Jahre Krieg, die beiden Jahre Angst zu verleugnen.

»Kann ich etwas tun?« hörte er ihre Stimme.

»Vielleicht könntest du dich um die Frauen kümmern. Sie werden seine Mutter und seine Schwester nach Berlin holen. Aber daß sie mich nicht benachrichtigt haben, verstehst du das?«

»Sie werden es schon noch tun«, sagte sie.

Später versuchte er wieder, das Reichsluftfahrtministerium anzurufen. Endlich bekam er eine Verbindung. Sabine von der Groeben war am Apparat, Udets Sekretärin.

»Sagen Sie, was ist denn los?« fragte er. »Im Radio hieß es …«

»Ach, wissen Sie, Herr Oberstleutnant, hier ist eine Mordsaufregung, ich weiß nicht, was ich sagen soll … und die Vorbereitungen für das Staatsbegräbnis … ich werde Herrn Oberst Pendele sagen, daß Sie angerufen haben. Er wird sich dann sicher mit Ihnen in Verbindung setzen …«

»Aber sagen Sie wenigstens, was stimmt denn an der Sache … daß er bei der Erprobung einer neuen Waffe …« Angermund erschrak. Er hörte die Worte, als hätte ein anderer sie gesprochen. Sabine von der Groeben schien sie nicht gehört zu haben, sie legte auf.

Bei einer Erprobung einer neuen Waffe? – Was für eine Waffe das bloß sein mochte? Sie probierten ja an allerlei herum, da war von Geheimwaffen die Rede, die den Krieg entscheiden sollten … aber daß sie dem Generalluftzeugmeister, dem sie sogar das Kunstfliegen verboten hatten, erlaubten, sich in so ein Ding zu setzen?

Am Freitag also würde das Staatsbegräbnis sein. Nicht das erste. Und bestimmt nicht das letzte. Und der Oberstleutnant Walter Angermund würde zu seinen Produktionstafeln zurückkehren, zu den mit Buntstiften sauber gezogenen Kurven … Einen Augenblick lang saß ihm das alles wieder im Nacken. Die im Kampf gegen England verlorenen Maschinen, die im Nordmeer und Mittelmeer fehlenden schweren Kampfverbände, die immer stärker werdenden Einflüge englischer Bomber im Westen, die Schulverbände, die man seit dem Sommer in Rußland geopfert hatte … Die Truppen lagen vor Moskau, aber die schneidende Kälte hatte die Front erstarren lassen. Und während er hier hinter Doppeltür und Doppelfenster in dem überhitzten Zimmer lag, sammelte in der Stadt die Winterhilfe warme Sachen für die Soldaten, die nur für einen Sommerfeldzug ausgerüstet waren …

Als der Oberstleutnant Angermund einige Tage später aus der Klinik entlassen wurde, führte ihn sein erster Weg in die Stalluponer Allee, Udets Wohnung. In der bedrückenden Stille dieses trüben Morgens ging der Oberstleutnant auf die einstöckige Villa zu.

Er hörte die Klingel im Hause anschlagen, ein lautes Schnarren, das wie ein Echo aus leeren, unbewohnten Räumen klang. Das Haushälterehepaar Peters mußte doch zu Hause sein? Aber niemand kam. Angermund schellte noch einmal. Dann ging er um das Haus herum. Die hohe Tür, die in die Halle führte, stand offen. Er trat ein, blickte sich suchend um, durchquerte die Halle und stieg die Treppe hinauf. Er öffnete die Tür zum »Fliegerzimmer«. Er starrte auf die Wände, an denen Erinnerungsstücke hingen. Wieder hatte er das Gefühl einer ungewohnten Leere. In diesem Augenblick hörte er, wie jemand seinen Namen rief. Er ließ den Türrahmen los und drehte sich um. Unten am Treppenabsatz stand Peters.

»Herr Oberstleutnant«, sagte Peters, »können wir einen Moment miteinander sprechen?«

Angermund ging hinunter. »Ja«, sagte er, »mit Ihnen hätte ich sowieso noch gesprochen.«

»Ich habe im Garten gearbeitet«, erklärte der Hausmeister. »Ich sah Sie hineingehen ...«

Sie verließen das Haus. Sie gingen über den Rasen und dann den schmalen Weg zwischen den Stämmen der Fichten entlang. »Ja, Herr Oberstleutnant«, sagte Peters dann, »ahnen Sie denn gar nichts? Wenn Sie wüßten, was sich hier getan hat am Montag ...« Er war stehengeblieben. »Sehen Sie«, begann er dann, »ich weiß, wie Sie mit Udet gestanden haben. Sie kennen ihn so lange und so gut ... da kann ich nicht den Mund halten. Wo Sie doch im Krankenhaus waren und nichts weiter davon hörten.« Er fuhr sich mit der Hand, an der noch Erde klebte, durch das Haar. »Wenn Sie wüßten, was wir hier erlebt haben!« sagte er. »Aber ich darf ja gar nicht reden – denn wenn Sie Gebrauch davon machen – dann hänge ich.«

Angermunds Hand suchte Halt an einem der Baumstämme. »Von mir erfährt niemand etwas«, sagte er.

»Das war in der Frühe«, berichtete Peters, »am siebzehnten, montags. – Der Schuß, das war unser Alarm ... Das Telefon im Schlafzimmer des Herrn Generaloberst war ausgehängt – aber das sah ich erst später. Es war so um neun, kurz vor neun. Wir rauf. An der Tür gerüttelt. Nichts rührte sich. Wir klopften, aber er hatte sich eingeschlossen. Was nun? – Öffnen! Öffnen! Wir sind gewaltsam rein, und dann lag er da ... er hatte sich mit dem mexikanischen Colt ... Sie kennen doch den Riesencolt – erschossen. Die Waffe lag auf dem Boden neben seinem Bett ...«

»Das wußte ich nicht ... daß er Munition dazu hatte«, sagte Angermund. Er stand immer noch an den Baum gelehnt, die Hand gegen den Stamm gestützt. Die rauhe, kalte Rinde fühlte sich gut an. Ein Stück Leben.

»Es sah schlimm aus.« Peters sprach ganz ruhig, aber so, wie einer spricht, der mit dem, was ihn quält, noch nicht fertig geworden ist. »So lag er da. Meine Frau war gegangen, um den Oberst Pendele anzurufen. Ich hab nachgefühlt. Vielleicht lebt er noch … und dann seh ich, der hat was angeschrieben! Am Kopf seiner Bettlade. Mit einem roten Fettstift.«

»Was hat er geschrieben?«

»Wir haben alle schwören müssen …« Peters ließ den Kopf sinken.

»Ich werde schon noch dahinterkommen«, sagte Angermund. »Irgend jemand wird es wohl wissen.«

»Das ja! Seine … die Frau Bleier war da. Der Herr Winter ist gekommen. Der Herr Körner ist gekommen. Oberst Pendele und ein Arzt – nicht sein Arzt, nicht Dr. Brühl, der kam erst später. – Aber die werden auch nicht reden …«

»Sehen Sie mal, Peters«, sagte Angermund. »Meine Kameraden, sie haben mich nach dem Staatsbegräbnis in der Klinik besucht, und sie versichern mir, der Udet sei am Herzschlag gestorben.«

Peters lachte bitter. »Der Staatssekretär Körner hat mit Karinhall telefoniert. Und dann hieß es: Keiner verläßt das Haus! Nach ein paar Stunden hatte man sich die glorreiche Lüge erdacht.«

»Ja, Peters«, sagte Angermund, »ich habe so etwas geahnt. Mit dieser neuen Waffe da, in der wir nun eine ganz alte erkennen … Und auch die Motive … Können Sie sich vorstellen, warum er es getan hat?«

»Wissen Sie, Herr Oberstleutnant, was bei Ihnen im Amt los war – das wissen Sie ja besser als ich.«

»Jetzt brauchen sie keinen Schuldigen mehr zu suchen«, sagte Angermund. »Jetzt haben sie ihn. Ein Toter schweigt. Und die Lebenden, Peters, die werden sich schon rechtfertigen – das ist ein altes Lied, Peters. Die Methode kennen wir schon.«

Peters begleitete ihn bis zum Tor. Sie hatten sich schon die Hand gereicht, als Peters sagte: »Herr Oberstleutnant, da kommen jetzt eine Menge Leute angelaufen, auch solche, die für den General gar nichts übrig gehabt haben. Die wollen hier alles mögliche mitnehmen.«

»Wer kommt?«

»Ministeriumsleute. Wildfremde, die sich als seine Freunde

ausgeben … Das darf hier doch nicht wie ein Ausverkauf losgehen.« Peters hatte plötzlich Tränen in den Augen. Und dann sagte er: »So, nun habe ich's Ihnen erzählt.«

Eine Viertelstunde später hielt Angermunds Wagen vor dem Hauptportal des Invalidenfriedhofs. Aber als er dann vor dem Hügel aus Kränzen stand, fragte er sich, weshalb es ihm so wichtig erschienen war, hierher an Udets Grab zu kommen.

Er starrte auf die Kranzschleifen. Er las die Namen, aber sie schienen bedeutungslos. Er blickte starr vor sich hin, als er die Schritte hörte, das Knirschen von Kies und dann die rauhe Stimme an seiner Seite:

»Viele Kränze, was?« Der Mann zeigte mit dem Stiel seines Rechens auf das Grab. »Haben Sie ihn auch gekannt?« fragte er neugierig. »Ich hab ihn mal gesehen. Oh, das ist lange her. In Staaken draußen, bei einem Volksflugtag. Der konnte fliegen! – Ich glaube, es gab nie einen besseren Flieger auf der Welt.«

Angermund wußte nicht, wie lange er dort stand. Vom Hauptweg kam das ferne Geräusch eines Rechens, der über den harten Kies fuhr. Das Geräusch begleitete die ganze Zeit seine Gedanken.

»Wenn du nur ein Wort gesagt hättest, Erni«, dachte er, »ich hätte schon eine Maschine klar gekriegt und ein paar Zusatztanks dran … Das hätte uns ganz schön weit gebracht … Weißt du noch, damals, als du mit der Curtiss aus Amerika zurückkamst – 1933 war das –, damals, da hätten wir wirklich wieder auf Tournee gehen sollen. Mit der schweren Curtiss stürzen und mit dem Flamingo Kunstflug – du hättest dich in die Luft gehängt, und ich hätte unten kassiert, wie in alten Zeiten. Wir hätten es wirklich tun sollen.

Würdest du noch einmal alles erleben wollen? … Ich meine, wir haben auch unsere großen Zeiten gehabt, alles in allem.

Aber wirklich, alles noch einmal erleben …« dachte der Mann vor dem Grab, ehe er sich abwandte und mit müden Schritten zurückging. »Von Anfang an …«, dachte er.

ERSTER TEIL

AS DER ASSE

1.

Es war ein heißer August. Der heißeste August seit langem. In München zog eine jubelnde Menge unter den Fahnen von 1870/71 zum Odeonsplatz. »Es braust ein Ruf wie Donnerhall ...«, sangen sie, »... zum Rhein, zum Rhein, zum deutschen Rhein.« Die Klassenräume der höheren Schulen leerten sich. Vor den Annahmestellen standen Schlangen. Vom Münchner Hauptbahnhof fuhren die mit Blumen geschmückten Züge ins Feld. Mit Kreide hatten die Soldaten an die Waggons geschrieben: »Hier werden noch Kriegserklärungen angenommen.«

Für den achtzehnjährigen Ernst Udet, der am Abend des 2. August 1914 am Bahnhof stand, hatte der Tag mit einer Enttäuschung begonnen. Er hatte sich freiwillig gemeldet, aber er war abgewiesen worden.

Am 7. August besetzten deutsche Truppen Lüttich. Fast jeden Tag liefen jetzt die Verkäufer mit neuen Extrablättern durch die Straßen Münchens. Und täglich sprach in der Münchner Geschäftsstelle des Allgemeinen Deutschen Automobilclubs ein schmächtiger Junge vor. Ernst Udet hatte sich dort gemeldet. Er besaß ein eigenes Motorrad, und der ADAC hatte die Vermittlung von Herrenfahrern an das Heer übernommen. Ihre Aufgabe war: Nachrichtenübermittlung und Transporte hinter der Front. Seither fuhr Ernst Udet nur noch in dreiviertellanger Lederjacke und großen Stulpenhandschuhen durch die Straßen Münchens und wartete auf seinen großen Tag.

Am 21. August, zwanzig Tage nach Kriegsbeginn, saß der

»Kriegsmutwillige« Udet in einem Zimmer des Hotels Pfeifer in Straßburg und schrieb seinen ersten Brief nach Hause.

Wie aus Blei gegossen hob sich die Silhouette des Münsters gegen die wolkenlose Bläue des Himmels ab. Wenn es still war, konnte Ernst in seinem Zimmer das Schießen von der Front hören. Sie sollte nur fünfzehn Kilometer weit weg sein. Auf dem Tisch, an dem der Achtzehnjährige schrieb, lag eine Pistole. Heute morgen erst hatte er sie in Empfang genommen. Pistole, Uniformstücke und die weiße Binde, die er jetzt am linken Arm trug. Seit heute morgen war er »Verkehrsoffizier« bei der 26. Württembergischen Reservedivision.

Am Abend dieses Tages schrieb er nach Hause, was sicher Tausende anderer Achtzehnjähriger in jenen Augusttagen an ihre Väter geschrieben haben:

»Mein lieber alter Herr! Du hattest mich oft als feige bezeichnet. Ich glaube, daß Du Dich darin doch getäuscht haben magst. Es geht morgen weg an die Front, und ich hoffe, daß es mit dem ›Eisernen‹ dann nicht mehr allzu lange dauert. Sollte mir nun wirklich etwas zustoßen … nun, dann hat mein leichtsinniges Leben doch einen würdigen Abschluß gefunden. Dein Kleiner.«

Drei Wochen später sah alles ganz anders aus. Drei Wochen später war Ernst Udet wieder in Straßburg. In einem Lazarett.

Am 22. August hatte seine Division Straßburg verlassen. Über staubige Straßen drangen sie bis St. Dié vor. Am 6. September waren sie in den stark zerschossenen Ort eingezogen. Und dann, von heute auf morgen, hatte der überstürzte Rückzug begonnen.

Udet hatte den Tag über hinter der Front Post gefahren. Als er abends nach St. Dié zurückkam, war der Ort von den Deutschen geräumt worden. Der Achtzehnjährige wußte nichts von den zurückfliehenden Truppen, nichts von dem, was man später das »Marnedrama« nennen würde – für ihn war alles in den Augen der Frau zu lesen, die unter der Tür seines Quartiers stand.

»Heute kann ich Sie leider nicht mehr aufnehmen«, sagte

sie. »Heute nacht kommen die Franzosen zurück … Ihr Stab ist schon fort …«

Es war dunkel, als Ernst mit seinem Motorrad den Ort verließ. An den Straßen lagen noch die Gefallenen vom Vormarsch. Udet schloß die Augen, wenn das Scheinwerferlicht seines Motorrades die verkrampften Gestalten erfaßte. Er fuhr kreuz und quer, um dem Geschützfeuer auszuweichen. Aber die zirpenden Kugeln der Gewehre und die tackenden Maschinengewehre schienen ihn immer enger einzukreisen.

Er sah den Granattrichter erst im letzten Augenblick. Er riß den Lenker herum. Die Räder rutschten über die Straßenböschung, mahlten durch den Schlamm. Dann spürte er nur noch die Leere in seinem Magen, als das Vorderrad unter ihm wegsackte und er aus dem Sitz geschleudert wurde. Er wußte nicht, wie lange es gedauert hatte, bis er wieder zu sich kam. Er spürte den brennenden Schmerz in der Schulter.

Fünfzehn Kilometer schob er sein Motorrad durch den Regen und die Nacht. Oft war er nahe daran, aufzugeben. Dann fand er einen Karren, ein herrenloses, verängstigtes Zugpferd davor. Er schob das Motorrad auf den Karren. So kam er am nächsten Tag wieder nach Straßburg … Ein paar Soldaten sahen das seltsame Gefährt, das von einem müden Gaul durch die Straßen gezogen wurde. Sie hoben den Ohnmächtigen aus dem Karren und trugen ihn ins Lazarett.

Als Ernst Udet nach zehn Tagen entlassen wurde, erfuhr er, daß seine Division nach Belgien verladen worden sei. Er fuhr ihr nach. Sein Motorrad war wieder zusammengeflickt worden. In Namur wußte man nichts von der Division. In Namur nicht, in St. Quentin nicht. Auch in Lüttich fand er sie nicht. Niemand schien ihren Standort zu wissen. In Lüttich meldete er sich beim Kraftwagenpark. Dort konnte er Post ausfahren.

Er wohnte im Hôtel de Dinant. Nach 20 Uhr, nach der Sperrstunde, saß er Monsieur Fernand in der Halle des Hotels in einem der weinroten Plüschsessel gegenüber. Sie sprachen selten miteinander. Immer wieder fühlte sich der junge Deutsche von Monsieur Fernand beobachtet, aber wenn er ihn ansah, wandte sich der Mann ab.

Im Hôtel de Dinant hatte Ernst Udet den Leutnant von Waxheim kennengelernt. Leutnant von Waxheim war Flieger. An dem Abend, an dem er im Hotel übernachtete, lud er den »Kleinen« zum Abendessen ein.

Die Feldfliegerabteilung des Leutnants von Waxheim lag bei St. Quentin. Davon erzählte er beim Essen. Nachher – sie tranken Wein – rückte Udet mit seiner Bitte heraus. Das Lächeln des Leutnants machte ihn nicht irre.

Ernst erzählte von München, von den Jungen, die mit ihm dort den Aero-Club gegründet hatten. Von den Modellen, die sie gebaut hatten, von den Flugversuchen.

Leutnant von Waxheim lehnte sich zurück. Sein Gesicht lag im Schatten, als er sagte: »Ich weiß, was Sie denken. Flieger halten sich Reitpferde und Hunde. Die gehen jeden Tag auf die Jagd und schlafen in Schlössern auf seidenen Betten. Ja, wir leben wie die Götter – und sollen jeden Tag sterben. Flieger sind einsam, nicht nur dann, wenn sie fliegen. Aber wenn Sie fliegen wollen, wenn Sie es mehr wollen als alles andere, dann ist es sinnlos, Ihnen dies zu sagen.«

Später, in seinem Zimmer, dachte Udet nur noch an das Versprechen, das der Leutnant ihm zum Schluß gegeben hatte: »Ich nehme Sie gern als meinen Beobachter. Ich werde Sie anrufen, sobald ich die Zustimmung habe.«

Zehn Tage später kam sein Anruf, es sei alles in Ordnung. Morgen solle er sich in St. Quentin melden. Das war morgens um 10 Uhr.

Monsieur Fernand stand in der Halle am Fenster, als er seinen jungen deutschen Gast vier Stunden später vor dem Hotel vorfahren sah. Er rührte sich nicht, als Udet die Tür mit dem Fuß aufstieß und in die Halle trat, einen schweren Blechkoffer in beiden Händen.

Udet stellte den Koffer auf den Boden. Er schlug den Deckel zurück. Er hob einen schweren ledernen Fliegerhelm heraus und hielt ihn triumphierend hoch.

»Wollen Sie ihn nicht wenigstens ansehen?« sagte er enttäuscht. »Es ist ein erbeuteter französischer Fliegerhelm. Aus einer Maschine, die hier notlanden mußte.«

Fernand hatte sich umgewandt. Er starrte auf den Helm. Dann blickte er für Sekunden den Jungen an. Seine Augen waren traurig und rotumrändert. Er schüttelte den Kopf. Dann ging er schleppend hinüber zu seinem Stuhl hinter der Theke.

Oben in Ernsts Zimmer lag ein Brief von seinem Vater. Nachdem Ernst gepackt hatte, riß er ihn auf. Der alte Herr nannte ihm die Adresse eines alten Geschäftsfreundes aus Lüttich. Kerkhoue war der Name. »Vergiß nicht«, schrieb sein Vater, »der Familie Kerkhoue meine Grüße auszurichten.«

Es war kurz nach sechs, als Ernst das Haus gefunden hatte. Es lag in der Stadt, ganz in der Nähe der Brücke über die Maas. In der Straße war heftig gekämpft worden. Als er mit dem Motorrad vor dem Haus hielt, sah er die Einschüsse in der Fassade. Seine Hand tastete nach der Fliegerbrille, die halb aus der Seitentasche seines Rockes heraushing, als er das breite Portal hinaufstieg. Die weiß gestrichenen Läden waren vor die Fenster geschlagen. Er ließ den Messingklopfer gegen die schwere Tür fallen. Das Mädchen öffnete die Tür nur eine Handbreit. »Bitte?« fragte das Mädchen.

Er stieß die Tür auf und trat ein. Als sich seine Augen an das Dämmerlicht der großen Halle gewöhnt hatten, sah er sie in der Mitte des Raumes stehen. Er nannte seinen Namen, aber sie blickte ihn nur groß und erschrocken an.

Erst jetzt bemerkte er die aufgerollten Teppiche, die gardinenlosen Fenster und die weißen Schonüberzüge auf den Sesseln. »Sie sind Mademoiselle Kerkhoue?« fragte er.

Sie stutzte einen Augenblick. Dann lachte sie. Ihr Lachen schien den verlassenen Raum wieder zu beleben. »Das wär' schön«. Sie hatte eine ganz helle Stimme. Der starke Akzent, mit dem sie sprach, machte ihre Stimme noch schwebender. »Mademoiselle Kerkhoue! Mademoiselle Kerkhoue!« Sie sang es vor sich hin. Sie tanzte dabei durch die Halle. Tanzte an der

Haustür vorbei, sie stieß sie zu und stand dann plötzlich vor ihm.

»Mademoiselle und ihre Eltern sind weg«, sagte sie. »Sie sind vor euch weggelaufen. Nach Antwerpen.«

»Und Sie?« fragte er.

»Ich laufe nicht weg«, antwortete sie. »Ich habe keine Angst.« Sie zeigte auf die Fliegerbrille, die aus seiner Seitentasche heraushing. »Sie sind …« sie hob beide Arme und imitierte die schwebenden Flächen zweier Flügel … »Sie sind Flieger?«

Im ersten Augenblick schämte er sich zu lügen. Aber dann sagte er: »Ja, in St. Quentin. In einem Schloß.«

»In einem Schloß?« fragte sie. »Mit seidenen Betten?«

Er nickte.

»Wie Mademoiselle Kerkhoue«, sagte sie. »Wollen Sie es sehen?« Sie griff nach seiner Hand. Sie zog ihn mit sich, die breite Treppe ins Obergeschoß hinauf. Sie hasteten einen Gang entlang, und dann warf sie die Tür zu einem Zimmer auf. »Hier schläft Mademoiselle«, sagte das Mädchen atemlos.

Die Läden vor den Fenstern zerteilten das Licht in kleine helle Flächen. Eine Handbreit Helligkeit lag auf ihrem Haar, und einen Augenblick dachte er: »Sie trägt ja noch Zöpfe.« Aber als dann das Licht auf ihr Gesicht fiel und er ihre Augen sah, war das nur noch ein ferner, flüchtiger Gedanke.

Sie hielt noch immer seine Hand. Sie hob sie ganz schnell zu ihrer Wange empor. Dann trat sie an das breite Bett. Es war, wie die Sessel in der Halle unten, mit einem weißen Schonüberzug überdeckt. Sie lachte leise vor sich hin, als sie das Leinen wegzog. Ihre Hand fuhr leicht über die vom Sonnenlicht zu einem Perlmutt-Ton verblichene Seide. »Fühl doch!« sagte sie.

Er kam erst eine halbe Stunde nach der Sperrstunde wieder ins Hotel.

Monsieur Fernand stand von seinem Stuhl auf, als die Eingangstür zufiel.

Udet erkannte den sonst abweisenden Mann nicht wieder. Monsieur Fernand ging auf den Deutschen zu und faßte ihn an beiden Armen. »Viens«, sagte er. »Komm!« Er zog ihn mit sich zur Theke. Er zeigte auf ein Kuvert, das dort lag. Er drückte es Udet lächelnd in die Hand. »La guerre«, sagte er, »la guerre, für dich finie!«

»Was heißt das?«

»Morgen«, sagte der Mann, »fährst du nach Hause.«

Udet riß das Kuvert auf, zog die Papiere heraus. Er las: Seine Versetzung nach St. Quentin war rückgängig gemacht worden. Die Verträge mit den freiwilligen Motorradfahrern waren aufgelöst worden. Und bei den Papieren lag ein Fahrausweis. Lüttich–München …

Monsieur Fernand zog eine alte zerfranste Brieftasche aus seinem Rock. Seine Hände zitterten, als er die Fotografie aus einem der Seitenfächer herausnahm. »Für dich«, sagte er. »Zum …« Er suchte nach dem Wort, »… zum Abschied.«

Es war ein Fliegerbild. In der Maschine mit der französischen Kokarde saß ein junger Mann. Udet kannte ihn nicht. Aber was er sofort erkannte, war der schwere französische Fliegerhelm, der das schmale Gesicht eng umschloß. Es war ein Helm wie der, der oben in seinem Zimmer im Blechkoffer lag. Und dann sah er die Augen des jungen Fliegers; es waren die gleichen traurigen, rot umränderten Augen, wie Monsieur Fernand sie hatte. »Das ist Ihr – Sohn?«

Monsieur Fernand nickte. »Er ist tot. Er ist gleich am ersten Kriegstag fortgegangen. Er war so wie Sie. Er hat mir einmal geschrieben, daß die Franzosen ihn als Flieger genommen haben … Dann kam nur noch dieses Bild. Ein Freund hatte es gemacht, kurz bevor mein Sohn abstürzte.«

»Und was soll ich …?« fragte Ernst stockend.

»Es soll dich erinnern«, sagte Monsieur Fernand. »Ihr habt ein Kreuz auf euren Maschinen. Die anderen Kokarden. Aber in beiden sitzen unsere Söhne.«

Ein halbes Jahr später war auch Leutnant von Waxheim tot.

Ernst Udet saß im Zug nach Darmstadt, als er den Namen des Leutnants in einer Nummer des »Flugsports« in der Flugzeugführer-Verlustliste entdeckte.

Udet hatte sich sofort wieder freiwillig gemeldet, als er nach München zurückkam. Diesmal in Schleißheim bei der Fliegerersatzabteilung. Monsieur Fernands Mahnung und seines Vaters Widerspruch hatten ihn nicht daran hindern können. Man hatte ihn abgewiesen. Es entmutigte ihn nicht. Er ließ sich auf eigene Kosten als Pilot ausbilden und schickte seine Bewerbung nach Darmstadt und Döberitz. Schon nach wenigen Tagen war von Darmstadt der telegrafische Gestellungsbefehl gekommen. Jetzt war er auf dem Wege dorthin.

Er lehnte in einer Ecke des Abteils, als er den Namen des Leutnant von Waxheim las. Der trübe Widerschein der Petroleumlampe an der Decke färbte die Seite tiefblau. Er senkte seine Hände, die das Heft hielten, und blickte ins Leere. Leutnant von Waxheim tot! – Was der junge angehende Flieger Ernst Udet in dieser Stunde nicht wußte, war, daß der Tod des Leutnant von Waxheim auch sein Fliegerleben bestimmen würde.

Der Tod war aus heiterem Himmel gekommen. Es war der zweite Flug, den vier deutsche Aufklärer an jenem Tag machten. Sie flogen in dreitausend Meter Höhe über den Schützengräben, die die Erde wie Adern durchzogen.

Leutnant von Waxheim flog die erste Maschine. Der Beobachter im Sitz vor ihm hatte schon das Zeichen zum Rückflug gegeben, als in der Ferne der winzige Punkt auftauchte. Er wurde schnell größer, und dann erkannten sie den kleinen französischen Eindecker.

Er flog auf sie zu.

Der Beobachter hatte sich erstaunt in seinem Sitz umgewandt. Auch Leutnant von Waxheim schüttelte den Kopf. Er beobachtete die Maschine voller Neugier, aber ohne jede Unruhe. Die Sonne stand in ihrem Rücken, und solange der Franzose so auf sie zuflog, bestand keine Gefahr. Die Deutschen hatten Pistolen und Mausergewehre an Bord, aber die waren für den Fall einer Notlandung hinter feindlichen Linien gedacht. Flugzeuge waren im Frühjahr 1915 keine Kampfmaschinen. Flugzeuge dienten der Beobachtung. Nur von Zeit zu Zeit schoß man sich mit verrückten Engländern, die zielten, wenn sie eine deutsche Maschine überflogen.

Der französische Einsitzer hielt noch immer auf sie zu.

Waxheim starrte auf den Kreis seines Propellers. Seine Augen weiteten sich vor Erstaunen ... Mit diesem verständnislosen Ausdruck in seinem Gesicht starb er.

Trudelnd stürzte die brennende Maschine des Leutnant von Waxheim der Erde zu.

Die drei anderen deutschen Maschinen ergriffen die Flucht. Die Piloten hatten gesehen, was vor ihnen noch kein anderer Flieger gesehen hatte: den Tod, der direkt durch den Propeller kam.

Sie hatten das automatische Gewehr gesehen, das vor dem Sitz des Piloten fest montiert war und die Feuerstöße durch den Propeller sandte.

Die Erschütterung stand noch auf den schneeweißen Gesichtern der deutschen Piloten, als sie landeten. Aber als sie dann im Kasino ihr Erlebnis erzählten, glaubte ihnen niemand.

Bis es wieder geschah. Einmal, und dann noch einmal, und immer wieder. Es war stets die gleiche französische Maschine. Der Feind schien nur diese eine in der Luft zu haben. Die Nachricht eilte von Flugplatz zu Flugplatz. Und wenn jetzt ein kleiner französischer Eindecker auftauchte, ergriffen die Deutschen die Flucht.

Wie alles geschehen war, erfuhr Ernst Udet erst in Heiligkreuz bei Colmar. Dorthin war er kommandiert worden, nachdem er in Darmstadt die Flugzeugmeisterprüfung abgelegt hatte.

Sie flogen bei gutem Wetter jeden Tag, der Beobachter Leutnant Bruno Justinus und er. Dem französischen Eindecker waren sie nie begegnet. Drei Wochen später sahen sie ihn. Sie waren an diesem Tag weit in das feindliche Gebiet über Belfort hineingeflogen. Sie waren schon wieder nahe den deutschen Linien, als Leutnant Justinus den Franzosen entdeckte. Es war der Eindecker. Der Pilot hatte einen Angriff auf eine Bahnstation geflogen und dabei Fliegerpfeile abgeworfen. Er flog jetzt etwa tausend Meter unter ihnen.

»Höher!« gab Leutnant Justinus das Zeichen, aber dann wandte er sich jäh in seinem Sitz um. Seine ausgestreckte Hand deutete aufgeregt nach unten:

Der Propeller der französischen Maschine stand still. Motorlos glitt sie dahin. Sie verlor schnell an Höhe. Sie mußte bei dem Angriff einen Treffer abbekommen haben.

Sie stießen dem Eindecker nach, bis sie so nahe waren, daß sie das hinter dem Propeller montierte automatische Gewehr erkannten.

Justinus schrie etwas. Im Lärm des Motors blieben seine Worte unverständlich. Udet blieb dicht hinter der anderen Maschine. Justinus hatte sich in seinem Beobachtersitz hochgezogen.

Es war kurz nach drei Uhr, als der französische Eindecker auf einer Viehweide in der Nähe des Dorfes Hülste aufsetzte.

Ganz dicht huschten sie über ihn hinweg. Sie sahen die deutschen Kavalleristen auf die Maschine zureiten, als sie über dem Franzosen kreisten.

Vergeblich hatte der französische Pilot versucht, seine Maschine in Brand zu stecken. Der Franzose wurde gefangen genommen. Er hockte auf der Erde und starrte vor sich hin. Seine Hände umklammerten den dicken Fliegerschal. Sein Gesicht verzog sich zu einem schmerzlichen Lächeln, als die Deutschen vor ihm standen. Er machte die Andeutung einer Verbeugung und nannte seinen Namen: »Roland Garros.« Dann setzte er sich wieder auf die Erde und grub seinen Kopf noch tiefer in die Arme. Er antwortete auf keine Frage.

»Haben Sie viele von diesen Maschinen in der Luft?« fragte der deutsche Offizier.

Der Franzose blickte auf. Sein kleines schwarzes Bärtchen auf der Oberlippe verzog sich. »Solche Fragen sollten Sie einem Kriegsgefangenen nicht stellen«, sagte er.

In einem Sanitätsauto wurde Garros nach dem ersten Verhör nach Lendelede gebracht. Ehrliche Bewunderung stand auf den Gesichtern der deutschen Offiziere, als sie den französischen Gegner in ihr Auto baten.

Am nächsten Tag würde Roland Garros in ein Elite-Gefangenenlager gebracht werden. Später gelang es ihm, von dort zu fliehen. Er flog weiter, den ganzen Krieg. Im Oktober 1918 kehrte er von einem Flug nicht zurück. Aber an diesem Abend feierten die deutschen Offiziere den Franzosen im Kasino der Kommandantur von Lendelede wie einen Helden.

Das Flugzeug des Franzosen aber sollte den Krieg in der Luft entscheidend verändern.

2.

Tiefe Gewitterwolken trieben über dem kleinen Erprobungsflugplatz in Berlin. Es dunkelte schon. Vor einem Hangar parkten ein Dutzend Wagen. Gelangweilt schritten die Fahrer auf und ab. Sobald sie sich dem Hangar näherten, wurden sie von den Posten zurückgeschickt. Die Offiziere, die im Hangar neben den Resten des kleinen französischen Eindeckers standen, unterhielten sich leise.

Am Tag zuvor waren das demontierte Maschinengewehr, der Motor und der Propeller der Maschine des Franzosen Roland Garros von der Front nach Berlin gebracht worden. Die Gesichter der Offiziere waren ernst, denn was sie sahen, war so simpel, daß sie es zuerst nicht glauben wollten: Die hölzernen Propeller des Eindeckers waren im Schußkreis des automatischen Gewehrs mit Stahlmanschetten versehen. Sie sollten die Kugeln ablenken. Man hatte einfach darauf vertraut, daß höchstens jede zehnte Kugel den Propeller treffen würde – und für die mußte das Schutzblech ein ausreichender Schutz sein. Das war das ganze Geheimnis.

Der französische Pilot, der mit dieser Maschine den deutschen Fliegern den Tod brachte, hatte jedesmal sein eigenes Leben aufs Spiel gesetzt. »Wenn der Feind hundert Maschinen mit diesem Gewehr in der Luft hat«, sagte einer, »gewinnt ihm das unter Umständen den Krieg.«

»Sie werden keine hundert Piloten wie diesen Garros finden«, antwortete Feldflugchef Oberst Thomsen. »Die Gefahr liegt woanders. Wenn es dem Feind gelingt, diese Methode zu verbessern ...«, er wandte sich an seinen Adjutanten, »... was ist denn? Warum kommt Fokker nicht?«

»Ich habe mit Schwerin gesprochen«, meldete der Adjutant. Er salutierte erschrocken.

»Rufen Sie noch einmal an!«

Der Adjutant ging zur Tür des Hangars.

Ein Offizier flüsterte Thomsen zu: »Vertrauen Herr Oberst dem Herrn Fokker nicht zu sehr? Er hat seine Verbindungen zu England, zu den Russen. – Wenn er auch kein feindlicher Ausländer ist, als Holländer ist er immerhin doch ein Neutraler ...«

»Unser ›Fliegender Holländer‹?« antwortete Thomsen. »Nein, mein Lieber, da sehen Sie Gespenster, wo keine sind. Fokker baut schließlich seit dem Jahre dreizehn für uns. Wir können glücklich sein, daß seine Landsleute ihn für einen Phantasten hielten. Und daß die Engländer, Franzosen und Russen den jungen Tulpenzüchtersohn nicht ganz ernst nahmen, als er ihnen ausgerechnet Flugapparate verkaufen wollte ...«

Draußen hielt ein Wagen. Der kleine Holländer, der dann den Hangar betrat, war in diesem Kreis eine seltsame Erscheinung. Er trug schwarzweiß karierte, ungebügelte Breeches, Wickelgamaschen, einen abgetragenen halblangen Tweed-Mantel. Oberst Thomsen ging auf den jungen Mann zu. Fokker lächelte. Es war ein jungenhaftes Grinsen.

»Das ist sie also, die Wundermaschine«, sagte er. Er hatte die karierte Sportmütze sofort wieder aufgesetzt. Er schob sie aus der Stirn, als er die Teile der Maschine eingehend untersuchte.

»Nehmen Sie mit, was Sie brauchen«, sagte Thomsen. »Erproben Sie alles in Schwerin. Ich erwarte Ihren Bericht ...«

»In achtundvierzig Stunden«, sagte Fokker. »Ich kenne Ihre Termine.«

24

Ein Abteil des Zuges, der in dieser Nacht vom Bahnhof Friedrichstraße nach Schwerin fuhr, bewachte ein Posten. Hinter den zugezogenen Vorhängen stand der fünfundzwanzigjährige Anton Fokker am Fenster des Abteils. Auf den Bänken lagen das ausgebaute automatische Gewehr und der Propeller aus dem Eindecker des Piloten Roland Garros. Die Sportmütze weit in den Nacken geschoben, die Stirn gegen das Glas der Scheibe gepreßt, so stand der Holländer da. Er überlegte:

Garros hatte die Kugeln einfach zwischen den rotierenden Propellern hindurchgeschossen und auf sein Glück vertraut. – Aber war es wirklich Glück? Es war Roulette. Ein Roulette, auf dem es zu viele Todesfelder gab.

Wie wäre es – dachte der junge Mann –, wenn man den Propeller das Gewehr abdrücken ließe … Das war es! Das war die ganze Hexerei. Die Nacht vor dem Fenster war tief und schwarz. Der Zug schien plötzlich still zu stehen. Gedankenverloren zeichnete der Holländer einen Propeller auf das beschlagene Glas der Scheibe. Mit keinem Gedanken dachte er an die Menschen, die durch seine Waffe getötet würden.

Achtundvierzig Stunden später führte Anton Fokker den Offizieren des Generalstabs in Berlin seine Konstruktion vor. Etwas fassungslos besichtigten die Herren die Maschine. Die Propellerblätter hatten keine Stahlbeschläge. Fokker überhörte ihre Fragen. Er kletterte in den Führersitz der Maschine. Er winkte, sie sollten beiseite treten. Dann startete er den Motor. Die Räder der Maschine stemmten sich gegen die Bremsklötze, als die Salven durch den sich drehenden Propeller jagten. Eine Serie von hundert Schüssen peitschte über den Platz. Als der Motor erstarb, rannten die Offiziere über das Feld. Der Propeller war unbeschädigt. Aber die Gesichter der Generalstäbler blieben skeptisch. Daran änderte sich auch nichts, als Fokker ihnen seine Konstruktion erklärte. Ein metallener Knopf am Propeller schlug bei jeder Umdrehung an eine Nokke, die mit dem Gewehrabzug verhakt war.

Das war alles? Keiner der Zeugen schien richtig zu erfassen, daß sie die Geburtsstunde einer neuen Waffe miterlebt hatten, des synchronisierten Maschinengewehrs. Es war die erste neue Waffe dieses Krieges.

Während die Offiziere zusammenstanden und sich erregt berieten, hielt sich Fokker abseits. Schließlich waren es Feldflugchef Oberst Thomsen und sein Berater Hauptmann Wilhelm Siegert, die über den Platz auf den Holländer zukamen.

»Wir müssen sicher gehen«, sagte Thomsen, »ehe wir unseren Piloten solche Maschinen geben. Es gibt dafür nur einen Weg, Fokker. Bringen Sie Ihre Maschine an die Front. Erklären Sie einem Piloten, wie sie zu fliegen ist. Dann lassen Sie ihn aufsteigen und eine feindliche Maschine abschießen. Nur so wird sich herausstellen, wie kampffähig Ihr Maschinengewehr ist.«

Im Hauptquartier des Kronprinzen in Stenay, zwischen Sedan und Verdun, erwartete man Anton Fokker auf dem Feldflugplatz der Fliegerabteilung 25. Seine Maschine stand streng bewacht in einem Zelt. Sie war, mit der Bahn vorausgeschickt worden.

Alles war bereit, als der kleine Holländer in seinem Peugeot vorfuhr. Der Kronprinz begrüßte Fokker herzlich. Dann übermittelte er dem jungen Flugzeugbauer lächelnd den Befehl, der heute morgen im Hauptquartier eingegangen war. »Es wird gewünscht, daß Sie Ihre Maschine hier selbst vorfliegen.«

»Was denn, ich selbst? …« Ungläubig starrte Fokker in die Gesichter der Umstehenden. Hauptmann Hähnelt, Stabsoffizier der Flieger beim Armeeoberkommando 5, war neben Fokker getreten. Ebenso der Führer der Abteilung 25, Hauptmann Blum, der Aufklärungsflieger Leutnant Loerzer und ein Beobachter namens Hermann Göring. »Aber in Berlin hieß es doch, ein deutscher Pilot …«

Aber dann ging er zu seinem Wagen. Er nahm die Fliegerbrille und die wollene Fliegerhaube aus dem Rücksitz des Wagens und schritt hinüber zum Flugzeugzelt. Die Maschine war schon aus dem Zelt gezogen worden, und Fokker startete.

Über dem Hauptquartier zog er eine Schleife. Dann stieß er mit der Nase nach unten. Plötzlich tackte das Maschinengewehr. Die Garben peitschten in abmontierte Tragflächen, die neben einem der Flugzeugzelte lagen. Die Stoffbespannung um das aufgemalte Eiserne Kreuz zerfetzte. Dann zog der Pilot die Maschine kurz noch einmal hoch und schwebte zur Landung ein.

Die Offiziere umringten den kleinen Holländer. Sie bestürmten ihn mit Fragen. Fokker hob abwehrend die Hände.

»Sie haben gesehen, das Maschinengewehr funktioniert«, sagte er dann. Er wies hinüber zu den zerschossenen Tragflächen. »Es funktioniert auch in der Luft. Das andere müssen eure Piloten machen. Ich kann es nicht. Ich will nur bauen, schnellere, sichere, wendigere Maschinen. Aber den Krieg müßt ihr allein gewinnen. Ihr oder die andern.«

Der Holländer war schon wieder in Berlin, als dort die Nachricht eintraf, daß der Leutnant Oswald Boelcke mit dem eingebauten Maschinengewehr ein feindliches Flugzeug abgeschossen hatte. Wenige Tage später startete ein anderer Pilot mit der Fokker und schoß gleich zwei Maschinen ab. Sein Name: Max Immelmann. Beide, Immelmann und Boelcke, waren erst auf dem Weg zu ihrem späteren Ruhm.

Und Fokker baute. Am Anfang gab es noch kleine Fehler an der MG-Steuerung, aber sie waren bald behoben, und jede Frontstaffel verlangte jetzt die Maschine mit dem synchronisierten Maschinengewehr. Fast über Nacht beherrschten deutsche Flieger die Luft über den Frontlinien. Ein fünfundzwanzigjähriger Holländer schien den Deutschen den Krieg zu gewinnen …

Aber schon fünf Wochen, nachdem der Leutnant Boelcke mit der neuen Waffe das erste feindliche Flugzeug abgeschossen hatte, fiel das Geheimnis dem Feind in die Hände. Allen deutschen Piloten, die Fokkers Maschine flogen, war es verboten worden, feindliches Gebiet zu überfliegen. Aber im Nebel hatte sich ein Pilot verflogen, und bevor er seine Maschine in

Brand setzen konnte, wurde er gefangengenommen. Die Geschichte wiederholte sich. Nur daß diesmal ein französischer Pilot die erbeutete deutsche Maschine nach Paris überführte. Wochen arbeiteten die Franzosen fieberhaft. Dann hatte auch der Feind seine Waffe bereit. Der Krieg in der Luft wurde wieder zu einem Duell mit gleichen Waffen. Aber das Spiel war tödlich geworden. Das alles geschah im Jahre 1915.

3.

Seit dem 29. November 1915 war Ernst Udet Unteroffizier der Feldfliegerabteilung 68 in Habsheim bei Mülhausen im Elsaß. Ihr Flugfeld lag zwei Kilometer von der Villa entfernt, in der sie wohnten. Udet und seine drei Kameraden bewohnten das Parterre und den ersten Stock der Villa eines bei Kriegsbeginn geflüchteten Amerikaners. Sie lebten wie die Götter in Frankreich. Wenn die Piloten morgens mit dem Auto zum Flugfeld fuhren, waren sie frisch und ausgeruht. Sie hatten gut gefrühstückt und ihr Bad genommen. Wenn sie von ihrem Einsatz zurückkehrten, kümmerten sich die Mechaniker um ihre Maschinen. Sie brauchten nur in ihr fürstliches Quartier zurückzukehren, zu ihren Hunden, Grammophonplatten und Büchern. Am Sonntag sausten sie im Auto nach Mülhausen zum Konzert im Zoo. Und vor der Heimfahrt besuchten sie schnell noch den »Intendanten«, der die gute Seife, die Lindt-Schokolade, die Gänseleber und den requirierten Alkohol verwaltete.

Ein- oder zweimal am Tage starteten die vier deutschen Piloten. Sie flogen mit ihren Maschinen Sperre über den deutschen Stellungen in den Vogesen. Aber der frostige Dezemberhimmel war wie leergefegt vom Feind.

Es war ein Tag vor Weihnachten, als das Feldtelefon in der Baracke der Monteure auf dem Flugfeld Habsheim schnarrte. Am Nachmittag, kurz nach 3 Uhr.

Die anderen Piloten waren nach Mülhausen gefahren. Ernst Udet saß mit dem Meteorologen in dessen Baracke, als einer der Monteure die Tür aufstieß. »Ein ›Caudron‹«, schrie er atemlos, »er hat die deutschen Linien überflogen.«

Eine Viertelstunde später kletterte der Unteroffizier Udet in seine Maschine, eingemummt in seine dicke Pelzweste. Der Monteur hatte ihm das Gesicht gegen die schneidende Kälte mit Butter eingerieben. Udet zog die wollene Fliegerhaube über den Kopf, rückte die Fliegerbrille vor die Augen, ließ den Propeller durchdrehen und startete den Motor. Dann glitt die eisig glitzernde Wiese unter den Rädern hinweg. Udet flog in zweitausend Meter Höhe, als er den Caudron erblickte. Die Maschine schien ihre Aufnahmen gemacht zu haben; sie zog in einer weiten Kehre nach Westen. Die deutsche Maschine schnitt ihr den Weg ab. Über den verschneiten Wäldern der Vogesen flogen sie dann aufeinander zu. Dem jungen deutschen Piloten schien es eine Ewigkeit zu dauern, bis sie sich näher kamen. Er starrte über das Maschinengewehr hinweg auf die Kanzel des Caudron. Wie ein dicker, schwerer Insektenleib hing sie zwischen den Schwingen.

Die Kanzel war sein Ziel. Er brauchte nur mit der Schnauze darauf zu stoßen – und zu schießen. Es war nur eine leichte Bewegung der Hand. Die Finger mußten die paar Zentimeter hinübergreifen auf den Knopf des Maschinengewehrs in der Mitte des Steuerknüppels.

Du mußt schießen, dachte er. Aber die Hände verweigerten den Befehl. Wie abgestorben lagen sie auf den Griffen. Er war jetzt so nahe am Gegner, daß er die Fliegerhaube und die Brille des Beobachters sah. Als der andere schoß, kam Leben in Udets Hände; hastig drückten sie den Knüppel hinunter. Der schwere Rumpf der feindlichen Maschine jagte so dicht über ihn hinweg, daß er glaubte, er hätte sie gestreift. Aber es waren wohl nur die harten Böen des Propellerwindes, die seine Maschine wie mit Fäusten schüttelten.

Jetzt erst spürte Udet den leichten Schmerz am Auge. Er zog mit den Zähnen einen Handschuh von den Fingern, tastete nach der Brille. Ein Schuß hatte den Bügel gestreift, das linke Glas war zersplittert, kleine Splitter waren in das Fleisch gedrungen. Heiß schlug sein Atem gegen die Wolle der Haube, die sein Gesicht halb bedeckte. Eine Sekunde schloß er die Augen.

Ein Flieger, der bei seinem ersten Kampf die Nerven verliert, lebt selten lange. Hatten sie das nicht alle erzählt? – Wie benommen flog er weiter. Der Caudron war längst in der Dämmerung verschwunden.

Du brauchst gar nicht mehr zu landen, dachte der junge deutsche Pilot.

Auf die weiten schneebedeckten Wälder senkten sich breite dunkle Schatten. Im Rückspiegel der deutschen Maschine fing sich ein letzter fahler Flecken Licht aus dem Westen. Dann war plötzlich die Dunkelheit da. Udet tauchte in sie hinein.

Er fand den Platz nur, weil die Monteure Pechfackeln angezündet hatten. Sechs Fackeln, drei auf jeder Seite. Er setzte die Maschine zwischen den rötlich flackernden Feuern auf. Er wartete, bis die Männer mit den Fackeln in der Hand über das Feld gelaufen kamen. Er fürchtete sich vor dem Augenblick; er würde ihnen nicht ins Gesicht sehen können.

Aber die Monteure strahlten, als sie ihm aus dem Sitz halfen. Sie stürmten in die Baracke, in der der Sanitäter sein Auge verband. Plötzlich waren auch zwei der Piloten da. Einer drückte Udet ein Glas in die Hand. Ihre lauten Stimmen hallten Udet in den Ohren. »Gratuliere!« sagte einer.

»Was ist denn?« fragte Udet verständnislos. Er sah den Meteorologen unter der Tür stehen; aber plötzlich war er wieder verschwunden.

»Na, nun tu mal nicht so bescheiden«, sagte einer der Kameraden. »Sie werden dir den Abschuß schon anerkennen, auch wenn die Maschine drüben heruntergefallen ist …« Wieder hoben sie die Gläser.

Ein Infanterieposten hatte in der Villa angerufen, daß der Caudron, nachdem ein deutscher Flieger ihn attackiert hatte, abgetrudelt und dann jenseits der französischen Linie aufgeschlagen sei.

Udet konnte ihnen nicht ins Gesicht sehen, als er trank.

Plötzlich hielt er es nicht mehr aus. Er stürmte aus der Barakke. – Schlafen, dachte er, als er zur Villa zurückfuhr.

Er hatte eine halbe Stunde in seinem Zimmer am Fenster gestanden, als es klopfte. Draußen schneite es jetzt.

Als Udet sich vom Fenster abwandte, starrte er in das Gesicht Glinkermanns. Der Flieger murmelte eine Entschuldigung. Er zeigte auf den Stuhl. Udet nickte. Glinkermann setzte sich. Stumm saß er da.

Glinkermann war immer schweigsam. Aber man verstand sich mit ihm auch ohne Worte. Plötzlich war Udet sicher, daß der andere ahnte, was geschehen war.

»Es war ein Caudron«, sagte Udet hastig, »aber ich bin vor ihm ausgerückt. jetzt weißt du es! Kein Grund zum Feiern. Ich kann ihn vielleicht gestreift haben, als ich unter ihm durchflog.«

Glinkermann war aufgestanden und neben Udet ans Fenster getreten. Er schob die Vorhänge etwas zur Seite.

»Der Schnee wird nicht liegenbleiben«, sagte er.

Udet griff nach dem Arm des Fliegers. »Es war nicht einmal die Angst«, sagte er, »es war einfach, daß niemand da war, der mir den Befehl gab, zu schießen … Du bist allein, dachte ich … Vielleicht war es doch nur Angst.«

»Du wirst sehen«, sagte Glinkermann nur, »der Schnee wird nicht liegenbleiben.« Dann verließ er ohne ein weiteres Wort das Zimmer. Udet war plötzlich froh, daß er nichts anderes gesagt hatte. Es war wie ein Versprechen, daß die Worte, die gesprochen worden waren, ihr Geheimnis bleiben würden.

Sooft Udet in den nächsten Wochen flog, sah er in Gedanken die strahlenden Gesichter, die erhobenen Gläser … Er flog seit jenem Tag mit einer Verbissenheit, die selbst die anderen Piloten beunruhigte. Fast zwei Monate sahen sie in ihrem Abschnitt keinen Gegner. Dann kam der 18. März, ein Sonntag. Zwei Piloten waren in Urlaub, und als am späten Nachmittag die Nachricht von den anfliegenden Maschinen kam, starteten nur der Vizefeldwebel Udet und der Unteroffizier Glinkermann.

Sie flogen in zweitausend Meter Höhe. Sie blieben ganz nah beieinander. Durch Handzeichen konnten sie sich verständigen.

Udet sah sie zuerst. Noch waren sie nicht zu zählen. Sie zeichneten sich auf der blauen Zeltplane des Himmels wie ein paar schwarze Ölspritzer ab. Auch Glinkermann mußte sie gesehen haben. Er begann schnell höher zu steigen.

Udet folgte ihm nur zögernd. Er wollte allein sein – wie damals. Er beugte sich über die Seitenwand hinaus und blickte nach unten. Er riß sich vor Erstaunen die Brille von den Augen. Er zählte die Maschinen dreimal, bis er sicher war. Es waren zweiundzwanzig. Sie flogen ganz dicht, in vier Wellen hintereinander gestaffelt. Es waren Bomber, Caudrons und Farmans.

Von oben sahen sie aus wie schwere, grob zugehauene Kreuze. Es war ein unheimliches Bild. Es schien, als bewegten sich die zweiundzwanzig Maschinen wie ein einziges Riesenflugzeug langsam nach Osten. Sie hielten ihren Kurs unbeirrt.

Es war der erste geschlossene Bombenangriff auf deutsches Gebiet. Mülhausen-Riedisheim im Elsaß war das Ziel.

Udet hatte nur eine Sekunde gezögert. Er spürte auch jetzt die Angst. Wie damals in den Vogesen, nur härter und brennender. Es war wie ein Feuer. Ein Feuer, durch das er hindurch mußte. Es hatte nichts mit den Männern in den anderen Maschinen zu tun. Er wußte nicht, weshalb. Er war nur sicher, daß es ihm nicht erspart blieb.

Sein Gesicht war starr, als er nach unten tauchte. Es glättete sich erst, als das Hämmern eines Maschinengewehres an sein Ohr schlug, die Stichflamme vor seinen Augen aufschoß.

Am Vormittag des 19. März 1916 tippte ein Gefreiter den Tagesbefehl der Armee-Abteilung Gaede. Eine Stunde später gingen die hektographierten Seiten an die Feldeinheiten.

Zum erstenmal nannte ein Tagesbefehl den Namen Ernst Udets.

Deutsche Piloten hatten den Pulk der feindlichen Maschinen zersprengt, ehe er großen Schaden anrichten konnte. Der Vizefeldwebel Ernst Udet hatte an diesem Tag seinen ersten Gegner abgeschossen.

4.

Deutsche, Russen, Franzosen und Engländer – alle waren im Jahre 1914 im Glauben an ihre gute Sache in den Krieg gezogen. Nun dauerte die gute Sache schon fast zwei Jahre. Der Glaube an einen schnellen Sieg war längst dem bedrückenden Gefühl gewichen, daß dieser Krieg sein wahres Gesicht noch nicht gezeigt hatte.

Seit dem Juni 1916 waren in der Heimat Brot- und Fleischmarken eingeführt worden. Grieß, Graupen und Teigwaren waren von den Ladentischen ganz verschwunden. Butter gab es nur fünfundzwanzig Gramm in der Woche – wenn man sie bekam. Die Menschen tranken Tee von Brombeerblättern, Kaffee von Kohlrüben. Sie trugen Kleider, die aus Ginster, Hopfen oder Papier gemacht waren. Die Jagd auf Automobilreifen, jedes Stückchen Gummi und Metall begann. Aus den Küchen verschwand das kupferne Geschirr. Türklinken, Firmenschilder aus Messing, die Beschläge der Eisenbahnen wurden eingeschmolzen. Und die Kirchen hatten bald nur noch ihre kleinen Glocken, um Sieg und Trauer über das Land zu läuten.

Mit Furcht sah das Volk dem dritten Kriegswinter entgegen.

Seinen 21. Geburtstag feierte Leutnant Ernst Udet im Schloß Boncourt in Nordfrankreich. Seit dem März 1917 lagen sie an dieser Front. Ihnen gegenüber flog die Elite der französischen Fliegerei.

Die deutschen Piloten der Jagdstaffel 15 flogen den neuen Albatros mit zwei synchronisierten Maschinengewehren in der Kanzel. Ihr Staffelführer war Oberleutnant Gontermann. Zum erstenmal hatten die jungen Flieger einen wirklichen Lehrer.

Noch nie hatte Udet einen Flieger so nah an den Gegner herangehen sehen. Im Mai hatte die Staffel ihren großen Tag. Gontermann bekam den Pour le mérite. Bis spät in die Nacht hinein feierten sie in den Prunkgemächern des alten französischen Schlosses. Am anderen Tag fuhr Oberleutnant Gontermann in Urlaub. Als er nach vier Wochen zurückkam, lebte von seiner ganzen Staffel nur noch der Leutnant Ernst Udet.

Gontermann wartete auf dem Flugfeld, als Udet mit seiner Albatros in den Platz einschwebte. Der glatte haifischähnliche Rumpf war von Einschüssen durchsiebt.

Gontermann starrte in das abgespannte Gesicht mit den tiefen Falten um den Mund und zwischen den Augenbrauen. Udet versuchte zu lächeln, als er aus dem Sitz kletterte. Er griff hastig nach der angebrannten Zigarette, die Gontermann ihm hinhielt. Udets Hände zitterten, als er die Zigarette zu den Lippen hob.

»Schon gut«, sagte Gontermann. »Sie brauchen mir nichts mehr zu sagen, Udet, ich habe es drüben schon von den Monteuren erfahren.«

Die Grasnarbe des Platzes war grau vom Staub der brennenden Sonne. Langsam schritten die beiden Männer zu dem Auto hinüber. Sie wollten schon abfahren, als einer der Monteure über das Feld gelaufen kam. Er hielt eine kleine gerahmte Fotografie mit dem Bild eines zehnjährigen Mädchens in der Hand.

Udet starrte auf den zerschossenen Rahmen. Auf jeden Flug nahm er das Bild seiner kleinen Schwester mit. Es hing hinter seinem Rücken im Sitz der Maschine.

»Einundzwanzig Treffer habe ich gezählt«, sagte der Monteur. In seiner Stimme klang Stolz.

Eine Viertelstunde später, schritten die beiden Offiziere durch den Park des Schlosses. Die Kieswege waren geharkt und an den Seiten scharf abgestochen. In einer Laube standen weißgestrichene Gartenstühle.

»Es begann gleich, nachdem Sie weg waren«, sagte Udet. »Der erste war Puz – wir flogen Sperre. Es war ein ruhiger Tag, kein Gegner zu sehen. Puz flog rechts von mir, mehr als zwanzig Meter waren es nicht. Dann passierte es ... Der Franzose kam von oben, aus der Sonne heraus ... Als wir in der Nacht darauf Puz' Leiche bargen, fanden wir keine Schußverletzungen ... Er war in seiner Maschine verbrannt. – Ich konnte es seinen Eltern nicht schreiben. Ich weiß nicht, wie viele Briefe ich in jener Nacht geschrieben habe.

Dann wurde Müller abgeschossen. Über Mortiers. Ich bin hinübergefahren. Sie hatten ihn in einer Scheune aufgebahrt. Als ich zum Flugfeld zurückkam, waren die anderen schon wieder gestartet. Auch Glinkermann. Seinen Stock hatte er in die Erde gerammt, die Mütze darübergestülpt – er nahm sie immer wieder auf, wenn er landete ... Wir hörten bis spät in die Nacht nichts mehr von Glinkermann. Sein Schäferhund war bei mir im Zimmer, als ich auf Nachricht wartete ... Gegen vier Uhr rief ein Infanterieposten an ... Sie hatten Glinkermann gefunden ... Er war tot ...«

Gontermann hatte einen der Gartenstühle herangezogen. Er setzte sich. »Wieviel haben Sie bis jetzt abgeschossen?« fragte er unvermittelt. Udet blickte in Gontermanns breites bäuerliches Gesicht mit den nachdenklichen Augen. »Sechs«, sagte er dann. Sein Gesicht glättete sich. Es war jetzt wieder das jungenhafte, gelöste Gesicht eines Einundzwanzigjährigen, der schnell vergessen konnte. »Wenn ich sie nur hassen könnte«, sagte er. »Vielleicht wäre es dann leichter. Aber es sind alles schneidige Kerle ...«

Gontermann hatte eine Handvoll Kiesel aufgenommen. Er ließ sie durch die Hände gleiten. Mit einem leichten, klickenden Geräusch schlugen die Steinchen auf den Boden. »Dies ist ein verrückter Krieg ...«, sagte er. »Wir vertreiben Menschen, die uns sympathisch sind, aus ihren Häusern, und wir schießen auf Männer, die wir nicht hassen.« Er blickte auf.

»Ich möchte mich versetzen lassen«, sagte Udet plötzlich, als fürchtete er, seinen Entschluß später nicht mehr vorbringen zu können. »Verstehen Sie mich richtig ... Bei der Jagdstaffel 37 gibt es noch ein paar Flieger, die ich von früher kenne.«

Gontermann nahm wieder eine Handvoll Kiesel auf. »Ich verstehe schon«, sagte er. Und nach einer Weile: »Sehen Sie, Udet, uns hilft nur eines: Wir müssen glauben, daß wir es überstehen. Denken Sie immer daran! Wenn man sich erst einmal eingesteht, daß es nur eine Frage der Zeit ist, bis man selbst daran glauben muß, dann hat man sein eigenes Todesurteil schon unterschrieben …«

Durch eines der offenen Fenster der Villa hörten sie in diesem Augenblick das Schnarren des Telefons. Die beiden Männer blickten sich an. »Wer zuerst am Auto ist …«, sagte Gontermann.

Eine halbe Stunde später starteten sie mit den letzten beiden Maschinen der Staffel.

Vier Monate später, an einem nebligen Novembertag, stürzte Oberleutnant Gontermann über dem Flugplatz in der Nähe des Schlosses Boncourt mit seinem Fokker-Dreidecker ab. Er war sofort tot.

Der Leutnant Ernst Udet erfuhr die Nachricht, nachdem vom Kommandeur der Flieger das Telegramm eingetroffen war, das ihn zum Führer der Jagdstaffel 37 machte.

Die Staffel flog seit drei Monaten in Flandern. Ihnen gegenüber lagen Engländer. Die Kämpfe in der Luft waren hart. Der Herbst 1917 war regnerisch, aber das Wetter spielte keine Rolle mehr. In den drei Monaten war fast kein Tag vergangen, an dem die Engländer sich ihnen nicht gestellt hatten.

Acht Gegner hatte Udet in diesen drei Monaten heruntergeholt. An den Wänden seines Zimmers hingen die Trophäen. Flugzeugteile, ausgeschnittene Kokarden, ein ausgebautes Maschinengewehr.

Udet überflog noch einmal den Brief, in dem ihm einer der Monteure aus Boncourt den Tod Gontermanns mitgeteilt hatte. Dann trat er ans Fenster. Von seinem Fenster aus sah er die zerschossenen Pappeln vor den grauen, niedrigen Häusern. Dahinter blinkten die Zeltspitzen ihres Flugplatzes.

Er rührte sich nicht vom Fenster, als es klopfte. Er wandte sich auch nicht um, als der Mann eintrat und sich meldete.

Auf der Straße zog ein Trupp Soldaten vorbei. Ihre Uniformen unterschieden sich kaum von der schlammigen Erde, über die sie marschierten. Sie trotteten hinter dem Wagen her, auf dem ihre Gewehre und eine Zeltplane lagen. Die Feldflaschen und schweren Brotbeutel zogen die Koppel der Männer tief herunter.

Udet wußte, was die Männer erwartete. Wenn die Staffel mit ihren Flugzeugen aufstieg, sah sie unter sich das Gewirr der Gräben, in die das Wasser einsickerte.

»Sie wissen, weshalb ich Sie habe versetzen lassen?« fragte Udet, immer noch zum Fenster gewandt.

Die Antwort war ein leichtes Zusammenschlagen von Hakken.

»Ich will in meiner Staffel nur Flugzeugführer, die etwas leisten«, sagte Udet.

Er wandte sich um. Als er das unbewegte Gesicht vor sich sah, mußte er lachen.

»Sie haben's nicht kapiert«, sagte Udet. »Mensch, Grüner, ich will keine Hurra-Piloten, aber auch keine, die kneifen. Ich habe nichts dagegen, wenn einer elegant retiriert, wenn fünf Engländer sich einen leichten Spaß machen möchten. Das habe ich auch getan. Ich glaube an mein Glück, aber ich setze es nicht aufs Spiel! Aber jeden Kampf, der mir und meinem Gegner die gleiche Chance gibt, den nimmt man doch an.«

Im Gesicht des Mannes verzog sich keine Miene.

»Na, bewahren Sie mir ein ehrendes Andenken«, verabschiedete ihn Udet.

5

Es war im November, als jener Anruf kam, der für Udets weiteres Schicksal so bedeutungsvoll werden würde. Es war nach einem Frontflug, als der Telefonist aufgeregt zu seiner Maschine gelaufen kam. »Das Telefon, Herr Leutnant«, sagte er,

»vom Jagdgeschwader I.« Das Jagdgeschwader I war das berühmteste aller Geschwader. Sein Chef war Deutschlands Idol, Manfred von Richthofen. Boelcke und Immelmann, die Helden des Jahres 1916, waren tot. Richthofen hatte ihr Erbe angetreten. In seinem scharlachrot gestrichenen Fokker-Dreidecker hatte er mehr Gegner abgeschossen als ganze Staffeln zusammen.

Udet hatte nur einen Gedanken, als er über das Feld auf die Baracke zuschritt: Zweimal hatte der Rittmeister in der letzten Zeit seine Staffel besucht. Richthofen war immer auf der Suche nach neuen Leuten. Er hatte freie Hand darin, sich die erfolgreichsten Piloten für sein Geschwader einzukaufen. Udets Stimme war rauh, als er sich meldete. Aber der Mann am anderen Ende der Leitung war nicht Richthofen.

»Krefft«, meldete er sich. Der Leutnant Konrad Krefft war Richthofens Mann für das technische Personal. »Hören Sie, Udet«, sagte Krefft, »in Berlin tut sich was! Fokker hat eine neue Maschine konstruiert, aber das Oberkommando will ihn ausbooten. Was meinen Sie dazu? Sie haben doch auch Fokker-Maschinen geflogen …«

Udet hatte seine Enttäuschung immer noch nicht verwunden. Aber der andere schien davon nichts zu spüren.

»Ich habe mir die neue Fokker in Schwerin zwischen die Breeches geklemmt«, berichtete Leutnant Krefft. »Es ist genau das, was wir brauchen. Die übertrifft unseren Dreidecker. Das Ding heißt D-VII. Der beste Jagdeinsitzer, der je gebaut wurde …«

»Und warum baut man ihn nicht?« fragte Udet.

»Die Konkurrenz soll sich hinter das Oberkommando gesteckt haben. Sie sollen die wildesten Gerüchte ausgestreut haben: Fokker verschiebt sein Geld ins Ausland … Fokker verhandelt heimlich mit den Engländern. Ein bißchen was bleibt immer hängen. Das Oberkommando will Fokker nur noch bauen lassen, wenn er sich entschließt, die deutsche Staatsangehörigkeit anzunehmen. Fokker hat abgelehnt. Ich trommle jetzt im Auftrag von Richthofen alle maßgebenden Staffelführer zusammen. Wir haben eine Petition ausgearbeitet. Das Oberkommando soll einen offenen Wettbewerb ausschreiben, an dem sich alle deutschen Flugzeugwerke mit ihren Maschinen beteiligen. Wir werden dann die Maschinen prüfen und entscheiden, welche gebaut wird ... Machen Sie mit?«

»Aber natürlich!« stimmte Udet sofort zu.

»Freut mich«, sagte Krefft. »Sie brauchen nur zu unterschreiben.«

Vierzehn Tage später hatte das Oberkommando dem Antrag der Frontpiloten zugestimmt. Der Wettbewerb sollte in Johannisthal stattfinden, dem neuen Zentrum der Militärfliegerei.

Es war ein düsterer, nebliger Tag, als Udet in Berlin ankam. Es dämmerte schon, als er aus dem Anhalter Bahnhof trat. Der Zug war ungeheizt gewesen. Das Gepäck in Udets klammen Händen schien immer schwerer zu werden, als er durch die dunkle, verrußte Halle schritt.

Er blickte sich suchend um. Unter den Säulen parkten vier Automobile. Die Fahrer in ihren Livreen standen steif vor den Wagenschlägen. Als Udet sich den Männern näherte, griffen die Fahrer nach der Klinke der Autotür. Udet ging auf den Mann zu, auf dessen Mütze der Name des Hotels Bristol stand.

»Fahren Sie nur zu«, sagte Udet, als der Mann sein Gepäck auf dem Vordersitz verstaut hatte.

Als der Leutnant Ernst Udet eine Stunde später in die Halle des Hotels Bristol trat, fühlte er sich wie im Traum. Die Wärme hüllte ihn wie ein weicher, flauschiger Mantel ein.

Als er seinen Namen nannte, verbeugte sich der Portier, und die Pagen dienerten um ihn herum. Während Udet mit dem Portier über die weichen Teppiche in den zweiten Stock hinaufstieg, sah er wieder die Bilder, die er auf dem Weg vom Bahnhof zum Hotel in sich aufgenommen hatte: die müden Gesichter der Frauen, die in langen Schlangen vor den Geschäften standen; die Kinder, die hinter einem Wagen herliefen und Kohlestückchen in einen Eimer sammelten; die frierenden Gestalten, die sich vor den Wärmestuben drängten; der

Mann, der ihn an der Straßenecke angerempelt hatte und mit einer bitteren Bemerkung davongeschlichen war …

Als der Portier die blankpolierte Messingklinke zu einem Zimmer herunterdrückte, dachte Udet: Messing – die Klinke dürfte doch eigentlich gar nicht mehr da sein. Es war das gleiche Gefühl, das sie alle hatten, wenn sie staunend vor erbeuteten englischen oder amerikanischen Maschinen standen, in denen all das noch aus Edelmetallen war, was in ihren Maschinen längst aus Ersatz bestand.

»Herr Fokker wird Sie später begrüßen«, sagte der Portier. »Er freut sich, daß Sie seine Einladung angenommen haben. Einstweilen …«, er deutete in das Zimmer, »finden Sie hier ein paar kleine Aufmerksamkeiten.« Er war schon wieder an der Tür, als er noch hinzufügte: »Wenn Sie besondere Wünsche haben, verlangen Sie nur Herrn Anton.«

Zögernd ging der junge Leutnant durch das Zimmer. Neben einem kleinen Tischchen stand in einem silbernen Kübel eisgekühlter Champagner. Auf dem Nachttisch lagen Schokolade und Zigaretten. Er nahm die Schachtel auf, »Dritte Sorte«.

Er dachte an die Buchenblattzigarren, die die Ordonnanzen im Frontkasino anboten.

In dem kleinen Marmorbad lag ein großes Stück violetter Seife in der Schale. Und als Udet den Kleiderschrank öffnete, um seine Sachen einzuräumen, starrte er verblüfft auf den neuen, dreiviertellangen Pelz, der dort hing. Er konnte nicht widerstehen, den Pelz anzuziehen. Am Revers war eine Visitenkarte mit Fokkers Namen. Er stand noch vor dem Spiegel, als es klopfte. Es war Leutnant Krefft, der dann eintrat.

»Lassen Sie doch«, sagte er lachend, als Udet sich den Pelz herunterriß. »Ich hörte eben, Sie seien angekommen.« Krefft war zu dem silbernen Sektkübel getreten. »Gestatten Sie?« fragte er.

Als Udet nickte, riß Krefft die silberne Folie vom Korken. »Achtung!« rief er. Der Korken jagte gegen die Decke. Krefft groß zwei Gläser voll. Mit den zwei Sektkelchen in der Hand trat er zu Udet. Er reichte ihm ein Glas. »Was machen Sie nur für ein Gesicht?« sagte er. Er deutete zum Nachttisch hinüber, auf den Pelzrock. »Deshalb?« fragte er.

»Aber das ist doch …«, begann Udet.

»Bestechung meinen Sie?« Krefft lachte. »Man merkt, Sie sind das erste Mal in Berlin, Udet. – Mijnheer Fokker hat die ganze Etage gemietet. Wenn Sie Urlaub machen, können Sie jederzeit auf seine Kosten hier absteigen. Die anderen Flugzeugbauer haben auch ihre Hotels. Keiner macht ein Geheimnis daraus. Wir sind schließlich die Kunden.« Er hob sein Glas.

Nach dem vierten Glas sagte er: »Achten Sie mal darauf, was die Damen der hohen Generalität heute abend tragen; Kleider aus Fokker-Seide. Unser Holländer ist ein Genie im Organisieren. Irgendwoher hat er für die Bespannung der Tragflächen Seide aufgekauft. Und wenn jetzt Frau General eine neue Abendtoilette braucht, dann schneidet der Herr Adjutant bei Fokker in Schwerin ein paar laufende Meter ab.«

Bei der zweiten Flasche trug der Leutnant Ernst Udet trotz der Wärme im Zimmer den neuen Pelz.

Die Vergleichsprüfungen in Johannisthal begannen am nächsten Tag. Sie dauerten vier Tage.

Fünf Maschinen waren zum Wettbewerb zugelassen. Eine Rumplermaschine, eine neue Albatros, ein neuer LVG-Typ, eine Maschine der AEG und Fokkers D-VII.

Vier Tage lang, an denen es den Flugzeugkonstrukteuren verboten war, das Flugfeld zu betreten, prüften die Frontpiloten die Maschinen. Am vierten Tag fiel die Entscheidung in einer Konferenz im Hauptquartier des Oberkommandos.

Im Hotel Bristol wartete Anton Fokker auf die Entscheidung. Nervös schritt er durch den blumengeschmückten großen Saal im ersten Stock des Hotels. In der Mitte des Raumes stand ein riesiger Tisch. Er war überladen mit Delikatessen. Müde nickte Fokker dem Oberkellner an seiner Seite zu.

»Zufrieden?« flüsterte Herr Anton.

Fokker nahm sich eine Gabel Kaviar vom Tisch. »Ich hätte nie gedacht, daß man dies alles braucht, um Flugzeuge zu bauen …«, sagte er. »Aber wenn ich denke, daß die Piloten morgen schon wieder an die Front müssen …«

»Es sind jedesmal andere Gesichter«, sagte der Oberkellner. »Ist Ihnen das nie aufgefallen?«

»Doch«, antwortete Fokker. »Die Glückskinder sieht man ein- oder zweimal – aber das sind wenige.« Er wandte sich an den anderen Mann an seiner Seite. »Und wie steht's mit dem Alkohol?« fragte er.

Der Barkellner des »Bristol« nickte. »Wir werden unsere Helden schon bei guter Stimmung halten, solange sie noch am Leben sind«, sagte er. Er führte Fokker zu der in einer Ecke aufgebauten Bar.

Eine halbe Stunde schritt der junge Holländer nervös auf und ab. Endlich kam die Nachricht. Der Kommandierende General der Fliegertruppe, Höppner, war am Telefon. Wie immer war er kurz angebunden. »Wie viele Flugzeuge können Sie sofort bauen?« sagte er.

»Ich habe das Rennen also gewonnen …?«

»Wieviel Maschinen?«

»Wenn mir genügend Mercedes-Motoren zur Verfügung stehen …«, begann Fokker.

»Wir brauchen vierhundert dieser Maschinen«, bellte Höppner. »Sie werden sie bekommen«, antwortete Fokker. – Vierhundert Maschinen, das war ein Auftrag über acht Millionen Mark.

Die Feier im Hotel Bristol begann abends um neun Uhr. Der sechzehnjährige Hilfskellner des Hotels Bristol tastete nach den Erinnerungsfotografien in der Innentasche seiner Kellnerweste. Er wandte keinen Blick von den bewunderten Helden, die Fokkers Einladung gefolgt waren.

Die Kapelle spielte Fliegerlieder. Am Kopfende der Tafel saß neben Fokker Manfred von Richthofen. Nur von Zeit zu Zeit nippte er an seinem Glas. Er verabschiedete sich bald.

»Das ist nichts für mich«, sagte er zu Fokker. »Sie werden sehen, die anderen werden erst richtig in Stimmung kommen, wenn ich nicht mehr da bin.« Er winkte den anderen Piloten zu.

Udet stand auf, als der Rittmeister an seinem Platz vorbeikam. Sie begrüßten sich.

»Kommen Sie, Leutnant«, sagte von Richthofen. »Begleiten Sie mich ein Stück.« Gemeinsam verließen sie den Saal, schritten die breite Treppe in die Empfangshalle hinunter.

»Wieviel Abschüsse haben Sie eigentlich, Udet?« fragte von Richthofen.

»Siebzehn«, antwortete Udet, »einer ist noch nicht anerkannt.«

»Hätten Sie nicht Lust, zu uns zu kommen?« fragte von Richthofen. »Ich würde Sie in meine Staffel nehmen. Sie könnten den Dreidecker fliegen …«

»Mit Vergnügen«, sagte Udet. Er griff nach dem hohen, engen Kragen seines Uniformrockes. »Ohne den Pour le mérite fühlt man sich in diesem Kreis fast etwas deplaciert«, sagte er.

Sie waren an der Portiersloge vorbei zum Ausgang getreten. Plötzlich stutzte von Richthofen. Sein beherrschtes Gesicht wurde unruhig. Als Udet an die Tür trat, sah er die Menschenmenge, die sich draußen auf der Straße Unter den Linden angesammelt hatte.

Der Portier stand neben ihnen. »Man hat erfahren, daß Herr Rittmeister sich im Hotel befinden«, sagte er in seinem aufdringlich-einschmeichelnden Ton. »Man wünscht, daß Herr Rittmeister sich zeigen.«

Richthofen wandte sich schroff ab. »Lassen Sie meinen Wagen am Seiteneingang vorfahren.«

Als Udet wieder in den Saal trat, schien die Stimmung verwandelt zu sein. Es war eine lärmende, ausgelassene Gesellschaft junger Männer. Einige hatten sich um das Klavier geschart. Er erkannte Loerzer und Göring. Sie sangen und schrien nach Champagner.

Fokker winkte Udet heran. Er zog ihn mit sich zu einem kleinen Tischchen. Sie setzten sich. »Ich habe gehört, Sie haben meine Maschine geflogen«, sagte er. »Wie fliegt sie sich?«

Udet hob die gespitzten Finger zum Mund. Er schnalzte mit den Lippen. »Sagenhaft gut«, antwortete er lächelnd.

Fokker schob ihm eine Tasse Kaffee über den Tisch zu und das kleine silberne Tablett mit Konfekt.

Udet schüttelte den Kopf.

»Es ist echter Kaffee«, sagte Fokker, »und echter Zucker.«

Wieso freust du dich nicht, dachte Udet. Echter Kaffee und Zucker, kein Sacharin. Schinken von Kempinski ... Er stand auf und holte sich etwas zu trinken. Er bot Fokker ein Glas an, aber der deutete auf seinen Kaffee. Udet trank. Er goß sich wieder ein.

Fokker blickte forschend in das Gesicht seines Gegenübers. Er starrte den Leutnant an, als müsse man es ihm ansehen, wie oft er in der Nähe des Todes gelebt hatte. Als müsse in seinem Gesicht etwas von dem Schicksal geschrieben sein, das ihn vielleicht morgen schon erwartete. Aber das Gesicht war jung. Ein Gesicht, das ewig jung zu bleiben schien. Fokker beugte sich über den Tisch. Er nahm Udet das volle Glas aus der Hand und stellte es weg. Trotz seiner siebenundzwanzig Jahre hatte er plötzlich etwas Väterliches: »Warten Sie ...«

Fokker hatte Anton ein Zeichen gegeben. Im nächsten Augenblick flog die große weiße Schiebetür auf. Wie eine Kavalkade strömten die lachenden, elegant gekleideten Mädchen in den Saal. Fokker lehnte sich stolz in seinem Sessel zurück. Er nahm einen Schluck Kaffee. Er nickte zu den Mädchen hinüber und stieß Udet an. »Heute nacht tue ich alles für eure Unsterblichkeit«, sagte er.

6.

Der Gegner hatte einen treffenden Namen für das Jagdgeschwader I. Bei den englischen und amerikanischen Piloten hieß es nur »Der Zirkus Richthofen«. – Der Gegner sprach es mit Respekt aus. Das Geschwader Richthofen wohnte in schnell auf- und abzubauenden Wellblechbaracken. Es rückte den deutschen Truppen nach, zog sich mit ihnen zurück. Die Gefechtslandeplätze lagen oft unmittelbar im Schußbereich des Gegners. Startbereit saßen die Piloten in Liegestühlen neben ihren Flugzeugen. Es gab kein ermüdendes Sperrefliegen. Aber sobald sich ein Gegner auf den schraffierten Linien der Optik in den Scherenfernrohren zeigte, stiegen die deutschen Piloten auf.

Der Leutnant Ernst Udet hatte zwanzig Abschüsse, als er von der Jagdstaffel 37 zu Richthofen versetzt wurde. Es war wenige Tage vor der großen Frühjahrsoffensive.

Am Abend des 18. März tickten in allen Gefechtsständen an der Front die Funkgeräte. Als die Offiziere die geheimnisvollen Buchstabengruppen entschlüsselt hatten, lasen sie:

Xter tag einundzwanzigster dritter zeit vieruhrvierzig vormittags nullzeit neunuhrvierzig vormittags.

Im Großen Hauptquartier in Spa in Belgien hatte man den Termin der großen Frühjahrsoffensive gegen die englische Front auf den 21. März festgesetzt.

Die Nacht zum 21. März war kalt. Keiner der Piloten in den Wellblechbaracken des Jagdgeschwaders I in Avoingt schlief. Auf dem Platz arbeiteten die Monteure an den Maschinen. Hämmern klang gedämpft über den Platz, manchmal ein Ruf, ein helles Klirren, wenn Benzinkannen aneinanderschlugen.

Die Piloten standen an den Fenstern ihrer Baracken. Über die nahe Straße rückten noch immer Kolonnen an die Front. Die Piloten stellten ihre Uhren, als die Geschütze vier Uhr vierzig ihren Feuerüberfall begannen. Um sieben Uhr standen Richthofens Leute neben ihren Maschinen, die Pelze um die Schultern gehängt, einen Becher Kaffee in den steifen Händen.

Als um neun Uhr vierzig die deutsche Infanterie aus ihren Gräben aufbrach und im ersten Ansturm den Gegner in seinen Stellungen überrumpelte, warteten die Piloten des Jagdgeschwaders Richthofen immer noch. Grimmig starrten sie in die dichte graue Nebelwand, die jedes Fliegen unmöglich machte.

So warteten sie Tage.

Am 26. März rückte das Geschwader den Truppen nach. Im Morgengrauen flogen die Piloten ihre Maschinen zum Flugplatz Lechelle. Die Engländer hatten ihn erst vor fünf Tagen geräumt. Der Platz war von Granattrichtern aufgerissen. Im Laufe des Tages folgte der ganze Troß auf Lastwagen, die Monteure mit den Zelten. Am Abend hatten die Mannschaften eine Startbahn planiert.

Der 27. März wurde ein klarer, heller Tag. Kaum hatten die deutschen Piloten ihre Petroleumlampen in den halbkreisförmigen Wellblechbaracken ausgeblasen, als die englischen Maschinen gemeldet wurden. Sie kamen in Scharen. Es waren neue Maschinen mit allen technischen Schikanen. Ausgeruhte Besatzungen flogen sie. Die Gegner schlichen sich dicht über die Linien der deutschen Infanterie heran. Die in den letzten Tagen so müden und abgespannten Gesichter der deutschen Piloten waren wie verwandelt. Sie rannten zu ihren Maschinen. Hell leuchteten die buntgestrichenen Tragflächen und Rümpfe ihrer Dreidecker in der Sonne.

Es war wie eine Herausforderung, als sie den mit Tarnfarben gestrichenen Maschinen der Gegner entgegenflogen. Die Dreidecker lagen sicher und schwebend in der Luft. Tausend Meter über den Linien stellten sie den Feind.

Udet flog einen roten Fokker mit einem blauen Schwanzteil. Als die blauweißrote Kokarde rechts vor ihm auftauchte, kurvte er dem Engländer nach.

Der Fokker war langsam, aber er stieg schnell und leicht; in Sekunden saß Udet dem anderen im Nacken. Seine Hand flog hinüber auf den Knopf des MG. Aber die Salve fiel ins Leere. Der Engländer tauchte nach unten. Plötzlich riß er seine Maschine wieder hoch. Seine Schüsse zersägten die mittlere Tragfläche von Udets Dreidecker.

Der Engländer huschte so nah an ihm vorbei, daß Udet unter der Lederhaube das lachende Gesicht sah.

Sie jagten sich eine Viertelstunde. Das Knäuel der übrigen wild kurvenden Maschinen lag weit hinter ihnen. Manchmal löste sich daraus eine Maschine und stürzte brennend zu Boden. Immer wieder versuchte Udet, dem anderen in den Rükken zu kommen. Er schoß nur noch, wenn er ganz nahe heran war. Er spürte, wie er müde wurde. Der Lärm des eigenen

Motors hämmerte unerträglich in seinen Ohren. Er wußte, daß sein Gegner nur darauf wartete; eine Sekunde der Schwäche entschied über ihr Leben.

Nach einer engen Kurve hatte er ihn direkt vor sich. Es war Udet, als seien die Geräusche der Motoren plötzlich in Watte gepackt, als trieben die hämmernden Schläge seines Herzens den Motor voran. In die unwirkliche, tödliche Stille hinein tackte das Maschinengewehr. Der Gurt lief leer durch das Gewehr, aber mit den letzten zehn Schüssen mußte er den anderen getroffen haben. Er beobachtete, wie die Maschine wegsackte, sich fing und dem Boden zutrieb. Er sah keine Stichflamme, keine Teile, die wegflogen. Die Maschine rumpelte über einen Acker. Als Udet ganz dicht über sie hinwegflog, stand sie unbeschädigt dort unten, als wolle sie sich gleich wieder erheben …

Das Jagdgeschwader Richthofen hatte am Abend dieses Tages Grund zum Feiern. Der Adjutant des Geschwaders notierte dreizehn Abschüsse in das Kriegstagebuch. Keine eigenen Verluste.

Durch das dicke Ölpapier, das das Glas in den Fenstern des Kasinos ersetzte, sickerte das Licht nach draußen … Bei den Flugzeugzelten startete ein Motor. Der Lichtschein des Wagens irrlichterte über die Schlaglöcher, schwenkte hinüber zu der Straße. Einen Augenblick tauchte eine Gestalt im Lichtkegel auf: glänzende Stiefel, rehlederne Reithose, Wollweste, der Pour le mérite unter einem ernsten Gesicht. Der Wagen stoppte.

Richthofen stützte sich auf den knorrigen Geschwaderstock. »Nicht beim Feiern?« fragte er.

Udet versuchte trotz der Dunkelheit, in dem Gesicht des anderen zu lesen. Etwas verlegen antwortete er: »Ich will es sonst gar nicht wissen – aber heute … Ich hatte so eine verdammte Mühe mit meinem Engländer. Ich habe erfahren, daß sie ihn in ein Feldlazarett gebracht haben. Vielleicht kann man etwas tun.«

Udet spürte die Hand auf seiner Schulter. Es war nur ein Augenblick. Dann schritt die Gestalt schnell davon.

Es waren ein paar niedrige Baracken, vor denen der Wagen eine halbe Stunde später hielt. Hinter einem Fenster flackerte bläuliches Licht. Als Udet anklopfte, bewegte sich der Schein der Lampe vom Fenster weg zur Tür. Dann trat eine schlanke Gestalt auf den kleinen hölzernen Vorplatz hinaus.

»Hier soll heute ein englischer Flieger …«, begann Udet.

Die Hand mit der Lampe hob sich. Die Gestalt schritt schweigend an Udet vorbei. Er folgte ihr über einen Hof. Im Dunkeln stieß er gegen ein paar im Regen verrostete eiserne Tragbahren.

Man hatte den Engländer in einem kleinen Schuppen aufgebahrt. Erst jetzt, als hinter ihnen die Tür zufiel und die Gestalt in ihrer Tracht den Docht der Lampe höher drehte, sah Udet, daß es eine junge Schwester war, die ihn hierhergeführt hatte. Die Schwester zog das weiße Tuch von dem Toten.

Als Udet sich über den Mann beugte, sah er die kleine, kaum sichtbare Wunde zwischen den Augenbrauen. In dem Gesicht des Engländers lag ein Ausdruck leiser, spöttischer Verwunderung.

»Er war sofort tot«, sagte die Schwester. Sie hatte eine rauhe, fast männliche Stimme.

Er wußte, daß sie ihn beobachtete. Er dachte: Ich möchte diese Stimme hören, wenn sie ausgeruht ist …

Am Fuß der Bahre lag eine ausgeschnittene Kokarde.

»Als Sie anriefen und sich nach ihm erkundigten«, sagte die Schwester, »hat einer der Sanitäter sie aus seinem Flugzeug herausgeschnitten. Ich soll nicht vergessen, sie Ihnen zu geben …« Sie hielt ihm die Kokarde hin.

Udets Hand tastete nach dem Rock des Fliegers. Mit fast empfindungslosen Fingern knöpfte er die Brusttasche auf, zog ein schmales ledernes Etui heraus. Er klappte es auseinander. Bilder, ein Brief, eine Visitenkarte des Toten. Sonst nichts von Bedeutung. Udet nahm die Karte an sich. Er wollte das Etui schon wieder in die Brusttasche zurückschieben, als er den

Zeitungsausschnitt aus einer französischen Tageszeitung bemerkte. Er faltete ihn auseinander. – Er starrte in sein eigenes Gesicht. Das Blatt zitterte in seinen Händen, als er die Unterschrift las:

»As des As« – As der Asse.

Eine Sekunde spürte er Stolz. Dann erschrak er. Angesichts des Toten war dies eine bittere Stunde des Ruhms.

Udet wandte sich um. Er blickte die Schwester an. Aber ihr Gesicht unter der gestärkten Haube war streng und abweisend. Plötzlich hatte er den Wunsch, dieses Gesicht einmal entspannt und lächelnd und umgeben von welligem Haar zu sehen.

Die Rot-Kreuz-Schwester zog das Tuch über das Gesicht des Toten. Sie nahm die Lampe vom Boden auf und schraubte den Docht herunter. Die Wände des Schuppens rückten näher zusammen. Das weiße Laken über dem Toten schien den letzten Schimmer von Licht an sich zu ziehen, als ließe sich so die endgültige Dunkelheit noch ein wenig hinauszögern.

»Kommen Sie«, hörte Udet hinter sich die Stimme, sie klang streng und abweisend. Das Licht flackerte, als die Schwester die Tür des Schuppens aufstieß.

Udet schob die Visitenkarte mit dem Namen des englischen Fliegers in die Innentasche seiner Pelzweste.

»Nun kommen Sie schon!« Ihre Stimme klang noch bitterer. »Schließlich … mein Gott, ein Engländer …«

Er folgte ihr durch die Dunkelheit über den Hof. Vor den hölzernen Tritten, die zu der langgestreckten Baracke hinaufführten, blieb sie stehen.

»Sind Sie schon lange hier?« fragte Udet.

»Lange genug«, antwortete sie. »Lange genug, um zu wissen, daß wir mit unseren eigenen Toten nicht so viel Aufhebens machen …« Sie hielt die Lampe mit ausgestrecktem Arm. Der enge Lichtkreis streifte ihre Beine und den Saum des grauen Schwesternkleides. Udet blickte auf die zierlichen Füße. Sie steckten in eleganten Lederschuhen.

»Wie heißen Sie?« fragte er.

»Warum?« Sie hatte sich schon umgewandt. »Sie brauchen mich nicht.« Sie stieg die Treppen hinauf. Der lange Rock schlug um ihre Füße. Als sie die Tür der Baracke öffnete, hörte er den Schrei eines Verwundeten … Es war der Schrei eines Menschen, der sich ans Leben klammerte. Als Udet ihn hörte, erschrak er plötzlich vor der eigenen Ruhe. In dem Schuppen lag der englische Flieger. Er hatte ihn im Kampf getötet. Der Anblick des Toten hatte ihn aufgewühlt, aber er hatte ihn nicht so erschüttert wie dieser Schrei. Jetzt glaubte er plötzlich das abweisende Gesicht der Schwester zu verstehen. Er brauchte sie wirklich nicht. Was er bei ihr gesucht hatte, war Trost gewesen, Vergessen. Aber es gab andere, die diese Frau brauchten, um den Mut zum nächsten Atemzug zu haben.

Er ahnte plötzlich, wie gut er alles überstanden hatte. Das Gesicht des Krieges, wie es sich ihm bisher gezeigt hatte, war hart und männlich gewesen, aber es hatte noch immer ein Lächeln für ihn gehabt.

Eine fahle Sonne dämmerte schon herauf, als der Wagen auf dem Flugplatz ankam. Auf den straff gespannten Seitenwänden der Flugzeugzelte glänzte die Nässe, als Udet zu den Wellblechbaracken hinüberschritt. Brackiges Wasser hatte sich in den Granattrichtern angesammelt. Als er an einem Schuppen vorbeikam, zögerte Udet. Du solltest seinen Kameraden eine Nachricht abwerfen, dachte er. Er trat ein. Langsam gewöhnten sich seine Augen an das trübe Licht. An einer Wand lehnten Oleandersträucher in grünen Holzkübeln. Darüber hingen verschmutzte bunte Girlanden aus Papier. Das alles verstaubte hier, bis es zu Ehren irgendeines Generals oder zur Begrüßung von Reichstagsabgeordneten, die das Richthofen-Geschwader hin und wieder besuchten, hervorgeholt wurde.

In einer Ecke lag frischgeschnittenes Grün. Udet bückte sich und riß ein paar Zweige ab. Er band sie mit einer Kranzschleife zusammen. Als er sich aufrichtete, stieß er gegen die zugeschnittenen Holztafeln, die der Schildermaler unter seinem Tisch aufgestapelt hatte. In einem Regal standen Töpfe mit weißer Farbe, in einem Glas mit Terpentin steckten feine Pinsel …

Ihm war, als sehe er den Schildermaler auf seinem Hocker in der Sonne vor der Hütte, wie er den Namen eines gefallenen Kameraden auf seine Tafel malte ...

Mit meinem Namen hätte er nicht viel Mühe, dachte Udet. Hastig kramte er in den Schablonen auf dem Tisch. Er suchte, bis er das große »U« fand. Der Pappstreifen war noch neu. Der Geruch der Farbe, des Terpentins und der grünen Zweige wurde plötzlich unerträglich ... Als er sich umwandte, blickte er in das verschlafene Gesicht des Schildermalers. Er stand unter der Tür, die flache Mütze weit in die Stirn gerückt.

Udet warf die Zweige auf den Tisch. Er nahm die weiße Visitenkarte und legte sie daneben. »Malen Sie mir einen Gruß auf die Schleife«, sagte er. »Seinen Namen und seine Staffel ... Er starb gestern.«

Der Mann salutierte müde und stolperte an ihm vorbei zu seinem Tisch. »Legen Sie es dann in den Sitz meiner Maschine«, sagte Udet.

Der Mann hatte die Schablone in Udets Händen entdeckt. »Aber ...«, begann er.

Udet schob den grauen Pappstreifen ein. »Kennen Sie jemand, dessen Namen mit ›U‹ anfängt?« fragte er. »Ich wüßte niemand ... bei allen vier Staffeln nicht ...«

Der Mann nahm seine Finger zu Hilfe, als er mit todernstem Gesicht die Namen herunterzählte. »Wirklich«, gab er dann zu, »niemand.«

»Sehen Sie! Dann werden Sie das ›U‹ nie brauchen.«

»Niemand – außer Ihnen, Herr Leutnant«, fiel dem Mann plötzlich ein. Aber Udet antwortete mit einem Lachen. »Eben«, sagte er, »wenn schon, dann möchte ich es einmal handgemalt.«

Als die Staffeln des Richthofen-Geschwaders an diesem Morgen starteten, löste sich über den feindlichen Linien ein Dreidecker aus der geschlossenen Formation.

Die Explosionswölkchen der Schrapnells wanderten der Maschine nach. Sie stieß trotzdem tiefer herunter. Über die Seitenwand des Führersitzes flatterte eine Kranzschleife im Luftzug.

Die feindlichen Abwehrgeschütze verstärkten ihr Feuer, als der Pilot der Maschine sich aus seinem Führersitz beugte und etwas abwarf.

Dann verstummte das Feuer aller Geschütze mit einem Schlag.

Während sich der Dreidecker wieder seiner Staffel anschloß, schwebte der Kranz langsam zur Erde.

7.

Ende März 1918 stockte die große Frühjahrsoffensive, die von den Deutschen mit soviel Jubel und Hoffnung begonnen worden war. Die 17. Armee versuchte noch einmal, Arras zu erobern. Der Vormarsch brach zusammen. Die 18. Armee kämpfte verbissen an der Avre und rannte sich fest.

Amiens lag zum Greifen nahe, aber die Verluste waren so schwer, daß die deutsche Heeresleitung befahl, den Angriff endgültig abzubrechen. Die Armee der grauen Männer grub sich zwischen Arras und La Fère zum Stellungskrieg in die Erde ein.

Das Jagdgeschwader Richthofen aber schrieb auch in diesen Tagen seine eigene Geschichte. Am 6. April schoß Leutnant Ernst Udet seinen 23. Gegner ab. Es war am Nachmittag, kurz nach zwei Uhr, als die englische Maschine brennend in einen Wald stürzte.

Schon während des Kampfes hatte Udet es vor Ohrenschmerzen nicht mehr aushalten können. Sie plagten ihn seit Wochen. Als er landete, wankte er auf die Baracke des Sanitäters zu. Der Motor dröhnte noch immer in seinem Kopf. Fluchend ließ er sich in der Baracke auf den harten Hocker fallen.

»Ewig diese Schweinerei mit dem Ohr«, schimpfte er.

Der Sanitäter rückte den Hocker zum Licht. Er tupfte etwas Eiter mit einem Wattebausch vom Ohr. Dann wies er mit einer müden, resignierenden Geste um sich.

»Hier kann ich nicht viel für Sie tun«, sagte er und zeigte auf die primitiv eingerichtete Revierstube. »Am besten, ich schicke Sie wieder nach Valenciennes ins Lazarett.«

Udet rappelte sich auf. Bei jedem Schritt hallte es in seinen Ohren, als stiefelte er durch einen hohen steinernen Gang.

»Aber der Herr Leutnant kann so nicht weiterfliegen …«, warnte der Sanitäter.

Richthofen stand unvermittelt in der Tür. »Wieder das Ohr?« fragte er.

»Halb so schlimm«, meinte Udet.

Der Sanitäter protestierte. »Eine Mittelohrentzündung. Er macht sich das ganze Trommelfell kaputt.«

»Also«, sagte Richthofen, »Sie fahren morgen in Urlaub, das ist entschieden.«

Er schob den Leutnant vor sich her nach draußen. Als sie über das Flugfeld schritten, wagte Udet einen Einwand: »Sie können mich doch jetzt nicht nach Hause schicken. Nicht jetzt. Ich bin so gut in Schuß …«

»Ich halte nichts von Seiltänzern, die im Fieber aufs Seil steigen …«

»Aber wie sieht das aus … Ich bin nicht einmal vier Wochen beim Geschwader …«

Richthofens Augen blickten kalt und voller Distanz. »Ich brauche Leute, die ihre Nerven unter Kontrolle haben … Sie fahren, Udet. Das ist ein Befehl. Wenn Sie zurückkommen, können Sie die vierte Jagdstaffel übernehmen.« Er nickte ihm zu. »Auch das ist ein Befehl«, sagte er lachend. Er ging voraus, in die Baracke des Adjutanten. Der Oberleutnant saß hinter einer Schreibarbeit. Sein Gesicht war spitz und bleich.

»Leutnant Udet fährt morgen in Urlaub«, sagte Richthofen. »Ich fliege ihn selbst mit dem Zweisitzer nach hinten. Machen Sie alles bereit.«

Richthofen war schon an der Tür, als er noch einmal zurückkam. »Kommen Sie«, sagte er zum Adjutanten. »Geben Sie uns einen Abschiedsschluck.«

In einer Ecke des Raumes lag ein Berg kleiner Päckchen. Der Adjutant nahm eines, riß das Papier auf und holte das

kleine Fläschchen Sekt heraus. Es war eines der Liebesgaben-
päckchen, wie sie Tag für Tag von unbekannten Frauen aus der
Heimat an das berühmte Geschwader geschickt wurden. Der
Adjutant goß ein und reichte jedem ein Glas.

»Worauf trinken wir?« fragte Udet.

»Ja, worauf?« Richthofen zögerte. Er blickte auf sein Glas,
hob es gegen das Licht. Plötzlich stellte er das Glas weg und
verließ den Raum.

»Wir hätten auf seinen 76. Abschuß trinken können«, sagte
der Adjutant. Sie tranken schweigend. Dann sagte der Adjutant: »Hören Sie, Udet, aber Sie dürfen um Gottes willen zu
keinem davon sprechen. – Sie wollen den Rittmeister nicht
mehr fliegen lassen. Sie fürchten, es geht ihm wie Immelmann
und Boelcke … Das Große Hauptquartier hat bei mir anfragen
lassen … Sie wollen ihn in die Etappe holen, als Inspekteur aller Jagdstaffeln … der Alte war natürlich außer sich.«

»Der Rittmeister – nicht mehr fliegen?« sagte Udet erregt.
»Sie sollen uns doch allein sterben lassen …« Er erschrak, als
er es gesagt hatte. Er griff nach dem Glas, das Richthofen weg-
gestellt hatte, und trank es aus. Plötzlich bückte er sich nach
der Verpackung des Päckchens. Er riß den Absender heraus.
»Wer weiß …«, sagte er lächelnd und trat mit dem Zettel ans
Fenster. Eine steile, nervöse Schrift in violetter Tinte. Der
Name einer Frau. Er schob den Zettel ein.

Das Telegramm kam drei Tage vor Udets zweiundzwanzigstem
Geburtstag am Donnerstag, dem 23. April. Es lag zu Hause, als
Udet vom Arzt zurückkam, der ihn wegen seines Ohrenleidens
behandelte. Die Mutter empfing ihn mit der Nachricht schon
an der Tür.

Seine Majestät der Kaiser und König haben geruht, Ihnen
anläßlich des 20. von Ihnen abgeschossenen Flugzeuges den
Pour le mérite zu verleihen.

Stolz und Fassungslosigkeit waren im Gesicht der Mutter.

»Wo ist der Orden?« Udet zog seine Mutter mit sich ins
Zimmer. »Gib ihn mir schon … Hast du Vater angerufen?«

»Bitte, Erni?« Ihre Stimme hatte plötzlich wieder den abwägenden, tadelnden Ton, den sie aus ihrer Lehrerinnenzeit beibehalten hatte. »Es ist nur das Telegramm gekommen, kein Orden.«

»Ich treibe einen auf«, meinte der Sohn.

»Das kam alles so überraschend …«, sagte seine Mutter, verwirrt und doch angesteckt von seiner Freude. »Ich habe nichts im Haus … Ich könnte eine Torte aus Graupen backen. Wenn ich sie dick mit Gelee belege …«

Der weißhaarige Mann in dem Ordengeschäft in der Kaufingerstraße schüttelte den Kopf, als Udet ihm sein Telegramm hinlegte. »Ich könnte ihn aus Berlin bestellen«, sagte der Mann. »Wenn Sie die Gebühren für ein Telegramm bezahlen, haben Sie ihn in zwei Tagen …«

Udet blickte auf die glänzenden Orden, die auf dem Samt unter dem Glas der Theke lagen. Er war enttäuscht. Er hatte sich alles ganz anders vorgestellt. Er hatte gewußt, daß der Kommandeur der Flieger, Hauptmann Wilberg, ihn zum Pour le mérite vorgeschlagen hatte. Er hatte viel Zeit gehabt, es sich auszumalen: ein hoher Ehrensaal, flüsternde Offiziere in Gala – und der Leutnant Ernst Udet, der zwischen ihnen hindurchschritt, um aus der Hand Seiner Majestät die Auszeichnung zu empfangen.

»Es lohnt sich nicht, ihn vorrätig zu haben«, sagte der Mann. »Er wird zu wenig verlangt.« Er rieb mit dem Ärmel seiner Lodenjoppe über das Ordensband auf seiner Brust. »Ich war auch einmal dabei«, begann er geschwätzig, »70/71 … Ich lag bei Sedan, es war an dem Tag, als Napoleon III. sich gefangen gab …«

Udet hörte nicht zu. Ich muß den Orden bekommen, dachte er. Er war schon in Gedanken bei Lo. Sie würde stolz auf ihn sein.

Eine halbe Stunde später wartete der Leutnant Udet im Schwesternzimmer eines Lazaretts in Schwabing. Udet blickte aus dem Fenster in den Hof hinunter, als die junge Hilfsschwester in ihrem einfachen Kattunkleid ins Zimmer trat.

»Aber Erni«, sagte Lo. »Sie haben mir doch versprochen, mich im Dienst nicht zu besuchen.«

»Kleinen Mädchen verspricht man viel.« Er hatte sich umgedreht. Ihr junges weißes Gesicht, das den Ernst der Hilfsschwester nur spielte, behielt den Ausdruck eines koketten Schmollens.

Udet reckte den Kopf höher. Dann deutete er auf den Orden, der an dem schwarzen Band mit den zwei silbernen Streifen um seinen Hals hing.

»Woher haben Sie ihn?« Zögernd kam Lo näher.

»Ich mußte ihn mir ausleihen. Ich war in drei Geschäften. Ich bekam etwas über die Schlacht bei Sedan erzählt, aber keinen Orden. Dann hatte ich Glück: Im letzten Geschäft traf ich einen Marineoffizier. Er hat ihn mir geliehen, aber nur bis morgen.«

»Sie schwindeln mich nicht an?« fragte sie, immer noch ungläubig. Aber als sie das Telegramm gelesen hatte, band sie ihre Schürze ab. Sie warf sie weg und hängte sich bei ihm ein.

»Sieh mal an. Was ein Stückchen Gold am Hals nicht alles fertigbringt.« Er versuchte zu scherzen.

»Das mußt du doch verstehen«, sagte sie.

Er war jetzt ernüchtert und enttäuscht. Ihr plötzliches »Du« machte es auch nicht besser. Wie lange hatte er darauf gewartet. Sie kannten sich seit vielen Jahren. Sie hatten füreinander geschwärmt, wie zwei junge Menschen eben schwärmen. In der Erinnerung war sie ihm nähergerückt, als es in Wirklichkeit war. Er hatte sie schon mit zwanzig Jahren heiraten wollen, aber sie hatte nur gelacht. Er spürte ihren Arm, aber sie war plötzlich wieder einfach die Tanzstundenbekanntschaft aus der Schulzeit.

Sie bummelten bis zum Hofgarten hinunter. Lo hing an seinem Arm, stolz, daß sie zu ihm gehörte. Als sie dann an der Residenz vorbeikamen, trat die Wache lärmend heraus und präsentierte die Gewehre. »Müssen sie das wegen des Ordens?« fragte Lo. Als er nickte, bat sie: »Komm, jetzt gehen wir noch einmal zurück.«

Udet ließ plötzlich ihren Arm los. Sie starrte ihm nach, als er auf das rote Plakat zulief, das ein Mann eben an die Mauer klebte. Der Mann fuhr noch einmal mit dem Kleisterpinsel über den Anschlag. Dann klemmte er die Rolle mit den Plakaten unter den Arm. Der Eimer mit Leim schlug klappernd gegen die Gabel des Rades, als er davonfuhr. Udet blickte ihm nach, als weigerte sich sein Verstand zu glauben, was hier angeschlagen stand:

»Rittmeister Freiherr von Richthofen gefallen.

Berlin, 23. April 1918. Amtlich.

Am 21. April ist Rittmeister Manfred Freiherr von Richthofen von einem Jagdflug an der Somme nicht zurückgekehrt.«

Es war am 21. April 1918. Der Ostwind trieb Nebel über den Flugplatz. Die Richthofen-Leute beobachteten durch ihre Gläser die feindlichen Linien. Andere Piloten warteten, die Hände in den Taschen ihrer Fliegerkombination, bei ihren startbereiten Maschinen. Die Offiziere tollten ausgelassen mit Richthofens Dogge herum.

Der Adjutant des Geschwaders hörte ihr Lachen bis zur Beobachtungsstelle. – Sie scheinen blendender Laune zu sein, dachte er. Langsam hob sich der Nebel. Es war kurz nach elf Uhr, als einer der Offiziere durch die Gläser die winzigen Punkte erkannte. »Die Lords!« schrie er über den Platz. »Sie kommen.«

Der Adjutant des Geschwaders stand neben der Startbahn und hielt die Dogge Richthofens am Halsband, als die roten Dreidecker über den Platz donnerten.

Der Adjutant wartete noch auf dem Platz, als die Maschinen landeten. Um zwölf Uhr waren alle Staffeln zu Hause. Der Adjutant war immer zur Stelle, um die einfliegenden Dreidecker zu zählen: Es war oft die schwerste Stunde des Tages für ihn, und an diesem Tag fehlte der scharlachrote Dreidecker des Rittmeisters.

Der Adjutant rannte zur nächsten Maschine.

»Was ist passiert?« fragte er atemlos.

Der Leutnant starrte in den klaren Himmel. »Ich weiß nicht«, sagte er. »Über den Linien trafen wir sieben Sopwith mit roten Schnauzen. Es war eine tolle Kurbelei … Als ich zurückflog, sah ich eine Maschine am Boden.«

»Eine rote Maschine?«

»Ich glaube!« sagte der Leutnant.

Niedergeschlagen standen die Männer herum. Richthofens Dogge »Moritz« irrte jaulend von Flugzeug zu Flugzeug. Den ganzen Nachmittag saßen die Offiziere des Geschwaders am Funkgerät und am Telefon.

»Ist bei Ihnen ein roter Dreidecker notgelandet?«

Immer dieselbe Frage.

Immer dieselbe Antwort.

»Ein roter Dreidecker? Wir haben keinen roten Dreidecker beobachtet.«

Am Abend des 21. April entschloß sich das Armeeoberkommando, dem Feind eine Nachricht zu funken. Sie lautete:

»Rittmeister Richthofen jenseits gelandet. Erbitten Nachricht über Schicksal.«

Es war am nächsten Tag, als ein Monteur am Rande des Flugfeldes, von dem Richthofen vor zwei Tagen zu seinem letzten Flug gestartet war, die Melderolle fand. Es war ein kleiner Metallbehälter, den ein Pilot der 209. Squadron abgeworfen hatte.

Was damals geschehen war, sollte man auf deutscher Seite lange nicht erfahren. Selbst nach dem Krieg gelangten nur wenige und meist entstellte Einzelheiten über den Tod von Richthofen nach Deutschland. Erst das Kriegstagebuch der 209. Squadron brachte die Wahrheit ans Licht …

Die sieben gedrungenen Sopwiths mit den roten Schnauzen waren am Morgen des 21. April in Bertangles gestartet, fünfundvierzig Kilometer vom Platz der Richthofen-Leute entfernt. In Bertangles lag die 209. Squadron. Sie wurde von dem vierundzwanzigjährigen Kanadier Roy Brown geführt, Brown lag seit achtzehn Monaten an dieser Front. An seiner Seite flog an diesem Tag ein junger neunzehnjähriger Amerikaner, Wop

May. Wop machte an diesem Tag seinen ersten Einsatz. »Ich paß schon auf dich auf, Wop«, hatte Brown zu dem jungen Flieger vor dem Start gesagt. »Ich bleibe hinter dir wie eine Henne.«

Daran dachte der Kanadier, als er die roten Dreidecker sah. Brown wußte, wer sie waren. Lächelnd winkte er Wop aus seiner Maschine zu, aber er dachte: Ich hätte dir einen leichteren Start gewünscht.

Sie kurvten mit dem Gegner, und eine Sekunde hatte Brown die Maschine Wop Mays, die neben ihm flog, aus dem Auge gelassen. Als Brown jetzt den Kopf wendete, sah er den scharlachroten Dreidecker, der plötzlich hinter Wops Maschine saß.

Brown handelte wie im Traum. Es waren automatische, wie im Schlaf ausgeführte Bewegungen, die dem neunzehnjährigen Amerikaner May das Leben retteten. Steuerknüppel … Ruder … Browns Maschine taumelte nach links. Noch in der Kurve jagten die Salven aus seinem Maschinengewehr.

Dann sank der Kanadier müde in seinen Sitz zurück. Er beobachtete den Dreidecker, der auf den Boden zudrückte. Er schlug nicht auf, sondern rumpelte über die zerschossene Erde, und dann stand er still.

Die Sopwiths mit den roten Schnauzen waren in Bertangles gelandet. »Weißt du, wer dieser Boy war, der dich um ein Haar erwischt hätte, Wop?« fragte Brown.

Wop, fiebernd und stolz auf seinen ersten Flug, schüttelte den Kopf.

»Ich bin nicht ganz sicher«, sagte Brown, »ich konnte ihn mit der Schutzbrille nicht erkennen. Aber ich glaube, daß es Richthofen war.«

Das Gesicht des Neunzehnjährigen war plötzlich fahl. »Gibt es hier etwas zu trinken?« fragte er.

Der rote Dreidecker war hinter den Gräben einer australischen Feldbatterie gelandet. Die Männer, die auf die Maschine zustürzten, sahen, daß der Pilot tot war. Er hielt den Steuerknüppel noch umklammert. Nur eine Kugel hatte getroffen. Sie war in seine rechte Brustseite eingedrungen.

Am Tag darauf, am 22. April, trugen sechs Piloten der 209. Squadron den schwarzgestrichenen Holzsarg aus dem Flugzeugzelt zu der Geschützlafette. Über hundert englische und französische Piloten folgten dem Sarg. Sie waren von allen Staffeln gekommen. Sie schritten hinter dem Sarg die Straße hinunter zu dem Friedhof am Rande der Stadt.

Am Abend startete von Bertangles die Maschine mit der Wimpelrolle.

In der Kommandeur-Baracke des Richthofen-Geschwaders brannte Licht. Der Monteur, der die Melderolle gefunden hatte, hämmerte gegen die Scheiben.

Als die Offiziere den Metallbehälter öffneten, fanden sie eine Fotografie des Grabes von Richthofen und einen Zettel. Er enthielt folgende Mitteilung:

»An das deutsche Fliegerkorps. Rittmeister Freiherr Manfred von Richthofen wurde im Luftkampf am 21. April 1918 getötet. Er wurde mit allen militärischen Ehren begraben. – British Royal Airforce.«

Eine halbe Stunde später öffnete der Adjutant des Geschwaders die eiserne Kassette. Ein graues Kuvert lag darin. Der Adjutant brach das Dienstsiegel auf.

Dann hielt er den schmalen, aus einem Notizbuch gerissenen Zettel in der Hand. Darauf stand ein Satz. Mit Bleistift geschrieben. Richthofens Testament.

den 10. 3. 1918
Sollte ich nicht zurückkommen, so soll Oberleutnant Reinhard (Jasta II) die Führung des Geschwaders übernehmen.
Rittmeister Frhr. von Richthofen

Am Abend des 23. feierte die Familie Udet in der Wohnung in der Trogerstraße in München den Pour le mérite. Udet war stolz und glücklich, und doch hatte er ein Gefühl der Verlorenheit, wenn er an das rote Plakat mit den schwarzen Buchstaben dachte.

Aber aus diesem Raum schien der Krieg ausgeschlossen zu

sein. Udets Vater hielt das Jagdgewehr, das der Sohn ihm mitgebracht hatte, auf den Knien. Er polierte die Metallteile und schien alles darüber vergessen zu haben. Lo, in ihrer Schwesterntracht, stand vor der Wand, an der die Beutestücke hingen, die Udet im Laufe des Krieges nach Hause geschickt hatte. Sie wollte zu jedem Stück die Geschichte wissen. Udet erzählte, und ihr Gesicht blieb ahnungslos, es war, als höre sie Geschichten aus Lesebüchern.

Selbst die Mutter, mit der Ernst sonst über alles sprechen konnte, blickte ihren Sohn an, als suche sie das Bild des Achtzehnjährigen, als der er sie verlassen hatte.

Er hatte plötzlich den Wunsch, allein zu sein. Allein, draußen auf einer menschenleeren Straße im Regen. In diesem Augenblick erinnerte er sich wieder an das kleine graue Stückchen Papier mit der Adresse, die er am letzten Tag vor seinem Urlaub aus dem Liebesgabenpäckchen herausgenommen hatte.

Schon ein paarmal war er in den vergangenen Tagen an dem Haus vorbeigegangen. Er hatte Licht gesehen, ein einsames Licht hinter violetten Vorhängen.

Er hatte Lo an diesem Abend nach Hause begleitet. Es war kurz nach halb zehn, als er sich von ihr verabschiedete.

Im Licht der Gaskandelaber an den Treppen der Siegessäule holte er den kleinen grauen Zettel hervor und betrachtete die Schrift. Ich gehe nur einmal an ihrem Haus vorbei, dachte er. Die Villa lag in einem Garten. Das eine Fenster hatte wieder Licht. Udet zog den Uniformrock glatt und schellte. Er fühlte sich jung und mutig, als hinter den hohen Fenstern des Parterre das Licht aufflammte. Das Gefühl blieb, als ihn das Mädchen mit dem weißen Häubchen in einen kleinen Salon führte, seine Visitenkarte nahm und verschwand.

Sie kam wieder, nickte, ging voraus, klopfte an eine Tür. Eine kleine Ampel tauchte den Raum in ein violettes Licht, das ihn an ihre Schrift erinnerte. Er stand an der Tür. Er spürte die Klinke hart in seinem Rücken.

»Bitte?« sagte sie.

Er spürte seine Schritte nicht, als er nähertrat. Er reichte ihr den Zettel. Er blickte dabei auf die schmalen weißen Hände, die ihn entgegennahmen.

Er setzte sich steif auf einen der Biedermeierstühle. Die schmalen Hände der Frau schoben eine silberne Schachtel mit Zigaretten über den Tisch. Sie füllte zwei hohe geschliffene Kelche. Ihre Perlenkette schlug gegen das Glas, als sie sich vorbeugte.

»Erzählen Sie nur«, sagte sie. »Sie brauchen mich nicht zu schonen ...« Sie blickte hinüber auf die kleine tickende Uhr auf dem Kaminsims. »Es waren schon andere Kameraden von Ihnen da, die mir von seinem Tod erzählten ...«

Er schüttelte den Kopf. »Davon weiß ich nichts. Deshalb bin ich nicht gekommen ...« sagte er leise.

Das Glas in ihrer Hand zitterte. Ihr Gesicht war in das violette Licht getaucht, die dunklen schattigen Augen, das schwarze Haar, der nervöse Mund. Sie blickte ihn fragend an. Dann war plötzlich ein Schimmer Hoffnung in ihren Augen. Sie nahm den Zettel, den er ihr gereicht hatte.

»Und ich dachte ...« begann sie.

Sie tranken schweigend, dann sagte er: »Warum tun Sie das?« Er zeigte auf den grauen Zettel, der jetzt neben ihrem Glas lag. »Warum schicken Sie uns diese Päckchen?«

»Warum tut eine Frau das? Aus Patriotismus ...«

»Nein«, sagte er. »Warum tun Sie es wirklich?«

»Warum kamen Sie hierher?« fragte sie. »Vielleicht haben wir beide den gleichen Grund ...«

Der Zeiger der kleinen Kaminuhr war um eine Stunde vorgerückt, als sie sagte: »Sie sollten jetzt gehen.« Sie lächelte. Als er nicht antwortete, wurde ihr Gesicht ernst. »Wollen Sie wissen, wie es weitergeht?« sagte sie. »Sie werden mir eine Fotografie von sich bringen, morgen, übermorgen oder einen Tag, bevor Sie wieder an die Front fahren. Ich werde Ihr Bild in den silbernen Rahmen stecken ... Sie sollten wirklich gehen ...«

Sie stand auf. Sie nahm die Fotografie mit dem silbernen Rahmen vom Kamin herunter.

»Ich habe das Bild schon dreimal ausgewechselt«, sagte sie. »Der erste war mein Mann. Er fiel gleich im ersten Jahr. Die anderen lebten nicht lange genug ...« Sie lachte, ein nervöses, gläsernes Lachen. Sie stellte die Fotografie zurück. »Ich weiß«, sagte sie. »Ich habe nicht mehr sehr viel Stolz. Ich habe nie allein sein können.«

Ihr Gesicht war ganz nah. Er berührte die Seide ihres Kleides. Was ist mit ihr passiert? dachte er. Er versuchte, sie zu verstehen. Aber er konnte sie nur mit dem einzigen Maßstab messen, den er in den vier Jahren Krieg gelernt hatte: mit dem Maß der Männer, von denen jeder wußte, daß er morgen nicht mehr leben konnte. Er sehnte sich plötzlich nach ihnen zurück. Es schien dort draußen alles leicht und einfach zu sein.

Sie hatten Angst, aber sie überwanden sie.

Sie töteten, aber sie selbst überstanden es.

Sie starben, aber die, die es überlebten, waren die gleichen Menschen wie zuvor.

Es war, als sei der wirkliche Krieg, der Krieg, wie er ihn nie gekannt hatte, in diesem Raum. Als stände alles in den Augen dieser Frau geschrieben, die hier, weit weg von allem, doch von ihm zerbrochen worden war.

8.

Das Richthofen-Geschwader lag nordöstlich Laon, als der Leutnant Udet aus dem Urlaub zurückkam.

Der deutschen Infanterie war der Durchbruch am Chemin des Dames gelungen, so rückten die Staffeln den Truppen nach. Die deutschen Truppen kämpften noch am Südrande des Flugplatzes Beugneux, als die Staffeln dort landeten.

Viele der alten, vertrauten Gesichter fehlten. Oberleutnant Reinhard trug jetzt den Geschwaderstock Richthofens. Udet übernahm die Jagdstaffel 4, die sogenannte Kavalleristen-Staffel.

»Alles feudal und fast jeder adlig und piekfein«, wie Udets Kamerad, Leutnant Erich Loewenstein, sagte.

Das Geschwader flog den neuen doppeldeckigen Fokker D-VII. Er hatte die Dreidecker abgelöst. Den Piloten blieb nicht viel Zeit, sich auf dem neuen Vogel einzufliegen. Von Tag zu Tag wurden die feindlichen Maschinen zahlreicher. Dreimal am Tag starteten die Staffeln, um die gegnerische Übermacht auszugleichen.

Udet flog wie besessen. Er, der Führer der Jagdstaffel 4, und Leutnant Loewenhardt, der Führer der Jagdstaffel 10, wetteiferten um die meisten Abschüsse. An dem Tage, an dem Udet aus dem Urlaub kam, hatten sie es beide auf dreiundzwanzig Abschüsse gebracht. Vier Wochen später, Ende Juni, feierten sie im Kasino Udets fünfunddreißigsten und Loewenhardts dreißigsten Sieg.

Fünf Tage später schoß Leutnant Loewenhardt seinen sechsunddreißigsten Gegner ab, Udet seinen vierzigsten.

Es war der gleiche Tag, an dem der Funkspruch aus Berlin kam. Der Nachfolger Richthofens, Hauptmann Reinhard, war nach Berlin gefahren, um neue Flugzeugtypen zu prüfen. Am Morgen hatte er noch mit dem Geschwader-Adjutanten telefoniert, und jetzt stürzte der Oberleutnant mit der Nachricht ins Kasino der 6. Staffel. Er reichte den kleinen Streifen weiter.

»Kommandeur des Jagdgeschwaders Richthofen, Hauptmann Reinhard, am 3. 7. 18 beim Probeflug in Berlin-Adlershorst tödlich abgestürzt.« Eine Weile war es totenstill im Raum. Dann standen sie einer nach dem anderen auf. Die Männer, die alle nicht viel älter als zwanzig waren, folgten dem Adjutanten. Sie schritten über den Platz, hinüber zu der Barakke des Kommandeurs. Sie warteten draußen, bis der Adjutant wieder aus der Tür trat. In seiner Hand hielt er den Geschwaderstock. Wer würde ihn jetzt tragen?

Fünf Tage warteten sie auf die Entscheidung. Fünf Tage, an denen die Piloten wie sonst flogen, aber in denen nicht ein Mann des Geschwaders einen Gegner abschoß und nicht eine Maschine verlorenging. Fünf Tage, in denen der Adjutant die

Beileidstelegramme öffnete. Fünf Tage rätselten die Offiziere und der letzte Monteur, wer der neue Kommandeur sein würde. Die Auswahl war nicht groß. Lothar von Richthofen? Die anderen Staffelführer? Vielleicht einer der Kommandeure der anderen Jagdgeschwader? Sie glaubten alle, daß es einer aus ihrem Geschwader sein würde.

Am 8. Juli traf die Nachricht des kommandierenden Generals der Luftstreitkräfte beim Geschwader ein:

»Gemäß Befehl No. 178 654 vom 6. 7. 18 wird der Oberleutnant Hermann Göring zum Kommandeur des ruhmreichen Jagdgeschwaders Richthofen ernannt.«

Es war Loewenhardt, der Leutnant Udet mit dieser Nachricht überfiel, als der von einem Jagdflug auf dem Platz landete.

»Wer?« fragte Udet.

»Göring«, wiederholte Loewenhardt. »Er hat bisher die Jagdstaffel 27 geführt. Einundzwanzig Abschüsse. Sie haben einfach den ältesten aktiven Oberleutnant gewählt.«

»Keiner von uns?« Udet war aus der Maschine gesprungen. Er winkte die Monteure heran. Er zeigte auf seine Maschine. »Auftanken«, befahl er. »Macht sie mir sofort wieder fertig.«

Loewenhardt war auf ihn zugegangen. Er griff nach seinem Arm. »Tu's nicht!« sagte er. »Komm ins Kasino zu den anderen. Es bleibt noch lange hell. Du kannst noch immer fliegen.« Aber dann blickte er plötzlich verlegen weg.

»Die wollen mich schon wieder in Urlaub schicken«, sagte Udet. »Vielleicht kann ich meinen Vorsprung noch ein bißchen vergrößern.«

Es war zwei Uhr, als er startete. Die Zeiger der Uhr lagen übereinander auf der grünlich schimmernden Zwei, als er zehn Minuten später den zweisitzigen Infanterieflieger über dem Niemandsland angriff. Er spürte keine Enttäuschung mehr. Er war vielleicht nie ein guter Staffelführer gewesen. Wenn ihn seine Jagdleidenschaft packte, vergaß er seine Leute, die ihm nachstürzen mußten. Am liebsten flog er allein, so wie jetzt.

Er spürte weder Angst noch Haß. Er spürte nur seinen Körper wie eine herrliche, wundervoll funktionierende Maschine, die ihm gehorchte. Er stieß auf die feindliche Maschine hinunter, aber er schaffte sie nicht im ersten Anflug. Als er wieder einkurvte, sah er, daß der Beobachterstand leer war. Das MG schlidderte in seinem Kreuz hin und her. Er war so sicher, daß er den Beobachter beim erstenmal getroffen hatte, daß er alle Vorsicht vergaß und den Gegner siegessicher von der Seite angriff. Er erfaßte die Gefahr erst, als der Beobachter plötzlich wieder hinter seinem MG stand.

Kein schlechter Trick, dachte er noch, als schon die Treffer blechern in seine Maschine schlugen.

Plötzlich war seine Maschine schwer, nichts als ein Klumpen Metall, der mit ihm auf die Erde zustürzte. Udet drückte den Fuß auf das Seitenruder, riß am Steuer, aber die Maschine gehorchte nicht. Eine Sekunde spürte er nichts als ein großes Staunen. Keine Angst, nichts, nur dieses seltsame Staunen. Es war, als hätte er getrunken – dann fühlt man sich so, als könne man Bäume ausreißen.

Erst als der Zeiger des Höhenmessers auf die Fünfhundert zuckte, kam er zur Besinnung. Seine Hände waren ruhig, als er sich losschnallte. Er richtete sich im Sitz auf. Aber ehe er springen konnte, riß es ihn nach hinten. Der Luftsog schleuderte ihn gegen das Seitensteuer. Er wartete auf das befreiende Fallen, aber er spürte nur den harten Griff der Gurte, die seinen Körper einschnürten. Die Spitze des Seitenruders hatte ihn am Fallschirmgurt aufgegabelt.

Plötzlich war sein Körper nur noch ein Bündel Muskeln in Panik … Seine Hände rissen sich blutig. Sie zerbrachen das Seitensteuer.

Du gewinnst doch, dachte er, als er fiel. Du gewinnst doch. Immer wieder, wie ein unsinniger und doch tröstlicher Gedanke, bis er plötzlich wieder seinen Körper spürte. Die Gurte zogen an, und der Fallschirm schwebte über ihm wie eine schützende Hand.

Er hatte sich achtzig Meter über der Erde geöffnet. Und diese Erde, diese in vier Jahren zerwühlte und gepeinigte Erde, empfing den Flieger, als wolle sie sich an dem Mann, der vier Jahre so stolz über sie hinweggeflogen war, bitter rächen.

Wie eine leblose Fracht hing sein Körper in den Gurten. Ein Opfer des wolkenlosen, strahlenden Himmels an das Niemandsland zwischen den Fronten.

Er schlug hart auf die Kraterlandschaft der Erde. Ein heißer, erstickender Schmerz zuckte durch seinen Körper. Dann war es ihm, als fiele er wieder, ein sanftes, weiches Schweben – er wünschte, daß es nie aufhören würde …

Das Trommeln von Geschützen schlug an sein Ohr. Zuerst war es noch weit weg, wie im Hintergrund einer großen hallenden Bühne. Dann kam es schnell näher, ein Heer von Trommlern, das auf ihn zu marschierte. Es überrollte ihn und riß ihn aus seiner Bewußtlosigkeit. Als Udet aufblickte, orgelten die Geschosse über ihn hinweg. Osten, dachte er. Sie schießen nach Osten … Du mußt nach Osten … Er zerrte die Gurte des Fallschirms los und rappelte sich auf. Wie eine Bleipeitsche schlug die Garbe eines Maschinengewehrs vor ihm in die lehmige Erde. Er wälzte sich in eine Mulde. Rechts von sich erblickte er plötzlich die Reste seines Flugzeuges. Es brannte noch. Das Feuer sank schon langsam in sich zusammen. Das Gestänge der Maschine hob sich von dem dunstigen Hintergrund wie das Skelett eines vorsintflutlichen Vogels ab. Er zog sich vorwärts, Meter um Meter. Vor ihm lag ein enges Tal. Die feindliche Artillerie hatte sich darauf eingeschossen. Er versuchte, nach rechts auszuweichen, aber das Tacken der Maschinengewehre trieb ihn zurück.

Er sprang auf, rannte ein paar Meter, warf sich hin, rannte wieder ein Stück. Die Fliegerkombination zog an ihm wie ein Mantel aus Blei. Langsam verwandelte sich seine Angst in Wut, eine ohnmächtige Wut. Er warf sich jetzt nicht mehr hin. Er irrte durch den Geschoßhagel. Es war, als käme er keinen Schritt weiter, als liefe er im Kreis herum. Und auch seine Gedanken irrten im Kreis.

Sie sollen nur kommen, dachte er. Es ist gleich, wer … Es muß doch hier Menschen geben. Sie sollen mich gefangennehmen … Los, kommt schon … Er hatte es laut herausgeschrien. Dann spürte er den dumpfen Schlag, wie eine Faust, die ihn zu Boden stieß. Er tastete nach dem Kopf. Er spürte keine Wunde, kein Blut. Er spuckte die Erde aus. Er hatte einen eigenartigen Geschmack auf den Lippen, verfault und süßlich. Husten schüttelte ihn. Dann mußte er plötzlich erbrechen.

Er taumelte weiter. Es war ihm, als schwebe sein Körper. Er fühlte sich schwerelos … Gas, dachte er. Er starrte auf die dichten Schwaden. Dann rannte er los, angetrieben von einer letzten wilden Kraft, und klammerte sich an den Gedanken, daß er so nicht sterben könne …

In einem Unterstand des 16. Infanterieregiments kam der Leutnant Ernst Udet wieder zu sich. Er konnte kaum atmen. Vor seinen Augen bewegten sich nur Schatten. Das Gas … Eine Sekunde lähmte ihn eine schreckliche Angst, zitternd tasteten seine Hände zu den Augen … Er fühlte nur Gummi, Glas …

Er riß sich die Gasmaske herunter, aber im nächsten Augenblick fühlte er sich von zwei harten Fäusten gepackt. Einer der Männer zog ihm die Maske wieder über das Gesicht.

Udet zählte vier Mann. Sie saßen ihm gegenüber, mit dem Rücken gegen die abgestützten Wände des Unterstandes. Er rieb die Gläser seiner Maske sauber. Deutsche Stahlhelme über den Gasmasken. Die Soldaten kauerten mit gesenkten Köpfen auf der Erde. Nur wenn einer der Einschläge sehr nahe lag, blickten sie auf. Es waren müde, trostlose Bewegungen.

Udet atmete schneller. Er mußte plötzlich an die feindlichen Piloten denken, Gefangene, die notlanden mußten. Sie alle waren ruhig, selbstsicher und voller Siegeszuversicht, wenn sie verhört wurden. Nichts war daran gespielt …

Und ihre Aussagen. Eine Million Soldaten sollten die Amerikaner bisher in Frankreich gelandet haben. Eine Million … Udet starrte auf den Unteroffizier, der ihm gegenüber saß. Auf seiner Uniform war die Erde erstarrt. Er bemerkte die geschwollenen Füße, über denen sich die Schuhe kaum schließen ließen. Die Hände umklammerten einen Knüppel.

Die Gasmaske machte ein leises flabberndes Geräusch, wenn Udet ein- und ausatmete. Seine Augen folgten den Bewegungen des Knüppels. Die Spitze schob einen Fetzen Papier hin und her. Dann einen zweiten, einen dritten, häufte sie zusammen. Udet erkannte die schwarz-rot-goldenen Ränder.

Flugblätter, schoß es ihm durch den Kopf. Der Feind warf sie seit Monaten ab. Auch über ihre Flugplätze waren sie herabgeflattert. Die Mannschaften sammelten sie, die Oberste Heeresleitung hatte für jedes abgelieferte Blatt eine Prämie ausgesetzt …

Hier lagen sie zertreten zu Dutzenden auf dem Boden herum. Udet bückte sich. Aber ehe er nach dem Fetzen Papier greifen konnte, hatte der Unteroffizier mit seinem Knüppel eines der Blätter aufgespießt. Er hielt es Udet hin.

Udet glättete den Fetzen und las: »Wir wollen schwören beim ewigen Gott, Erbfehde den Hohenzollern!« Dann fehlten einige Worte. »… vom Schafott herab die Köpfe kollern.«

Sein Schädel war hohl und dumpf. Eine Million Amerikaner, dachte er wieder. Ausgeruhte Truppen. Tanks, Geschütze … Er zerknüllte den Zettel und schleuderte ihn von sich.

Der Gasbeschuß dauerte zwei Stunden. Als das Feuer aufhörte, griffen die Soldaten nach ihren Gewehren. Einer winkte dem Flieger, ihm zu folgen. Udet starrte von einem zum andern, auf die müden Augenpaare hinter den Gläsern der Gasmasken.

Du mußt dich bedanken, dachte er. Er atmete schneller, der Atem schlug feucht gegen die Scheiben der Gasmaske. Der Mann winkte ungeduldig. Der Unteroffizier drückte ihm seinen Knüppel in die Hand. Udet humpelte dem Mann nach. Sie liefen durch das Trichtergelände zurück. Endlich eine Straße. Posten, eine Feldküche. Eine Baracke, die Drähte einer Telefonleitung. Udet riß sich die Gasmaske vom Gesicht und atmete tief.

Auch der Mann hatte die Maske vom Gesicht genommen.

Udet starrte in das graue Gesicht. Der Mann wies zu dem Posten hin.

»Sie können von hier telefonieren«, sagte er rauh.

Udet wußte, daß er den Mann sicher nie mehr wiedersehen würde. Dennoch sagte er: »Sie sollten mich besuchen. Sie und Ihre Kameraden. Sie finden mich leicht. Jagdgeschwader Richthofen. Ich …«

Der Mann fuhr verlegen über seine Bartstoppeln. »Jawohl, Herr Leutnant«, sagte er, aber sein Gesicht blieb ausdruckslos. Er zeigte über die Schulter. »Ich muß zurück …«

»Sagen Sie mir doch Ihren Namen …«

Aber der Mann hatte die Gasmaske wieder über sein Gesicht gezogen und rannte die Straße hinunter.

Eine Stunde später war Leutnant Ernst Udet wieder bei seiner Staffel. Nur vier Stunden waren vergangen, seitdem er gestartet war. Die Kameraden feierten ihn an diesem Abend gebührend. Es ging laut zu im Kasino der 4. Jagdstaffel. Man feierte die, die überlebten, um die Gedanken an die Toten zu verbannen.

Und in den Gesprächen tauchte immer wieder ein Name auf. Der Name des neuen Kommandeurs des Jagdgeschwaders Richthofen, Göring.

Udet sah den neuen Kommandeur nicht mehr. Am 8. Juli war der Funkspruch über die Ernennung Görings beim Geschwader eingetroffen. Am Morgen des 9. Juli fuhr Leutnant Udet in Urlaub.

9.

Udet hatte vierzig Abschüsse, als er in Urlaub fuhr, sein »Rivale« Leutnant Erich Loewenhardt sechsunddreißig. Aber schon Mitte Juli hatte Loewenhardt Leutnant Udet eingeholt. Der Heeresbericht meldete Loewenhardts vierundvierzigsten Abschuß, als der Leutnant seinen Urlaub beendete.

Vierundzwanzig Stunden hatte die Bahnfahrt von München

bis nach Laon gedauert. Jetzt wartete Udet in dem Soldatenheim. Er hatte mit dem Geschwader telefoniert. Loewenhardt und von Barnekow würden ihn abholen.

Udet ging ungeduldig auf und ab. Der Holzboden der Baracke federte unter seinen Füßen. In einem kleinen Nebenraum stand ein Billardtisch. Udet nahm einen Stock, warf die Kugeln. Er spielte gerade die fünfte Partie gegen seinen imaginären Gegner, als Loewenhardt und Barnekow den Raum betraten.

Udet stellte den Stock zurück. »Endlich …«, sagte er. Er spürte, wie gut es war, wieder unter Männern zu sein. Barnekow, blond, mit übermütigen Augen, war wie immer piekfein. Er trug die lange Hose seiner Friedensuniform, schwarz mit roten Biesen. Loewenhardt stand schlaksig da, die Hände tief in die Taschen vergraben, mit kurzgeschorenen Haaren.

Sie traten zusammen in den langgestreckten Raum. Eine der Damen in den langen Kleidern kam heran.

»Wollen Sie nicht etwas essen?« fragte sie. Unter Glas standen Teller mit kleinen Preisschildern. Klöße mit Meerrettichtunke, zwanzig Pfennig. Ein graues Stück Kuchen, zehn Pfennig. Eine Tasse Kaffee, fünf Pfennig. Die Baracke roch muffig, nach Desinfektionsmitteln. Doch den Männern war dies ein Stück Heimat, und wichtiger als das Essen war für sie das stille Lächeln der Frauen in der Schwesterntracht.

Über der Tür, durch die sie hinausgingen, hing das Bild Wilhelms II., umrahmt von eingestaubtem Lorbeer.

Sie waren zu dem Wagen getreten. »Schöner Urlaub?« fragte Barnekow. Es war eine achtlose Frage, aber Udet fiel es plötzlich schwer, darauf zu antworten.

»Man hört hier die wildesten Dinge«, sagte Loewenhardt. »Wohl Gerüchte, was? Man spricht von Streiks, von …«

Udet riß den Wagenschlag auf. Er griff nach dem Steuer des Automobils. »Solange am Sonntag noch die Militärkapelle spielt …«, sagte von Barnekow lässig, »das fehlt mir hier.«

»Hier ist man wenigstens weit vom Schuß«, sagte Loewenhardt. Er sah Udet an, aus melancholischen Augen, die immer an einem vorbeizugehen schienen.

»Weit vom Schuß?« sagte Udet. »Sie haben aber ganz schön abgeschossen, während ich weg war.«

»Als er erfuhr, daß Sie aus dem Urlaub kommen«, sagte Barnekow, »hat er schnell noch ein paar vorgelegt.«

»Achtundvierzig«, sagte Loewenhardt. »Ich hatte Glück.«

»Zwölf Abschüsse«, sagte Udet, »zwölf in vier Wochen …«

»Neugierig sind Sie wohl gar nicht«, sagte Barnekow unvermittelt, »was unser neuer Kommandeur abgeschossen hat …«

Udet blickte Loewenhardt an.

»Göring kam ein paar Tage, nachdem Sie in Urlaub gegangen waren«, sagte Loewenhardt. »Er ist ein Mann, der weiß, was er will«, sagte Loewenhardt zögernd, als müsse er sich selbst erst ein Urteil bilden. »Und er sagt es auch«, meinte Barnekow. »Er hat gleich eine Riesenrede gehalten …, das liebt er, große Lagebesprechungen am Boden.«

»Mir liegt er nicht«, sagte Loewenhardt«, »und ihm liegen Leute wie ich nicht. Er hält nichts davon, wenn unsere Leute auf Einzelpirsch gehen.«

»Und was hat er abgeschossen?« fragte Udet.

»Einen. Einen Spad.«

»Einen Spad?« fragte Udet. »Ja … ist er denn überhaupt nicht geflogen?«

»Nicht oft«, sagte Barnekow, »und zu zählen gab's nichts dabei. Er hat schon die letzten Monate beim Jagdgeschwader III nicht mehr geflogen! Bei uns hatte er einen schlechten Start. Unser Geschwader hätte einen Mann gebraucht, der noch selbst fliegt.«

Udet hatte den Wagen gestartet. »Keine Konkurrenz für euch«, sagte Barnekow.

»Ihr macht mich noch wirklich neugierig«, sagte Udet.

»Da müssen Sie noch ein wenig Geduld haben«, meinte Barnekow. »Der Kommandeur ist in Urlaub. Er hat es genau zwölf Tage bei seinem Geschwader ausgehalten …«

Udet jagte den Wagen auf Touren. Er spürte die harten Stöße der schlechten Straße bis in die Arme. Plötzlich dachte er wieder an Loewenhardts Worte: Hier sind wir wenigstens weit vom Schuß. Weit vom Schuß? dachte er. Es stimmte! So fühlte er auch. Hier, bei alten Kameraden, gab es keine quälenden Fragen. Hier fühlte man, daß man auf der richtigen Seite stand. Und das Morgen, das manchmal so drohende Morgen, war weit weggerückt.

Das Richthofen-Geschwader lag an der Puissieux-Ferme, aber die zerschossene Landschaft verdiente eigentlich keinen Namen mehr. Es war immer wieder das gleiche: Ein paar Wellblechbaracken, Zelte, eine hastig planierte Startbahn, ein paar alte Benzinfässer, ein paar zerschmissene Tragflächen – und ein paar Gräber blieben zurück … Morgen zog das Geschwader vielleicht schon wieder weiter. Es blieb nie Zeit genug, um sich an einem Ort wie zu Hause zu fühlen. Zu Hause waren die Piloten nur noch in ihren Maschinen. Am Morgen des 8. August erhielt das Jagdgeschwader Richthofen den Hilferuf der 1. Armee. Die Engländer waren tief in die deutsche Front eingebrochen. Im Schutz künstlichen Nebels hatten die Tanks die deutschen Stellungen überrumpelt. Starke englische Fliegerverbände schützten sie. Die deutsche Front zerbröckelte. Wenige Tage später sollten sechs englische und französische Armeen auf der ganzen Breite nachstoßen. Sie sollten den erschöpften deutschen Truppen keine Ruhe gönnen, bis diese sich wieder in ihre alten Stellungen am Chemin des Dames und an der Siegfriedlinie klammerten. – Die alten Stellungen, aus denen die Deutschen im März die große Frühjahrsoffensive vorangetragen hatten. Im März. Vor sechs Monaten! Vor einem halben Jahr! Ein halbes Jahr, das den endgültigen Sieg hätte bringen sollen …

Die Offiziere des Richthofen-Geschwaders hatten am 8. August andere Gedanken. Noch bestimmten sie Sieg oder Niederlage durch ihre Maschinengewehre … Im Bereich der 2. Armee gab es für das Geschwader nur einen erreichbaren Gefechtslandeplatz, in Péronne. Der lag etwa dreiviertel Flugstunden entfernt. Aber würden sie dort Benzin und Munition für ihre Maschinen finden? Nur die alten »Füchse« des Geschwaders Richthofen starteten an diesem Tag. Lothar von Richthofen führte das Geschwader während Görings Abwesenheit.

Die Zweidecker stiegen schnell. Sie flogen im Schutz der tiefhängenden Wolken. Ruhig und gleichmäßig summten die Motoren. Dann war plötzlich noch ein anderer Ton da, ein helleres, härteres Motorengeräusch.

Die Zweidecker mit den schwarzen Kreuzen stießen aus den Wolken. Hinter ihnen die Maschinen des Gegners mit den Kokarden. Die Verfolgung begann. Aber die Engländer nahmen den Kampf nicht auf. Sie ließen die Deutschen angreifen, wichen aus.

Mit leeren Tanks, leeren Maschinengewehrgurten und ohne einen Abschuß landeten die Maschinen in Peronne. Die Piloten verließen ihre Sitze nicht. Die Monteure, die aus den Splittergräben bei den Baracken auftauchten und über den Platz gelaufen kamen, schüttelten den Kopf. Der Wagen mit Benzin und Munition hätte schon da sein müssen, vielleicht war er liegengeblieben …

Die Piloten kletterten schimpfend aus ihren Sitzen. Sie gingen auf und ab, warteten. Sie beobachteten die Straße durch ein Fernglas. Immer wieder ging ein mißtrauischer Blick hinauf zum Himmel. Ein eigenartiger schwerer Ölgeruch lag über dem Platz …

»Tanks«, erklärten die Monteure.

Endlich tauchte in der Ferne der Wagen auf. Er schien näherzukriechen. Dann bog er auf den Platz ein. Die Piloten hatten den Himmel nicht mehr beobachtet. Plötzlich schoß eine englische Maschine aus den Wolken. Sie kam bis auf zweihundert Meter herunter, zog hoch, Minuten später waren es sieben Maschinen, die aus dem Himmel auf den Platz herunterstießen. Ihre Garben peitschten die Erde auf. Sieben Maschinen bäumten sich hoch, kurvten ein und drückten wieder auf den Platz herunter … Die Männer waren hinter die Splittergräben geflüchtet. Nur der Fahrer des Wagens mit der Munition und Benzin war hinter seinem Steuer geblieben. Wie wild zickzackte der Wagen über das Feld …

Endlich zogen die Engländer ihre Maschinen wieder steil in die Wolken. Es war nach fünf Uhr, als die Maschinen des Jagdgeschwaders Richthofen endlich starten konnten. Dreimal stellte sich der Feind. Ein ganzes Geschwader; und sie selbst waren nur neun Piloten.

Die Maschine mit dem roten Rumpf und den zwei bunten Wimpeln am Höhensteuer eröffnete den Kampf: Siebzehn Uhr dreißig errang der Leutnant Udet seinen fünfundvierzigsten Luftsieg.

Sie flogen, tankten auf, stellten sich dem Gegner erneut. Sie flogen an diesem Tag bis kurz vor Einbruch der Dunkelheit. Neun deutsche Piloten schossen an diesem Tag dreizehn Gegner ab. Der Leutnant Erich Loewenhardt allein drei, seinen neunundvierzigsten, fünfzigsten und einundfünfzigsten. Erst, als es schon dunkelte, landeten die Piloten wieder auf ihrem Platz an der Puissieux-Ferme.

Sie zogen ihre Fliegerkombinationen in den nächsten Tagen nicht mehr aus. Das halbe Geschwader hatte die Grippe; die Piloten flogen mit fiebrigglänzenden Augen. Dann brach das Geschwader seine Zelte ab. Lastwagen rumpelten über die zerschossenen Straßen zu einem Platz bei der 2. Armee. Die Staffeln starteten von primitiven Gefechtslandeplätzen. Nachts sanken die Piloten todmüde in einer Baracke auf Stroh. Zwischen den Starts schlangen sie die Brote hinunter, die die Monteure ihnen mitgegeben hatten.

Am 9. August schoß der inzwischen zum Oberleutnant beförderte Loewenhardt seinen zweiundfünfzigsten und dreiundfünfzigsten Gegner ab. Leutnant Udet seinen achtundvierzigsten und neunundvierzigsten. Am 10. August holte Udet seinen Rivalen beinahe ein. Es war wie ein wildes, grausames Spiel zwischen Kindern.

Es endete jäh.

Die Maschine mit dem roten Rumpf hatte in Péronne noch einmal getankt. Jetzt war Udet auf dem Heimflug. Er flog sehr niedrig, um den neuen Landeplatz an der Straße nach Ennemain nicht zu verfehlen. Die Straße war ein graues durchlöchertes Band. Ein einzelnes Fahrzeug bewegte sich die Straße entlang, umfuhr Trichter, kehrte auf das Band zwischen den

Baumstümpfen zurück. Es war ein offener Wagen. Udet sah einen der beiden Männer zu ihm heraufwinken. Er drückte seine Maschine noch weiter herunter. Er kurvte dem Auto entgegen. Der Mann, der zu ihm hinaufwinkte, trug eine Fliegerkombination. Er hatte sich am Sitz aufgerichtet, aber erkennen konnte Udet ihn nicht. Eine Viertelstunde später landete die Maschine auf dem kleinen, grauen, zerschossenen Platz an der Straße. Der Motor erstarb. Die bunten Wimpel am Höhensteuer sanken schlaff herab. Eine unwirkliche Ruhe lag über dem Platz, als Udet auf den Boden sprang. Er kannte diese Ruhe … Wer ist es? dachte er, als er zu der Baracke hinüberschritt.

Die Offiziere saßen auf der Erde, mit dem Rücken gegen die Wand der Baracke. Die Begrüßung war müde und gedrückt. Er setzte sich zu ihnen. Das Holz der Wand in seinem Rücken war noch warm von der Sonne des Tages. Die Sekunden waren wie eine Gnadenfrist.

Dann nannte einer den Namen …

»Loewenhardt.«

Loewenhardt … dachte Udet. Er suchte nach einer Zigarette. Aber er wagte nicht, sie anzuzünden. – Er suchte in den Gesichtern der anderen; er erwartete einen Vorwurf darin zu finden, aber die Gesichter waren unbewegt, fast abgestumpft.

Lothar von Richthofen beugte sich vor. »Es war ein Unfall«, sagte er. »Loewenhardt kollidierte mit einer von unseren Maschinen …«

Udet atmete schneller. Eine Sekunde schloß er die Augen. Er spürte die warmen Strahlen der Sonne auf dem Gesicht. Plötzlich sprang er auf. »Auf dem Rückflug habe ich ein Auto beobachtet«, er zeigte zur Straße, »es war ein deutscher Pilot dabei. Er hat zu mir heraufgewinkt. Wißt ihr sicher, daß Loewenhardt …«

Die Männer schwiegen. Lothar von Richthofen nickte. »Wir wissen es bestimmt.«

Udet setzte sich wieder. Sie alle blickten zur Straße hinüber in die Richtung, aus der das Auto kommen mußte.

»Es war Leutnant Wentz, den Sie gesehen haben«, sagte Lothar von Richthofen. Dann erzählte er: »Ein Artillerieposten hat es beobachtet. Es war nach dem zweiten Start der zehnten Staffel. Beim ersten hat Loewenhardt noch einen Engländer heruntergeholt … Dann hingen sie wie die Kletten aneinander. Dabei muß es passiert sein. Loewenhardts Zweidecker ist mit seinem Fahrgestell an eine andere deutsche Maschine geschlagen … Es war ohne Zweifel seine gelbe Maschine … Der andere war Wentz.

Das Rad riß einen Fetzen aus der Bespannung. Wentz trudelte sofort ab. Der Posten beobachtete es. Die Maschine stürzte fast tausend Meter, ehe sich der Fallschirm öffnete. Man hat uns verständigt, daß er heil gelandet ist.« Richthofen stutzte. Auch Udet hörte jetzt in der Ferne das leise Geräusch eines Motors.

»Wentz selbst scheint noch nicht zu wissen, daß Loewenhardt auch herunter ist«, sagte von Richthofen. Er deutete zur Straße. »Sicher erwartet er einen strahlenden Empfang.«

»Und Loewenhardt?« fragte Udet. »Was ist mit Loewenhardt?«

»Wir wissen nicht, was mit seiner Maschine war«, sagte Lothar von Richthofen stockend. »Loewenhardt ist jedenfalls sofort gesprungen. Aber der Fallschirm … Er hat sich nicht geöffnet. Und er war ungefähr noch dreitausend Meter hoch, als er aus der Maschine sprang …«

Das Auto hatte die Straße verlassen, kurvte über das Feld, fuhr auf die Baracke zu. Sie sahen Leutnant Wentz im Sitz neben dem Fahrer stehen. Er winkte. Dann hielt das Auto. Plötzlich sank die Hand des Leutnants herab. Das eben noch glücklich strahlende Gesicht erstarrte.

Udet fand in dieser Nacht keinen Schlaf. Er stand auf und warf sich die Pelzjacke um. Er wanderte über den Platz, zwischen den Zelten entlang. Als er an der Baracke der 10. Staffel vorbeikam, sah er einen anderen Piloten vor der Tür stehen. Er ging hinüber.

Dann standen sie schweigend nebeneinander. Hinter ihnen,

aus der Baracke, hörte Udet plötzlich die wirren Wortfetzen eines Menschen, der träumte.

»Wentz«, sagte der andere. »Es hat ihn schwer mitgenommen. Er wird einfach nicht damit fertig. Wir haben alles versucht ... Er redet sich ein, er habe schuld an seinem Tod ...«

Udet wäre am liebsten weggegangen, aber er zwang sich stehenzubleiben. Das Wimmern des Träumenden wurde stärker. Warum hat es dich nicht so mitgenommen, dachte er. Bist du so abgebrüht? Wenn er schuld war, dann hast du auch schuld ... Denk nicht so, warnte ihn ein anderer Gedanke. Du mußt es vergessen! Willst du mit solchen Gedanken fliegen ...?

Udet starrte über den Platz. Im Licht des Mondes erschien er noch unwirklicher, wie ein kleiner Vorplatz zur Hölle. Wirklich, dachte er, es sieht aus wie eine Startbahn zur Hölle.

Aber diese hundert Meter Erde waren ihr Leben. Es war nicht mehr wichtig, wo sie schliefen, nicht mehr wichtig, was sie aßen. Ihr Leben entschied sich auf ein paar Metern planierter Erde, nicht mehr hinter dem Visier der Maschinengewehre. Dieser Krieg mit sich selbst war noch erbarmungsloser als der Kampf mit dem Gegner: Auf den wenigen Metern von ihrer Baracke bis zum Sitz ihrer Maschinen mußten sie ihren eigenen Krieg gewinnen – oder verlieren ...

Den Krieg gegen ihre Müdigkeit, gegen ihre Nerven, gegen die Mutlosigkeit, gegen die Gedanken, daß vielleicht alles vergeblich gewesen war ...

Er fühlte sich plötzlich erleichtert. Es war, als sei er hinter ein Geheimnis gekommen. Solange er auf diesen zehn Metern seinen Krieg gewann, würde ihn kein Gegner bezwingen ...

In den nächsten Tagen hatte das Geschwader starke Verluste. Oft konnte nur eine Staffel starten. Sie flogen jetzt zusammen mit dem Jagdgeschwader III und mit der Jagdstaffel Ritter von Greim.

Drei Tage nach Loewenhardts Tod wurde Lothar von Richthofen verwundet. Mit einem Oberschenkelschuß kam er ins Lazarett. Der Leutnant Ernst Udet übernahm die stellvertretende Führung des Geschwaders.

Am 22. August schoß er seinen neunundfünfzigsten und sechzigsten Gegner ab.

Vor knapp vier Wochen war er aus dem Urlaub zurückgekommen. – Zwanzig Gegner hatte er seither abgeschossen ...

Vor einem halben Jahr hatte ihn Manfred von Richthofen zu seinem Geschwader geholt. – Jetzt war er, nach dem Rittmeister, der erfolgreichste deutsche Jagdflieger ...

Am 22. August traf der Oberleutnant Göring wieder bei seinem Geschwader ein. Leutnant Udet sah seinen Kommandeur nur für ein paar Stunden. Das Kriegstagebuch des Jagdgeschwaders vermerkt am gleichen Tag: »Lt. d. R. Udet wird vier Wochen nach München beurlaubt.«

Vier Wochen später, als Udet, der in seinem Urlaub zum Oberleutnant ernannt worden war, zurückkam, lag das Geschwader bei Metz. Barnekow holte Udet mit dem Wagen vom Bahnhof ab. Er humpelte an einem Stock. Und er trug nicht einmal seine lange Hose. Seine helle Stimme hatte einen rauhen Klang.

Er deutete auf den Verband am Oberschenkel. »Ich habe meinen Hintern hingehalten«, witzelte er, »damit Sie wenigstens noch ein Gesicht beim Geschwader wiedererkennen.«

»Und wie ist die Stimmung?« fragte Udet.

»Glänzend«, antwortete Barnekow, »glänzend und hoffnungslos.«

An der Westfront hatte die große Offensive des Gegners begonnen. Von der Nordsee bis Verdun griff der Feind an, Armee neben Armee. Ihre Tanks fuhren auf, ihre Geschütze, ihre Flugzeuggeschwader.

Noch einmal begann der Kampf um die Dörfer, Straßen und Höhen mit den ruhmreichen Namen aus den ersten Jahren des Krieges. Noch einmal starb man auf den Gräbern aus drei großen Schlachten.

Es war wie eine Erlösung, als zu Beginn des Oktobers kalter Regen die Erde grau und schlammig machte ... als sei auch die Natur es müde geworden, dem erbarmungslosen Ringen noch länger zuzusehen.

10

Die Wolken hingen tief über dem Flugplatz des Richthofen-Geschwaders. In der Nähe der Zelte tankte der Flugzeugwart Walter Behrend einen Fokker-Zweidecker mit rotem Rumpf.

»So viel wie reingeht«, sagte Udet. Er trug den rechten Arm in einer dünnen weißen Schlinge. Er führte die Zigarette mit dem angeschossenen Arm zum Mund. Die Finger der Hand waren braun. Er hatte den Streifschuß gleich am ersten Tage nach dem Urlaub abbekommen. Es war am Nachmittag. Sie hatten den Gegner südlich Metz abgefangen. Er war so stark, daß sie sich teilen mußten.

Udet hatte an diesem Tag zwei Engländer abgeschossen. Aber es war anders als sonst gewesen. Er hatte zeigen wollen, daß er noch der alte war. Er hatte es gezeigt – aber es war ein Spiel ohne den Willen zu töten.

Er hatte die beiden Engländer innerhalb zehn Minuten abgeschossen. Beim zweitenmal bekam er den Streifschuß am Arm. Seither, das waren drei Wochen, hatte er keinen mehr abgeschossen.

»Fertig?« fragte Udet seinen Flugzeugwart. Der Monteur stellte die Benzinkanne weg. »Die Munition noch«, sagte er.

»Brauche ich nicht«, sagte Udet, »ich bin heute ganz friedlich. Ich fliege nach Mannheim ... Das nächste Mal nehmen wir den Zweidecker. Dann kommen Sie mit.« Er blickte in das müde, abgespannte Gesicht des Mannes. »In acht Tagen fliege ich wieder«, sagte er. »Ich lasse mir in Mannheim zwei Anzüge machen, hab dort noch zwei Friedensstoffe bekommen.«

»Ja«, sagte der Monteur gedehnt, »die alten Sachen werden uns nicht mehr passen.«

In diesem Augenblick hörte Udet hinter sich Schritte. Als er sich umwandte, blickte er in das Gesicht seines Kommandeurs. Es war ernst, mit einer Falte an der Nasenwurzel zwischen den tiefliegenden Augen. Er machte ein Zeichen, ihm zu folgen. Sie schritten hinüber zu den Zelten. Dann sagte Göring: »Ich verstehe Sie nicht, wie können Sie vor einem Monteur so reden?«

Udet blickte verständnislos. Er holte eine Zigarette aus der Brusttasche. »Was meinen Sie?« fragte er.

»Sie fahren nach Mannheim und lassen sich Zivilanzüge machen ... Der Mann muß doch gleich denken ...«

»Und hat er so unrecht, wenn er es denkt?« Udets Stimme klang plötzlich gereizt.

»Davon kann doch keine Rede sein«, sagte Göring. »Wir haben immer noch die Chance auf ein Unentschieden.«

»Das hätten wir früher haben können«, sagte Udet. »Früher und billiger. Fünfzehn schon oder noch vor einem Jahr ...« Es ärgerte ihn, daß er sich hatte herausfordern lassen. Denn seine Worte klangen falsch. Sie sagten nicht das, was er empfand. »Ich weiß nur eines«, sagte er, »wenn wir Elsaß-Lothringen abgeben, dann packe ich meinen Pour le mérite ein und schikke ihn dem Kaiser zurück.«

»Behalten Sie ihn vorläufig«, sagte Göring. Er reichte Udet ein Telegramm.

»Die Inspektion der Flieger hat noch einmal ein Vergleichsfliegen angeordnet«, sagte er. »Sie wollen in Zukunft nur noch eine Maschine bauen. Schwierigkeiten bei der Materialbeschaffung ... Aber das alles läßt sich überwinden, wenn ein Wille ...«, er unterbrach sich. »Na, jedenfalls«, sagte er jovial, »ein kleiner Abstecher nach Berlin ist nie zu verachten.«

Udet gab das Telegramm zurück.

»Wir können ja einen Tag früher fliegen«, sagte Göring. »Am 23. Oktober müssen wir in Berlin sein ...«

»Vorausgesetzt, daß noch Krieg ist«, sagte Udet.

Er hatte sich in Mannheim mit seiner Braut Lo Zink verabredet. Lo war von München gekommen. Drei Tage blieben sie zusammen. Sie hatten in einem Seitenflügel des Hotels zwei Zimmer. Und an jedem Abend hatte er Lo bis vor die Tür ihres Zimmers gebracht.

»Es ist der letzte Abend heute«, sagte Udet, als sie vor ihrem Zimmer standen.

Lo nickte und lächelte. »Eben«, sagte sie, »wir beide müssen morgen zeitig aufstehen.« Wenn sie lächelte, sah sie noch jünger aus. Er fühlte, wie sie steif vor ihm zurückwich, als er sie küßte. Er war unzufrieden mit sich, als er die Treppen hinunterging. Die Bar des Hotels hatte geschlossen. Das Restaurant war kalt und leer. Nur an einem Tisch saßen drei ältere Herren. In der Empfangshalle war ein Teil der Sitzmöbel mit weißen Schonüberzügen bedeckt. Udet trat an die Portierloge.

»Sagen Sie, gibt es in dieser feudalen Bude nichts zu trinken?«

Der Mann fuhr mit dem Handrücken unter den dichten Bart über den Lippen. »Zum Abendessen gibt es eine Flasche Wein«, sagte er.

»Die habe ich hinter mir.« Udet blickte auf die Zeiger der Uhr über den Schlüsselfächern. »Es ist nicht einmal elf Uhr … Es ist mein letzter Abend. Eine Pulle werden Sie doch noch auftreiben.«

Der Portier schüttelte den Kopf, als Udet ihm ein paar Geldscheine hinhielt.

Eine Fotografie war aus der Brieftasche des Oberleutnants gefallen. Der Portier bückte sich schnell. Voller Neugier starrte er auf die Postkarte. »Richthofen«, sagte er, »der rote Kampfflieger … Vor einem halben Jahr noch hätten Sie dafür drei Flaschen Schampus bekommen.« Er hob die Fotografie an die kurzsichtigen Augen. »Sogar mit Autogramm! Das wären fünf Flaschen gewesen …« Er reichte das Bild zurück. Plump vertraulich wanderte sein Blick über die Uniform des Oberleutnants, von dem Pour le mérite zum Fliegerabzeichen. Dann wies er auf den Arm in der Schlinge. »Na, bis Sie wieder gesund sind …«, begann er, »… das geht jetzt schnell zu Ende.«

Udet hatte sich umgewandt. Diese Bude kotzt mich an, dachte er. In seinem Zimmer warf er sich aufs Bett. Er rauchte und starrte auf das Fenster. Es regnete jetzt, ein kalter, kristallener Regen, der hart gegen die Scheiben schlug.

Kein Wetter zum Fliegen, dachte er, aber was er wirklich fühlte, war etwas anderes … Er stellte sich vor, wie Lo in ihrem Bett lag, auf den Regen hörte und vielleicht doch dasselbe fühlte, was er empfand …

Er klopfte gegen ihre Tür, bis sie öffnete. Dann stand er vor ihrem Bett. Sie saß steif aufgerichtet. Ihre Augen blickten ihn ängstlich an … Jetzt braucht sie nur noch zu weinen, dachte er. »Ich wollte dich nicht erschrecken«, sagte er.

Sie schüttelte den Kopf und begann wirklich zu weinen.

Mein Gott, dachte er, muß denn alles so kompliziert sein …

»Wir hätten uns lieber gar nicht treffen sollen«, sagte er. »Schon gut … Es tut mir leid. Ich gehe schon …«

Sie ist so verdammt behütet, dachte er. Sie ist, als ob es nie einen Krieg gegeben hätte. Und sie sieht mich an, als ob meine zweiundsechzig Gegner durch ein reines Wunder starben und nicht durch die Kugeln aus einem Maschinengewehr.

»Warum haben wir nicht geheiratet?« fragte sie. »Vor einem Jahr hast du selbst noch gedrängt …«

Er ging hinüber zum Fenster. Er blickte hinunter auf die Straße, die leer und verlassen war. Die Lichter der Gaslaternen schwammen im Regen.

»Laß uns jetzt nicht wieder davon anfangen«, sagte er. »Witwen gibt es nicht nur am ersten Tag eines Krieges – auch noch am letzten Tag wird es sie geben.«

Sie hörte auf zu weinen, als er zu ihr trat. Ihre Hände sanken herab …

»Wenn ich allein bin«, sagte er, »dann versuche ich mir immer vorzustellen, wie du schläfst … und dann denke ich, wenn du jetzt doch noch dran glauben mußt, dann weißt du nicht einmal …«

»Wir sind beide noch so jung«, sagte sie schnell.

»Loewenhardt war einundzwanzig, als er starb. Und auch die anderen – sie waren alle nicht älter als ich. Auch wenn man jung ist, möchte man einige Dinge wissen, ehe man stirbt …«

»So kenne ich dich gar nicht«, sagte sie unruhig.

»Ich möchte wissen, wie es ist, wenn wir nachts zusammen aufwachen. Ob wir das gleiche träumen, wenn wir im Schlaf ganz nahe beisammenliegen …«

Ihre Arme hielten das Kissen umschlungen.

»Warum läßt du dich nicht nach München beurlauben?« fragte sie. »Der Arzt gestern hat es dir doch bestätigt – dein Arm sollte vier Wochen richtig ausheilen. Wir könnten uns dann jeden Tag sehen.«

»Wir sehen uns morgen früh.« Er hob den Arm wieder in die Schlinge. »Solange es so schüttet, kann ich doch nicht fliegen.«

»Warum tust du es nicht?« drängte sie. »Du hast mir doch selbst gesagt, daß wir den Krieg verloren geben müssen.«

»Es sind so viele von uns getötet worden, die mutiger als ich waren«, sagte er.

»Aber das ist doch kein Grund.«

»Wenn du mich so fragst – ich habe keinen besseren.«

»Na, also …«

Er schüttelte den Kopf. »Es ist wie bei einem Wettschießen – ich kann nicht aufhören, wenn ich immer gewonnen habe. Wir hatten alle die gleiche Chance. Wir müssen weitermachen – solange der Gegner uns herausfordert …«

11.

Seit Monaten waren die deutschen Truppen nicht mehr zur Ruhe gekommen. Im Feuer der Schlachten waren die Regimenter zu Bataillonen zusammengeschmolzen, die Bataillone zu Kompanien …

Am 28. September befahl der französische General Foch die Generaloffensive. Belgier, Franzosen und Engländer warfen drei Armeen gegen die Front in Flandern. Aber die 4. Armee hielt stand. Die 17. und die 2. deutsche Armee klammerten sich an die Siegfriedstellung zwischen Arras und La Fère. Sie standen vier ausgeruhten, gut ausgerüsteten Armeen gegenüber. Aber sie wichen nicht von der Stelle. Die von der 9. Armee gehaltene Linie am Ailette-Grund wechselte den Besitzer. Zum sechsten- und letztenmal.

Die 1. und die 3. deutsche Armee opfern das Blut ihrer Männer für jeden Meter Erde zwischen Reims und Verdun.

In den Argonnen treibt General Pershing die amerikanischen Armeen in sechs blutigen Tagen voran.

Über Gräber von Millionen Toten tobt die Schlacht hinweg … Noch hält die Front. Wie lange noch …?

Kaiser Wilhelm II. empfängt die beiden Männer, mit deren Namen sich die größten Siege der vergangenen vier Jahre verbinden, Hindenburg und Ludendorff. Ihr Bericht ist schonungslos:

Mit letzter Kraft schlägt das Heer den Angriff zurück. Eine zweite Offensive jedoch wird es nicht überstehen …

Resigniert und unentschlossen geht der Kaiser auf und ab, die gelähmte linke Hand wie immer hinter dem Rücken versteckt. Am Tage darauf wissen es die Abgeordneten des Reichstages: Die Oberste Heeresleitung verlangt Frieden … Das Volk flüstert es. Aber niemand glaubt richtig daran. Am 3. Oktober wird in Berlin eine neue Regierung gebildet. Prinz Max von Baden, ein Vetter des Kaisers, ist der neue Reichskanzler. Am Morgen des 4. Oktober wird der Schweizer Regierung eine Note an Wilson, den Präsidenten der Vereinigten Staaten, übergeben. Man bittet, sie weiterzuleiten. Die Note lautet: »Um weiteres Blutvergießen zu vermeiden, ersucht die deutsche Regierung, den sofortigen Abschluß eines allgemeinen Waffenstillstandes zu Lande, zu Wasser und in der Luft herbeizuführen.«

Ende Oktober 1918 hatte die Inspektion der Flieger noch einmal die bekanntesten Pour-le-mérite-Flieger und Staffelführer zu einem Vergleichsfliegen nach Berlin gerufen. Die Schwierigkeiten bei der Materialbeschaffung zwangen dazu, nur noch einen Flugzeugtyp zu bauen, und die erfolgreichen Frontpiloten sollten nun darüber entscheiden, welches Flugzeug in Zukunft von allen Werken gemeinsam gebaut werden sollte. Drei Typen standen in Berlin-Johannisthal zur Entscheidung. Eine Maschine der Pfalz-Werke, eine Albatros und eine verbesserte Fokker D-VII. Keiner der Piloten glaubte, daß ihre Entscheidung noch am Ausgang des Krieges etwas ändern könnte. Und doch prüften sie die Maschinen, als schriebe man nicht Oktober 1918. Drei Tage flogen sie mit wilder Begeisterung. Sie waren sich einig, daß die Fokker die beste Maschine war und das Rennen machen würde. Das Ergebnis war eindeutig. Fast jeder stimmte für die Fokker.

Am Abend fand im Bristol das schon traditionelle große Abendessen statt. Später zog man hinüber ins Adlon. Man feierte unten in den Gesellschaftsräumen.

In den Gesichtern der Kellner lag nichts mehr von der alten Begeisterung. Ein paar Offiziere mit dem Pour le mérite? Ihr Kellnergespür sagte ihnen, daß das bereits passé war und morgen eine andere Kundschaft die dicken Trinkgelder geben würde. Die Revolution lag in der Luft. Das Volk war müde und bereit, alles für den Frieden zu opfern. Am 23. Oktober war die Antwortnote des amerikanischen Präsidenten Wilson auf die Friedensgesuche der deutschen Regierung in Berlin eingetroffen. Drei waren den Schweizern seit dem 4. Oktober übergeben worden. Jetzt schrieb Wilson: »Wenn die Vereinigten Staaten mit den militärischen Beherrschern und monarchischen Autokraten Deutschlands verhandeln sollen, müssen sie nicht Friedensverhandlungen, sondern Übergabe verlangen.« Das hieß kalt und unverhüllt: Jagt euren Kaiser fort, dann bekommt ihr Frieden, sonst bedingungslose Unterwerfung.

Doch die Männer im Adlon feierten. Einen nach dem anderen hatten sie sterben sehen, aber sie hatten gelernt, die Maske der Unbesiegbarkeit aufzusetzen. Es war wie der Abgesang an eine Zeit, die schon im Sterben lag.

Eine Drei-Mann-Kapelle spielte die alten Lieder. Aber plötzlich schob einer der Offiziere den Pianisten von seinem Stuhl. Niemand wußte später zu sagen, wer das Lied angestimmt hatte. Sie sangen alle mit:

> *Blut muß fließen,*
> *Blut muß fließen,*
> *Blut muß fließen*
> *knüppelhageldick.*
> *Nieder mit die Hunde,*
> *nieder mit die Hunde,*
> *nieder mit die Hunde*
> *von die Reaktion.*

Die Passanten, die an jenem Abend am Adlon vorbeikamen, mögen sich gewundert haben, ausgerechnet aus dem Adlon das Revolutionslied Friedrich Haeckers zu hören. Die rauhen, kehligen Stimmen und ein paar helle, jungenhafte sangen begeistert:

> *In die Galerien,*
> *in die Galerien,*
> *in die Galerien*
> *brechen wir jetzt ein.*
> *All die schönen Bilder,*
> *all die schönen Bilder,*
> *all die schönen Bilder*
> *werden unser sein.*

Der Direktor des Adlon war entsetzt in den großen Saal gestürzt. Er winkte den Kellnern, die Fenster zu schließen. Er versuchte vergeblich, sich Gehör zu verschaffen. Sie zogen ihn an den Tisch, drückten ihm ein Glas in die Hand und sangen weiter:

> *Das gibt Holz im Winter,*
> *das gibt Holz im Winter,*
> *das gibt Holz im Winter*
> *für des Volkes Not.*
> *Auf die Guillotine,*
> *auf die Guillotine,*
> *auf die Guillotine*
> *mit der Fürstenbrut.*

Niemand achtete auf den Mann, der plötzlich unter der Tür des Saales erschien. In seinem Gesicht standen Fassungslosigkeit und Empörung. Aus dem Block der Stimmen brachen ein paar heraus. Ein Offizier stieß den anderen an. Schließlich hackte nur noch das Klavier den Rhythmus des Refrains. In die Stille hinein klang die Stimme des Mannes mit aller Schärfe, deren sie fähig war: »Empörend! Preußische Offiziere ... singen ein solches Lied!« Mit einem letzten »Empörend« verließ er den Saal.

Der Direktor des Adlon flüsterte: »Der Vorsitzende des Reichstagsausschusses für Militärwesen ...«

Mit einem leisen Unterton von Spott nahm das Klavier die alte Melodie wieder auf. Aber die Begeisterung war verschwunden. Etwas Fremdes, Beunruhigendes lag im Raum ...

Udet wohnte wie immer im Hotel Bristol. Fokkers Wagen stand vor dem Adlon, aber der Holländer winkte ab. »Kommen Sie, wir gehen die paar Schritte zu Fuß.«

Es war kalt. Die Umrisse des Brandenburger Tores verzerrten sich im Nebel. Ein Auto fuhr über den Pariser Platz, zeichnete eine Spur auf die Nässe des Asphalts. Dann war es so still, daß sie die Uhr der Dorotheenkirche schlagen hörten.

»Sie fahren morgen?« fragte Fokker.

»Ich habe schon gepackt.«

»Diesmal werden wir uns nicht mehr so schnell wiedersehen«, sagte Fokker.

Sie sprachen nicht mehr, bis der verschlafene Portier sie eingelassen hatte. Als sie vor Fokkers Appartement im ersten Stock des Bristol standen, fragte der Holländer: »Wollen Sie nicht noch hereinkommen? Ich habe auch noch etwas zu trinken.«

»Immer«, sagte Udet. »Schlafen kann ich morgen in der Bahn.«

Fokker schloß die Tür auf. In dem kleinen Vorraum brannte Licht. In einem Korbsessel döste ein Mann mit offenem Munde vor sich hin. Seine rechte Hand hatte sich im Schlaf um ein kleines schwarzes Stück Eisen geklammert. Fokker legte den

Finger auf den Mund. Er löschte das Licht. In seinem Zimmer erklärte er dann: »Meine Privatarmee.« Er holte eine Flasche aus dem Schrank, stellte sie auf das Tischchen mit den Gläsern. »Sie müssen sich schon selbst bedienen …«

Udet deutete auf die Tür zum Vorraum: »Was haben Sie zu fürchten?«

»Ich bin nur vorsichtig«, antwortete Fokker. »Ich kann nicht aus meiner Haut.« Er blickte Udet prüfend an. Seine Stimme war um eine Schattierung beschwörender, als er sagte: »Was werden Sie machen – nachher?«

Udet trank ihm zu: »Darüber zerbreche ich mir nicht den Kopf«, sagte er lachend. »Auch ich kann nicht aus meiner Haut heraus. Was kann schon geschehen! Daß ich die Uniform ausziehen muß? Ich fand mich immer hochschick darin – aber legerer fliegt es sich in Zivil.«

»Fliegen?« meinte Fokker. »Das kann Jahre dauern … Glauben Sie mir, man wird den Deutschen jede Mücke nehmen. Und was nicht mehr fliegt, werden sie zerschmeißen.«

Udet stellte sein Glas weg. »Ihr Fehler ist, daß Sie nie einen Tropfen trinken«, sagte er. Er nahm noch zwei Gläser, reihte sie ausgerichtet nebeneinander auf und goß sie voll. »Wollen Sie es nicht versuchen?« Er tippte mit einem Glas an die Ränder der anderen. »Das ist meine Privatarmee.« Er war aufgestanden und hatte sein Glas feierlich bis zum zweiten Knopf des Uniformrockes gehoben … Aber dann stellte er es mit einer müden Bewegung weg. Plötzlich war sein Gesicht jung und ratlos.

»Hören Sie!« Fokker beugte sich vor. »Ich habe nicht die Absicht zuzusehen, wie sie mir meine ganzen Maschinen beschlagnahmen werden … Hören Sie doch zu! Ich brauche einige Leute, wenn es soweit ist …« Er hatte, so berichtete er, in den letzten Wochen die Umgebung von Schwerin, wo seine Werke waren, abgefahren. Er hatte mit Bauern auf abgelegenen Gehöften gesprochen. Er hatte Scheunen gemietet, alte Keller … »Ich werde alles verschwinden lassen«, sagte er. »Motoren, Flugzeuge … Was mit unserem Geld wird, weiß man nicht. Aber die Maschinen ... Wenn es mir gelingt, sie herauszuschmuggeln ... In Holland kann ich neu anfangen.«

Im Eifer nahm er eines der vollen Gläser. »Sie könnten nach Berlin kommen ... Ich brauche ein paar Leute wie Sie ... Was meinen Sie dazu?«

Ehe Udet antworten konnte, stürzte der Mann, der vorhin im Vorraum gedöst hatte, ins Zimmer.

Wer weiß, was der Oberleutnant Udet geantwortet hätte. Wer weiß, wie sein weiteres Schicksal verlaufen wäre, wenn er »ja« gesagt hätte. Denn das Unwahrscheinliche sollte Anton Fokker auf abenteuerliche Weise gelingen: einen Güterzug von über sechzig Waggons, auf dem die Teile von fast zweihundert Flugzeugen und Motoren verpackt waren, bei Salzbergen über die Grenze nach Holland zu schmuggeln. Und er, der fliegende Holländer, wie ihn die Deutschen getauft hatten, sollte bald in Holland die erste Luftfahrtgesellschaft der Welt gründen, die KLM.

Aber Fokker war zur Türe gelaufen, als der Mann aus dem Vorzimmer hereingestürzt kam.

»Was ist denn?« fragte Udet.

Der Mann schielte zu dem kleinen Tischchen hinüber. Als Udet ein Glas vollgoß, kam er zögernd näher. Er blickte auf den Boden.

»Der Kaiser«, sagte er dann stockend. »Der Kaiser ist aus Berlin ... Abgehauen ist er!«

Noch immer zieht die Wache vor dem Schloß in Berlin auf. Mit klingendem Spiel, der Leutnant voran. Sie präsentieren die Gewehre – vor einem leeren Schloß. Kaiser Wilhelm II. ist über Nacht nach Belgien ins Große Hauptquartier in Spa abgereist.

Dann überstürzen sich die Ereignisse. In Kiel ankert das 3. Flottengeschwader. Die Matrosen, die einen Einsatz in zwölfter Stunde befürchten, demonstrieren in der Stadt. Gewehrfeuer zerstreut sie. Es gibt Tote. Aber am Morgen des 4. November setzen die Schiffe im Hafen rote Wimpel. Die

Garnison schlägt sich auf die Seite der Matrosen. Am Nachmittag beherrschen sie die Stadt. Fenster schließen sich. Läden rattern herunter. Sieht so das Ende aus?

Am nächsten Tag flackern in Hamburg und Lübeck Unruhen auf. Und am Tage darauf, dem 7. November, drängen sich in München die erregten Massen auf der Theresienwiese.

Das Volk ist müde. Das Volk ist hungrig. Das Volk hat Angst. Und ein müdes, hungriges Volk voller Angst sucht Schuldige.

In der Nacht fahren Wagen am Schloß in Nymphenburg vor. Am anderen Morgen weiß es die ganze Stadt. Der König, Ludwig III., ist in die Berge geflohen. Im Palais der Wittelsbacher residiert jetzt der Radikalsozialist Kurt Eisner.

Der Kaiser wartet währenddessen im Großen Hauptquartier in Spa. Worauf wartet er? Auf einen heroischen Tod bei seinen Truppen? Auf seine Gefangennahme? Auf Truppen, die unter seiner Führung in die Heimat marschieren, um die Revolution niederzuwerfen?

Es regnet in Strömen. Im Hotel »Britannique« sind am Morgen die Kommandeure der Fronttruppen zusammengerufen worden. Immer noch fahren Wagen vor. Es ist der 9. November. Zehn Uhr.

Hindenburg und Groener halten dem Kaiser Vortrag. Die Amerikaner haben die Maas überschritten. Die Armee ist ohne Nachschub. Fünf Tage reichen die Vorräte noch. Das Heer könne geordnet in die Heimat zurückgeführt werden. Aber nicht unter Führung des Kaisers.

Die Frontoffiziere werden gerufen. Sie erscheinen, übernächtigt, fahl, in dreckigen Uniformen. Werden ihre Truppen dem Kaiser folgen, die Heimat wiederzuerobern? Einige scheuen eine offene Antwort. Einer bejaht die Frage. Die Mehrzahl verneint …

Da schellt das Telefon. Eine geheime Privatleitung zum Reichskanzlerpalais in Berlin ist noch intakt. Der Vetter des Kaisers ist am Apparat, Prinz Max von Baden, der Reichskanzler.

Der Prinz öffnet sein Fenster zur Wilhelmstraße: Der Kaiser

könnte jetzt das drohende Geschrei der Demonstranten hören. Der Generalstreik ist ausgerufen. Alles ist auf den Straßen. Die Massen singen die Internationale. Sie drängen vor dem kaiserlichen Schloß. Am Standartenmast geht die rote Fahne hoch.

Der Kaiser müsse abdanken, rät Prinz Max. Er müsse sich opfern, um so vielleicht noch den Thron zu retten. Aber der Thron ist schon gestürzt, als der Kaiser in Spa noch immer an seiner Proklamation zur Abdankung arbeitet. Prinz Max hat sechs Volksbeauftragten die Regierungsgewalt übergeben. Ebert wird mit der Bildung einer Regierung beauftragt. Eine Horde Jungen schreit die Extrablätter von der Abdankung des Kaisers aus, als auf der großen Freitreppe vor dem Reichstagsgebäude Scheidemann die »Freie Deutsche Republik« ausruft. In Spa diktiert der Kaiser Protesttelegramme. Dann erscheint Hindenburg. Die Waffenstillstandsbedingungen sind eingetroffen. Frankreich, Belgien, Elsaß-Lothringen sind sofort zu räumen. Das linke Rheinufer mit den Brückenköpfen Mainz, Köln und Koblenz soll von den Truppen der Entente besetzt werden. Am rechten Ufer soll eine zehn Kilometer tiefe neutrale Zone gebildet werden. Noch ist der Kaiser unentschlossen. »Die Truppen stehen nicht mehr zu Eurer Majestät«, sagt Hindenburg. »Wolle Gott, es wäre anders.« Er müsse empfehlen, nach Holland zu gehen. Um achtzehn Uhr sagt der Kaiser seine Abreise zu. Drei Stunden später widerruft er sie. In der Nacht entschließt er sich endgültig.

Im Morgengrauen des 10. November steht der Hofzug auf einem Nebengleis der kleinen Station von Spa. Die Jalousien vor den Fenstern sind heruntergelassen. Trotzdem salutieren die wenigen Offiziere beim Anfahren des Zuges. Sie nehmen die Hände erst von den Mützen, als die roten Schlußlichter in der Dunkelheit untertauchen. Das deutsche Heer ist ohne Souverän. Zum erstenmal in seiner Geschichte.

12.

Über dem Flugplatz von Tellancourt, nördlich von Metz, hing am Morgen des 10. November undurchsichtiger Nebel. In den Nächten zuvor hatte es geregnet. Seit vier Tagen waren die Piloten des Jagdgeschwaders Richthofen nicht mehr aufgestiegen. Die Maschinen versackten mit den Rädern im Schlamm.

Am Tage zuvor hatte der Kommandeur des Geschwaders die Offiziere zusammengerufen … Der Regen trommelte auf das Dach der Baracke, als Göring davon sprach, daß das Geschwader auch jetzt noch bereit sei. Bereit zu jeglichem Einsatz. »Die Offiziere bleiben in dieser Nacht geschlossen beisammen.«

An der Stirnseite der Baracke stand eine schwarze Tafel. Ein Stummel abgebrochener Kreide lag auf der Leiste. Die schwarze Farbe auf dem Holz der Tafel war rauh und zersplittert. Ein ganzes Jahr waren die Befehle für den kommenden Tag dort angeschrieben worden. Jetzt war die Tafel leer. Während draußen die Wachen auf und ab gingen, saßen die Piloten im Kasino. Ihre Gesichter waren müde, aber ohne Verbitterung. In dieser Nacht sprachen sie nicht vom verlorenen Krieg. Sie waren alle nicht älter als dreiundzwanzig oder vierundzwanzig, und sie sprachen von den Kämpfen, in denen sie Sieger geblieben waren. Sie hatten mit der Bedenkenlosigkeit einer Jugend gekämpft, für die es die Frage, wofür sie starben, noch nicht gab. Sie hatten getötet, um nicht selbst getötet zu werden. Sie wußten, daß sie sich nicht geschont hatten. Der Gedanke an das Ende hatte für sie nichts Schreckliches … Denn sie hatten, so oder so, gewonnen – sie hatten überlebt! So verging die Nacht. Kein Befehl kam.

Am Vormittag des nächsten Tages kam die Order, das Geschwader solle die Flugzeuge nach Darmstadt fliegen. Eine Stunde später kam ein Funkspruch, sie sollten noch warten. Dann kam eine Gegenorder: Man solle sich bereit halten, die Maschinen den Amerikanern zu übergeben.

»Wir fliegen die Maschinen nach Darmstadt«, befahl Göring. »Was für Orders jetzt auch noch kommen mögen.«

Am Morgen des 11. November lag der Nebel noch immer über dem Platz. Die Nachricht vom Waffenstillstand erreichte die Truppen im Laufe des Vormittags. Ab zwölf Uhr sollte kein Schuß mehr fallen. Als Udet über das Feld zu seiner Maschine hinüberschritt, sah er die brennenden Feuer. Die Männer standen um die Glut herum, wärmten sich und stiefelten dann wieder zu den Baracken. Es war befohlen worden, alles zu verbrennen, was sie hätten zurücklassen müssen.

Am Rande des Feldes parkten die Lastautos. Einen Augenblick blieb Udet bei ihnen stehen. Der Schildermaler hatte sich eine Kiste herangezogen und pinselte andächtig in großen weißen Buchstaben an die Seitenfläche: Richthofen, der rote Kampfflieger.

An den Flugzeugzelten sprangen einige Motoren an. Udets Flugzeugwart hatte auch die Fokker mit dem roten Rumpf ins Freie gezogen. Er steckte den Finger in den Mund, hob ihn hoch über den Kopf. »Wenn der Wind so bleibt«, sagte er, »dann können Herr Oberleutnant bald starten.« Immer mehr Motoren sprangen an, heulten auf, ebbten wieder ab. Um zwölf Uhr sollte das Waffenstillstandsabkommen in Kraft treten.

Udet nahm sein Fernglas aus dem Führersitz. Irgendwoher klang die Stimme Görings, des Kommandeurs, an sein Ohr, als er über das Feld zum Beobachtungsplatz schritt.

Kurz vor elf lichtete sich der Nebel. Der Wind wurde stärker und trieb die Nebelfelder auseinander. Um halb zwölf war der Himmel klar. Eine fahle Sonne stand am Himmel. Udet hatte das Glas nicht von den Augen genommen. Von den Linien her hörte er das Tacken eines Maschinengewehres.

Plötzlich zitterte das Glas in den Händen des Mannes, der auf der kleinen Anhöhe stand. Er ließ es sinken, hob es wieder an die Augen. Er konnte die Kokarden an den Maschinen erkennen. Es waren Spads. Er hatte Mühe, sie zu zählen, denn sie kurvten wie verrückt. Sie zogen hoch, ließen sich abtrudeln und fingen sich wenige Meter über dem Boden. Sie turnten und rollten und flogen die verwegensten Figuren. Er brauchte eine ganze Weile, bis er verstand, daß sie ihren Sieg feierten. Eine Maschine, dachte er bitter. Gebt mir doch eine Maschine, damit ich dazwischenfahren kann … Er spürte nichts als eine blinde, verbissene Wut. Als er das Glas wieder an die Augen hob, beobachtete er, wie die Maschinen zur Landung ansetzten. Minuten später sah er die Leuchtspurmunition zum Himmel steigen. Hunderte von roten und weißen Leuchtkugeln und einige, die wie Sterne zerplatzten.

Es war Punkt zwölf Uhr, als er schnell auf seine Uhr blickte. Dann starrte er wieder durch sein Glas. Er merkte nicht, daß jemand neben ihn getreten war.

Von Barnekow griff nach Udets Arm. »Kommen Sie, es geht los.«

Udet ließ das Glas sinken. Er reichte es dem anderen, deutete hinüber zu den feindlichen Linien. Von Barnekow hob das Glas an die Augen. Dann setzte er es wieder ab. Verwundert starrte er auf die Gläser der Optik. Sie waren feucht.

»Udet, was haben Sie?« fragte er.

»Diese Hunde«, sagte er. »Sie feiern …« Er wandte sich schroff ab. Vom Platz startete gerade das erste Flugzeug des Geschwaders. Es schien Udet, als hebe es sich mit der Schwere und Müdigkeit, die er selbst empfand, als er über das Feld auf die Maschine mit dem roten Rumpf zuschritt …

Eine der letzten Maschinen, die von dem Flugfeld in Tellancourt startete, war eine Fokker mit rotem Rumpf. Udet kurvte noch einmal über den Platz, die Zelte und Hallen. Dann schloß er sich seiner Staffel an. Als die Maschinen in Darmstadt landeten, wartete auf das Geschwader schon ein Befehl des Generalstabs: Die Piloten hatten ihre Maschinen nach Straßburg zu fliegen. Eine Kommission von Franzosen würde sie dort übernehmen … Am 14. November starteten die Piloten zum Flug. So endete der Krieg für den Oberleutnant Ernst Udet in der Stadt, in der er für den Achtzehnjährigen begonnen hatte, in Straßburg, damals, in jenem August 1914.

Er hatte in einem Hotel am Bahnhof gewohnt. Durch das of-

fene Fenster hatte man die Geschütze von der Front gehört …
Es war für ihn eine ferne, fast unwirkliche Erinnerung, als er
an diesem Abend wieder über den verlassenen Platz schritt.

Ein paar Straßen weiter marschierten Truppen. Er hörte das
Schmettern der Clairons, die dem dumpfen Stampfen der
Schritte ihre schrille Melodie voranbliesen.

Sie wurde plötzlich von hartem Hufschlag übertönt. Das
Echo sprang von den Häusern zurück, als ritte es den Pferden voran. Udet trat in den Schatten einer Hauswand, als die
Spahis auf ihren Araberpferden vorübergaloppierten. Die
Nacht war kalt und klar, und die Dunkelheit war erfüllt von
dem Geräusch marschierender Truppen, von Geschützen,
die über das Pflaster ratterten. Unvermittelt stand Udet vor
dem Hotel, in dem er damals gewohnt hatte. Er sprang die
Stufen hinauf, angetrieben von der Hoffnung, hier vielleicht
noch eine Erinnerung zu finden, die vier Kriegsjahre heil
überstanden hatte.

Er zog die Tür auf, riß den schweren samtenen Windfang
beiseite … Das erste, was er sah, waren die französischen
Mäntel, die bunten Mützen.

Er stand wie angewurzelt. Ein Geruch von Wein und dem
Rauch schwarzer Zigaretten schlug ihm entgegen. Der Schank-
raum war voller Männer. Er sah auch ein paar Frauen zwischen den blaugrauen Uniformen.

Einer der Franzosen hatte sich von der Theke abgestoßen.
Er kam quer durch den Raum auf Udet zu. Der schlug den
Pelzkragen seiner ledernen Jacke über der Brust zusammen.
Breitbeinig und etwas schwankend stand der Franzose dann
vor ihm. Er hatte ein schmales, junges Gesicht. Ein paar dünne
dunkle Haarsträhnen fielen ihm ins Gesicht. Er lachte aus betrunkenen Augen.

Udet rührte sich nicht, als der Mann die Hand hob. Es war,
als fühlte er seinen Körper nicht mehr. Er war wie ein Stück
Eis, in dem irgendwo wie ein Feuer die Wut brannte.

Der Franzose hatte die Hand des Fliegers ergriffen. Er zog
sie von dem Pelzkragen weg.

Eine Sekunde waren die schwarzen Augen des Franzosen ganz nüchtern. Er blickte auf den Pour le mérite, der zwischen dem Pelzkragen aufleuchtete. Dann machte er, ohne die Füße zu versetzen, eine Bewegung in den Raum. Er schrie etwas und deutete auf den Orden.

Einer der Männer am Tisch hatte eine Weinflasche gegriffen. Er warf sie. Der junge betrunkene Franzose griff sie aus der Luft mit der Sicherheit eines Jongleurs. Er nahm einen Schluck, dann hielt er dem Deutschen die Flasche hin. »Changeons-nous?« »Du Wein – ich ...« er deutete auf den Orden. »Souvenir.«

Udet starrte auf die Hand, die die Flasche am Hals umklammerte. Er schüttelte den Kopf, aber der Franzose drückte sie ihm in die Hand. Sie hatten beide nicht auf das Mädchen geachtet, das in diesem Augenblick zwischen sie trat. Sie riß Udet die Flasche aus der Hand.

»Laß ihn nur unsere guten Sachen wegsaufen!« schrie sie den Franzosen an. Dann blickte sie den Deutschen verächtlich an. Sie spuckte aus. Sie setzte die Flasche an den Mund. Das aufgelöste rötliche Haar fiel ihr weit in den Nacken, als sie den Kopf zurücklegte.

Die Hand des Franzosen fuhr in das Haar des Mädchens. Sie taumelte nach hinten. Die Flasche glitt aus ihrer Hand, schlug auf den Boden und zersplitterte.

Udet hörte ihr heiseres Schreien, als er hinauslief. Die Silhouette des Straßburger Münsters stand düster gegen den Himmel.

Am 13. November beginnt der Rückmarsch der deutschen Armeen. Das Wetter ist gut, der endlose Regen der vergangenen Wochen hat aufgehört.

Die Gesichter der Männer sind ernst und müde. Aber an den Straßen stehen jubelnde Menschen. Girlanden schmükken die Häuser. Ganze Trupps sind unterwegs, um aus den Wäldern das letzte Grün von den Bäumen zu schlagen. In den Morgenstunden des nächsten Tages marschieren die Regimenter über die Rheinbrücken. Ein eifriger Bürgermeister hat eine Kapelle zusammengeholt. Die Männer nehmen ihre Instrumente aus den Leinenhüllen. Auf dem goldenen Messing schlägt sich der Nebel nieder. Die Männer spielen die alten Märsche. Den Torgauer, den Hohenfriedberger, den Fridericus Rex, und dann – »Deutschland, Deutschland über alles«.

Einen Tagesmarsch hinter den Deutschen folgt der Feind. Amerikanische Bataillone in khakifarbenen Uniformen. Junge Gesichter, überlegen und – ängstlich. Sie haben Schlimmes von den ›Hunnen‹ gehört. Sie kommen aus Pittsburgh, wo es für die Dauer des Krieges verboten war, Beethoven zu spielen. – Sie kommen aus Kansas, dort hat man beantragt zu verbieten, daß am Telefon deutsch gesprochen wird. – Sie kommen aus Cincinnati, wo man einen Geistlichen ausgepeitscht hat, weil er in sein Gebet die Seele des deutschen Kaisers mit eingeschlossen hatte. – Sie kommen aus New York, wo die Puppenkliniken sich für die Dauer des Krieges weigerten, Puppen ›Made in Germany‹ zu reparieren.

Es folgen den Amerikanern Kolonnen in blaugrauen Mänteln. Es folgt eine ganze Welt … An den Mauern der Häuser kleben bald Anschläge in fremden Sprachen …

Im Schloß Wilhelmshöhe bei Kassel hat sich die Oberste Heeresleitung etabliert.

Über den Hof des Schlosses stiefeln die Ordonnanzen. Ihre Uniformen und Stiefel sind blank wie im Frieden. Ihre Gesichter tragen noch die Miene des Siegers. Die Oberste Heeresleitung weiß, daß es ihr unmöglich sein wird, die Truppen lange zusammenzuhalten. Sie muß handeln, solange sie die Truppen noch in der Hand hat. Das ist ihr Trumpf.

Aber Berlin ist noch immer in Aufruhr. In der Stadt kämpfen Spartakisten gegen die alte Ordnung. Die Stellung Eberts als Beauftragter der vorläufigen Regierung ist schwach … Laßt uns mit zehn Divisionen in Berlin einmarschieren, schlägt die Oberste Heeresleitung vor. Aber Ebert zögert … Da stellt die Heeresleitung ein Ultimatum: Wenn die vorläufige Regierung nicht gegen die Spartakisten durchgreift, wird das Heer auf eigene Verantwortung handeln. Da gibt Ebert nach.

Einen Monat nach Abschluß des Waffenstillstandes, am 11. Dezember, marschieren die Regimenter in Berlin ein. Voran die Garde von Döberitz. Sie paradieren unter der Quadriga durch das Brandenburger Tor. Ihr Marschtritt hallt die »Linden« entlang. Es ist die Straße, auf denen ihre Väter ihre Siege gefeiert haben.

Die harte, bittere Wirklichkeit scheint vergessen zu sein. Selbst der bleiern blaue Himmel lügt an diesem Tag. Niemand hat den Mut zur Wahrheit. Man gaukelt sich einen trügerischen Sieg vor.

»Froh begrüßen wir euch in der Heimat«, ruft Ebert von der blumenumkränzten Tribüne herunter. »Kein Feind hat euch überwunden …« Eine Legende ist geboren …

Wenige Tage später peitschen wieder Gewehrschüsse Unter den Linden. Für Berlin wird es ein Weihnachten des Schreckens. Die Stadt teilt sich in weiß und rot. Freikorps bilden sich. Und Ebert wird nach Weimar gehen müssen, um die neue Republik zu gründen.

Aber nicht dort wird sich die Geschichte des nächsten Jahrzehnts entscheiden. Sie wird sich in München entscheiden, in der Stadt, in die der dreiundzwanzigjährige Ernst Udet zurückkehrt.

ZWEITER TEIL

DER FLIEGER

1.

Die beiden jungen Männer hatten sich am Friedensengel verabredet. Es war kurz vor elf Uhr, als ein Motorrad die enge
Kehre heraufbrauste und dann scharf stoppte.

Der junge Mann in karierten Knickerbockern, Pullover und
dem groben Tweedrock war Ernst Udet. Er ließ den Motor laufen, während er wartete. Über dem Lenker hing seine alte Fliegerbrille aus dem Krieg. Auch dem jungen Mann, der die Straße heruntergelaufen kam, baumelte eine Fliegerbrille aus der
Brusttasche.

»Und?« fragte von Greim. »Sind die Maschinen noch da?«

Udet nickte. Die Staffel des Freikorps von Epp war an diesem Sonntagmorgen, dem 4. Mai 1919, in München auf dem
Oberwiesenfeld gelandet … »Sie bewachen sie wie die Bank
von England«, sagte Udet.

»Was sind es für Apparate?« fragte von Greim.

»Pfalz und Fokker.« Udet stützte sich einen Augenblick auf
den Lenker. »Mensch, Greim« sagte er dann, »ich hatte schon
fast vergessen, wie schön so ein Vogel ist.«

Seit Monaten waren die beiden ehemaligen Flieger auf der
Jagd nach einem Flugzeug. Sie hatten nichts anderes im Kopf.
Sie waren auf jeden noch so vagen Tip, daß irgendwo ein Bau-
er in seiner Scheune eine alte Maschine versteckt hielt, auf die
Dörfer gefahren. Aber sie hatten kein Glück gehabt.

Von Greim schwang sich auf den Soziussitz. In diesem Augenblick begannen die Glocken zu läuten. Zuerst konnten sie
die einzelnen Kirchen noch unterscheiden, dann lag das
Dröhnen über der ganzen Stadt. Schon in der Prinzregenten-

straße mußten sie Schritt fahren. Eine riesige Menschenmenge flutete zum Odeonsplatz, um die Befreiung der Stadt von den »Roten« zu feiern. Vor der Feldherrnhalle spielte eine Militärkapelle. Feldküchen standen auf den Straßen, Männer gaben Essen aus. Immer wieder begegneten die beiden Flieger auf ihrem Weg zum Oberwiesenfeld berittenen Militärpatrouillen, die Männer mit roten Armbinden vor sich hertrieben.

Am 7. November 1918 hatte die Revolution in München ihr Regime errichtet. Ein paar Wochen hat das Volk an die Revolution geglaubt, aus Hunger, Enttäuschung und Haß gegen die, die ihnen bis zur letzten Stunde von einem Sieg gesprochen hatten. Kurt Eisner, der Vorsitzende des Arbeiter-, Bauern- und Soldatenrates, hat die Macht übernommen. Am 21. Februar 1919 tagt der Landtag. Wird Eisner zurücktreten? Niemand glaubt daran. Und wieder macht nicht die Vernunft, sondern eine Kugel Geschichte.

Beim erzbischöflichen Palais, am Promenadeplatz, wartet ein Zweiundzwanzigjähriger in einer Haustür. In seinem Zimmer hat er sich seinen Uniformrock angezogen, den Mantel übergehängt. Die feldgrauen Knöpfe sind abgetrennt. Er trägt die Pistole entsichert in seiner Manteltasche.

Jetzt wartet er, bis er die kleine schwarze Gestalt mit ihren Begleitern aus der Ministerpräsidentenkanzlei auf die Straße kommen sieht. Eisner ist auf dem Weg zum Landtag in der Prannerstraße. Der Zweiundzwanzigjährige tritt aus seiner Tür. Er blickt nicht links und nicht rechts. Dann schießt er aus kürzester Entfernung. Eisner ist sofort tot. Ein paar Männer zerren ihn in einen Toreingang. Die anderen haben den Attentäter niedergeschlagen. Sie zerren den Halbtoten von der Straße und durchsuchen seinen Rock. Sie finden keine Papiere. Später bringt man ihn ins Polizeipräsidium. Von dort in die Münchner Universitätsklinik in der Nußbaumstraße. Der Chefchirurg der Klinik, Hofrat Ferdinand Sauerbruch, operiert gerade, als sein Assistent ihm zuflüstert, wen man soeben eingeliefert hat – Graf Toni Arco-Valley. Sauerbruch rettet den Zweiundzwanzigjährigen.

An der Mordstelle bewachen Soldaten ein blumenbekränztes Bild Eisners. Jeder, der dort vorübergeht, muß grüßen. Der Arbeiter- und Soldatenrat jagt den Landtag auseinander. Man stürmt die Zeitungen, verhängt den Belagerungszustand, ruft die Räterepublik Bayern aus.

Um München haben sich Heimatbünde gebildet, Bauernwehren. Von Berlin rücken Freikorps heran. Immer enger schließt sich der Ring der »weißen« Truppen um die Stadt. Sie besetzen die Zufahrtstraßen.

Am Abend des 30. April 1919 stehen Gruppen von Menschen auf dem Odeonsplatz. In Trauben drängen sie sich um die Maueranschläge. Noch will keiner glauben, was geschehen ist. Sie lesen es im trüben Licht der Gaslaternen: Auf dem Hof des Luitpold-Gymnasiums hat man am Nachmittag dieses Tages zehn Geiseln liquidiert.

Plötzlich sind Tausende auf den Straßen. Dann sind es Zehntausende. Plötzlich haben sie Waffen in der Hand. Die Wachen an der Feldherrnhalle werden entwaffnet. Die Residenz wird besetzt. Auf dem Wittelsbacher Palais flattert eine weiß-blaue Fahne.

In den Morgenstunden gehen die am Ostufer der Isar liegenden Truppen zum Angriff über. Zwei Tage wird erbittert gekämpft. Die Brigade Ehrhardt bringt ihre Maschinengewehre auf dem Viktualienmarkt in Stellung. Das Bayerische Schützenkorps von Epp geht gegen Giesing vor. Fliegerstaffeln kreisen über der Stadt und werfen Flugblätter ab: »Die Truppen der Regierung brechen schonungslos jeden bewaffneten Widerstand, um der Not aller ein Ende zu machen. Lebensmittel, Kohlen und Rohstoffe stehen zur Einfuhr nach München bereit.« Am 4. Mai ist alles vorüber.

2

Im Oktober 1919 stand in der »Neuen Augsburger Zeitung«: »Schaufliegen zugunsten des Volksbundes für Kriegsgefangene.«

Sonntag, den 5. Oktober 1919, nachmittags drei Uhr, Flugplatz an der Haunstedter Straße: Kurven und Sturzflüge, Luftkampf, Fallschirm-Absprung und Passagierflüge während des Schaufliegens. Verlosung von fünf Passagierflügen. Flugkünste zeigen die beiden berühmten Kampfflieger Udet und von Greim. Udet in einer roten, Greim in einer hellen silbergrauen Kampfmaschine (schnittige und rassige Bauart). Geschwindigkeit: etwa 200 km je Stunde, mit einer direkt verblüffenden Wendigkeit.

Die in den Dienst der Passagierflüge gestellten Luftverkehrsflugzeuge, die größte Stabilität und Sicherheit verbürgen, sind wassergrün.

Sicherheitsvorkehrungen: Absperrung durch die Augsburger Stadtwehr. Beginnzeichen: eine weiße Leuchtrakete.

Konzertbegleitung: durch die Augsburger Infanteriekapelle.

Einen Tag später steht in der »Augsburger Zeitung« über Udets Vorführung: »In vollem steilem Aufstieg hat die Maschine Udets bald ›Loopinghöhe‹, und da stellt er sie auch schon auf den Kopf und reißt sie jäh empor. Sie überschlägt sich, fliegt auf dem Rücken, fängt sich wieder, seitlich gleitend, um dann in steilem Sturzflug auf das Publikum hinab und mit fünf Meter Abstand darüber hinwegzusausen. Nach zehn Minuten kommt, nach allerhand Wiederholungen und Varianten, die rote Kiste taumelnd, sicher und heil zum Startplatz zurückgehüpft, und nun macht Greim dasselbe in der silbergrauen. Nur, daß er sich im allgemeinen in größeren Höhen hält.«

Zehntausend waren an diesem Sonntag gekommen. Aber was sie sahen, war nicht der Kampfflieger Udet.

Ein Abschnitt im Leben dieses Mannes ging an jenem Tag zu Ende. Ein neuer begann. Udet – der Kunstflieger.

In ihm sollte Ernst Udet zu einem der gefeiertsten und popu-lärsten Flieger werden, den Deutschland je gehabt hat.

Greim und Udet wiederholten ihre Flüge in diesem Jahre noch in ganz Bayern. Dann hörten ihre Flüge von einem Tag zum an-deren auf. Der Versailler Friedensvertrag war in Kraft getreten. Überwachungskommissionen beherrschten Deutschland.

Lustlos und mißmutig stellte der Kellner im Café Fahrig am Karlstor in München die beiden Tabletts auf den Marmortisch. »Ihr Kaffee«, sagte er. Dann kehrte er an den Tisch zurück, an dem vier Männer Karten spielten, und blickte ihnen über die Schulter.

Die beiden jungen Männer an dem Marmortisch schoben die braune, undefinierbare Brühe beiseite. Udet stieß seine Ziga-rette in den Aschenbecher und zündete sich eine neue an.

»Irgend etwas Wahres muß doch daran sein«, sagte sein Gegenüber leise. Hans Herrmann hatte ein schmales, bleiches Gesicht und die Augen eines Menschen, der bei schlechtem Licht lange über einer Arbeit brütet. Herrmann war Konstruk-teur, und seine ganze Leidenschaft waren Flugzeuge.

»Wir sind so vorsichtig«, sagte Udet. »Ich glaube nicht, daß irgend jemand gemerkt hat, daß wir bauen. Und wenn – sie werden nicht gleich zu der Kommission rennen.«

»Wir haben jetzt schon so viel Arbeit hineingesteckt ...«, sagte Herrmann. Eine Weile hörten sie auf die Stimmen der Kartenspieler und auf das Geräusch, wenn sie ihre Karten auf den Tisch knallten.

»Ich werde mit Angermund sprechen«, sagte Udet. »Wenn uns jemand denunziert hat, vielleicht weiß er davon.«

»Hast du ihm erzählt, daß wir ...«

Udet schüttelte den Kopf. »Bis jetzt nicht. Er hat schon so genug zu verheimlichen ...«

Udet holte ein paar Geldscheine aus der Tasche und schob sie unter den Rand des Tabletts. »Wir treffen uns heute abend wieder draußen.« Er stand auf. »Nur nicht verrückt machen lassen«, sagte er, ehe er ging.

Das Café Fürstenhof in der Neuhauser Straße war einmal das Café der guten Gesellschaft Münchens gewesen. Aber im Januar 1920 hatten die Offiziere der interalliierten Luftfahrtüberwachungskommission vier Stockwerke des Hauses gemietet.

Die Franzosen, Italiener, Amerikaner und Engländer hatten in den ersten Wochen allein gearbeitet. Sie hatten sich, nicht zu Unrecht, wie sich herausstellte, ganz auf ihre Prämien verlassen. Jeder, der ihnen den Standort von versteckten Flugzeugen oder anderem Material verriet, konnte sie bei ihnen kassieren.

Aber dann war es immer häufiger vorgekommen, daß man die Offiziere bei ihren Beutefahrten beschimpfte, verprügelte. In einem kleinen Dorf hatten Bauern in der Nacht ein Kabel über die Straße gespannt, das dem französischen Offizier den Kopf abschlug ... Man fand die Täter nie, aber seither wagten die Offiziere sich nicht mehr allein aufs Land. Seither hatte man ihnen deutsche Begleitoffiziere gegeben. Einer dieser Offiziere war Oberleutnant Walter Angermund, ein alter Freund Udets.

Offiziere in fremden Uniformen kamen die Treppe herunter, als Udet in den Gang des Hauses trat. Im vierten Stock begegnete er dem Engländer. Udet trat beiseite. Er ließ ihn vorbeigehen. Dann ging er weiter. Ein breites, gedehntes »Hallo« rief ihn zurück. Der Engländer wies mit seiner Reitgerte auf die gläserne Eingangstür zum dritten Stock. »Wenn Sie eine Information für uns haben«, sagte er in tadellosem Deutsch, »hier bekommen Sie Ihre Belohnung.«

Udet wandte sich um. Er starrte in das rötliche Gesicht mit dem dichten, buschigen Bart auf der Oberlippe. Das überlegene Lächeln auf diesem Gesicht war kalt und arrogant.

»Sie meinen nicht mich!« sagte Udet. »Ich bin bestimmt der Falsche.« Der Engländer stieg wieder ein paar Stufen hinauf. Mit schnellen, nervösen Schlägen wippte die Gerte in seinen Händen gegen das rotbraune Leder seiner Reitstiefel. Dann trat er noch einen Schritt näher. Er tippte Udet mit seiner Gerte auf die Schulter. »Vorsicht«, sagte er, »wir wissen viel mehr, als Sie glauben ... Ich weiß zum Beispiel genau, wer Sie sind ...«

»Er kannte sogar meinen Namen«, sagte Udet zehn Minuten später zu Angermund in dessen Büro. Sie standen beide am Fenster. Es war ein föhniger Tag, und die beiden Türme der Frauenkirche jenseits der Straße waren zum Greifen nahe.

»Du bist eben ein berühmter Mann«, versuchte Angermund zu scherzen. Er setzte sich an seinen Schreibtisch. Seine Hände schoben die Akten weg. »Sie sind erstaunlich gut informiert«, sagte er dann. »Ich möchte nur wissen, woher sie zum Beispiel ihre Zahlen haben. Sie wissen genau, was an Flugzeugen in Deutschland sein muß. Sie werden bleiben, bis sie auch die letzte Schraube gefunden haben!«

»Aber meinen Namen ...?« fragte Udet.

»Sie wissen, auf wen sie besonders zu achten haben«, meinte Angermund. »Sie wissen, daß viele alte Flieger keine Ruhe geben werden, bis sie sich wieder eine Mühle flottgemacht haben. Sie haben alle eure Namen. Mit Bildern. Wie in der Verbrecherkartei.«

Udet war zur Tür getreten. Dort hing eine Dienstanweisung. »Befugnisse«, las er, »keine Befehlsgewalt, nur Einspruchsrecht schriftlich auf dem Dienstwege. Aufgaben: Die Mitglieder der Kommission vor wörtlicher und tätlicher Beleidigung zu schützen. Verkehr: Außerdienstlicher Verkehr mit ausländischen Offizieren verboten. Gemeinsames Essen auf Dienstreisen ist nach Möglichkeit zu vermeiden.«

»Hast du irgendwo eine Maschine aufgetrieben?« fragte Angermund.

Udet nahm eine von den Zigaretten, die Angermund ihm über den Tisch zuschob. Dann beugte er sich weit über den Tisch. Er zog Angermund am Revers seines Uniformrockes näher zu sich heran. »Wir bauen seit einigen Wochen«, sagte er. »Herrmann hat eine Maschine konstruiert ... Du solltest die Pläne sehen! Wenn uns das Geld nicht ausgeht, werden wir in einigen Monaten ...«

»Ihr seid verrückt«, unterbrach Angermund. »Ihr bringt euch noch um Kopf und Kragen.« Er war aufgesprungen. Er war gut einen Kopf größer als Udet. Udet blickte lachend zu ihm auf. »Noch einen Kopf kleiner …?« meinte er lachend.

»Wo baut ihr?« fragte Angermund ernst.

»Es ist besser, du weißt nichts davon«, wich Udet aus.

»Es ist besser, ich weiß es«, sagte Angermund bestimmt. »Früher hat man uns nie gesagt, wohin es ging. Sie packen uns in ihre Autos. Immer drei Alliierte, denn sie trauen einander selbst nicht. Auch jetzt erfahren wir erst im letzten Augenblick, wohin es geht. Aber das genügt …« Er hatte einen Zettel aus seiner Brusttasche geholt. Eine Telefonnummer stand darauf. »Wir haben dort immer einen Mann sitzen«, erklärte Angermund. »Sobald wir wissen, wohin es geht, braucht nur jemand von uns dort anzurufen … Bis die Herren dann hinkommen, ist alles weggeräumt.«

»Wir bauen in einem alten Schuppen«, sagte Udet. »In Milbertshofen. Herrmann glaubt, daß man uns in den letzten Nächten beobachtet hat … aber vielleicht sieht er nur Gespenster …«

Es war dunkel, als Udet die Ingolstädter Straße entlangjagte. Wie immer raste er nach der Stoppuhr, die in der Brusttasche seines Rockes tickte. Er drosselte das Motorrad erst, als er in den Feldweg einbog. Die letzten fünfhundert Meter fuhr er ohne Licht. Als er die Zeltplane über das Motorrad geworfen hatte, klopfte er an ein Fenster der langgestreckten Baracke. Er klopfte dreimal, wartete, klopfte noch einmal. Die drei schmalen, tiefblau gestrichenen Rechtecke der Fenster wurden dunkel. Eine Tür bewegte sich in ihren verquollenen Scharnieren.

Die beiden Männer hatten schon etwa zwei Stunden gearbeitet, als sie den Motor eines Wagens hörten. Das Geräusch übertönte plötzlich das helle Schleifen des Hobels. Eine Sekunde blickten sich Udet und Herrmann an, dann gingen ihre Blicke über das Gerippe der Tragflächen, den halbfertigen Rumpf … Es war eine Sekunde des Zögerns, eine Sekunde, die fast einem Aufgeben ihrer großen Pläne gleichkam.

Dann drehte Udet die Birne in ihrer Fassung locker. Der Raum versank im Dunkeln. Herrmann hatte die Pläne vom Tisch gerafft.

Als Udet die Tür Zentimeter um Zentimeter aufstieß, stand der Wagen etwa fünfzig Meter vor der Baracke. Der Motor lief leise.

Dann sahen sie die schlanke Gestalt aussteigen. Sie konnten den Mann nicht erkennen.

Im Licht der abgeblendeten Scheinwerfer sahen sie nur seine blankgewichsten Reitstiefel, als er auf die Baracke zuschritt.

»Paß auf«, flüsterte Udet, »es wird dieser Engländer sein …« Er schlug die Tür hinter sich zu. Er lehnte sich mit dem Rücken gegen das Holz. Dann stand der Mann vor ihnen. Das Gesicht lag im Dunkel. Er trug Uniform, Reitstiefel, Reithose. Die knapp auf dem Leib sitzende Uniformjacke wurde von einem breiten glänzenden Koppel noch enger geschnürt. Er trug keine englische Uniform, und als der Offizier sie ansprach, hörten sie das etwas singende Deutsch eines Mannes aus dem Süden.

»Muß Sie stören«, sagte er. Eine schlanke Hand in einem engen Lederhandschuh wies auf die Tür des Schuppens. »Wir wollen da drin sprechen.«

Udet hatte die kalte Stimme des Engländers erwartet. Er war so überrascht, daß er widerstandslos die Tür öffnete. Als das Licht in der schmalen Baracke wieder aufflammte, machte der Offizier eine steife, korrekte Verbeugung. Er nannte seinen Namen. Es war ein italienischer Name. Udet antwortete nicht. Herrmann hielt die Pläne, die er vorher zusammengerafft hatte, noch immer unter seinem Jackett verborgen. Jetzt legte er die Rolle in ein Regal.

Der italienische Offizier sah sich in der Werkstatt um. Er tat es mit der herrischen Sicherheit des Siegers. Der Rumpf der Maschine mit dem Fahrgestell stand an der Seitenwand vor den Fenstern.

»Sie werden mir erlauben«, sagte der Offizier. Wenn er sprach, veränderte das schmale Bärtchen über seinen schmalen Lippen die messerscharfe gerade Linie. Er wartete eine

Antwort nicht ab. Er streifte die Handschuhe von den Händen. Er glättete sie und zog sie hinter das enge Koppel. Mit dem eigenartigen, etwas o-beinigen Gang eines Mannes, der einmal viel geritten sein mußte, ging er um den Rumpf des kleinen Tiefdeckers herum. Er beklopfte den mit Sperrholz beplankten Rumpf, trat an die noch motorlose Schnauze, schritt hinüber zu den Tragflächen, prüfte die Stoffbespannung über den Holmen ...

Herrmann beobachtete jede Bewegung des Offiziers. Das Gesicht des Konstrukteurs war schneeweiß. Er schien es fast wie einen körperlichen Schmerz zu empfinden, wenn der Offizier die Maschine berührte. Er zuckte jedesmal zusammen.

Der Offizier hatte seine Besichtigung beendet. Er schien ganz zufrieden zu sein. Mit einem etwas mürrischen Ausdruck trat er von der Maschine zurück. Eine bedrohliche Stille war plötzlich im Raum, als das Knarren der Dielen unter seinen Stiefeln aufhörte. Der italienische Offizier blickte unsicher zu Herrmann hinüber. Der Konstrukteur lehnte an der Werkbank. In seiner Hand lag ein Holzstück. Der Italiener warf den Kopf herum. Udet stand an der Tür, die Hände auf dem Rücken verschränkt, mit zusammengekniffenen Lippen.

Das leise Knacken von frisch geleimtem Holz, das sich verzog, klang überlaut. Das Atmen der drei Männer ... selbst das Sirren der feinen Drähte in der Birne, die an einem Kabel von der Decke herunterhing, war jetzt hörbar. Aus dem Gesicht des Offiziers war jetzt alle Überlegenheit gewichen. Es war das Gesicht eines Menschen, der plötzlich merkte, daß er in eine Falle geraten ist.

»Sie sind«, sagte er dann, die einzelnen Worte suchend, »Sie sind noch nicht sehr weit.« Wieder antwortete ihm nur das Schweigen der beiden Deutschen. Er zog nervös die Handschuhe aus dem Koppel, schlug sie klatschend in die flache Hand.

In diesem Augenblick hämmerte jemand gegen die Tür. Mit ein paar schnellen Schritten war Udet bei dem Offizier.

»Schicken Sie ihn weg!« sagte er. »Dieses Gespräch werden wir hier allein zu Ende führen.«

Der Offizier blickte wieder von einem zum anderen. Dann nickte er. Udet blieb neben ihm, als der Offizier die Tür einen Spalt aufmachte. Der Offizier sagte ein paar Worte auf italienisch. Dann schlug Udet die Tür zu, schob den Riegel vor.

»Biete ihm doch einen Platz an«, sagte Udet zu Herrmann. Der Konstrukteur zog mit dem Fuß einen Hocker unter der Werkbank hervor. Dann stieß er ihn mit den Füßen ein paar Meter über den Boden.

»Vielen Dank.« Der Offizier schüttelte den Kopf. Er blickte auf seine Stiefel. Dann nahm er die Handschuhe und schlug sich die Sägespäne und den mehligen, weißen Staub von den blankgewichsten Schäften der Reitstiefel.

»Nur durch einen Zufall bin ich hier. Wir haben erfahren ...«

»Durch wen?« Herrmann warf das Holzstück in eine Kiste und kam dann näher. »Das interessiert uns vor allem. Wer wollte sich eine Prämie verdienen?«

Der Offizier lächelte. »Ich werde es nicht sagen ... Bestimmt nicht. Jemand kam zu Major Hasting.«

»Der englische Major?« fragte Udet.

Der Italiener nickte. »Wir sind nicht so alliiert«, sagte er dann. »Was der Engländer erfährt, sagt er nicht immer den Italienern. Und was wir wissen, muß nicht jeder Engländer wissen. Aber die Sekretärin hat was übrig für italienische Offiziere ...« Der Offizier schien jetzt seine Befangenheit überwunden zu haben.

»Also gut«, sagte Udet, »Sie haben unseren kleinen Vogel gesehen. Was wollen Sie nun tun? Ich weiß, Sie können uns die Bude hier ausräumen. – Sie können uns die Flügel beschneiden – aber sie wachsen nach.«

Der Italiener blickte sich wieder in der Werkstatt um, dann streifte er die Handschuhe über. Er hatte plötzlich wieder die Haltung des Siegers. »Sie kennen das Verbot genau ...«, sagte er. »Ich gehe jetzt. – Sie sollen nicht sagen können, daß Sie nicht auch ritterliche Feinde haben.« Mit ein paar schnellen Schritten durchquerte der Offizier den Raum. Er hatte die Tür schon geöffnet, als er sich noch einmal umwandte.

»Major Hasting wird morgen früh hier erscheinen ...« sagte er. Er setzte die Mütze auf und zog sie elegant nach hinten.

Zwei Stunden später rumpelte eine seltsame Fuhre langsam den Feldweg vor der Baracke entlang. Wie ein unförmiges Boot schaukelte der Flugzeugrumpf mit den seitlich angelegten Tragflächen hinter dem Motorrad her. Alle Zeltplanen waren mit Stricken um den Rumpf gezurrt. So ging es im Zehnkilometertempo auf Umwegen zu einem neuen Versteck.

3.

Am 25. Februar 1920 feierten ein paar Freunde in einem kleinen Nebenzimmer des Hotels Regina die Hochzeit des Oberleutnants der Reserve Ernst Udet mit Lo Zink.

Udet trug an diesem Tag seine Weltkriegsuniform mit allen Orden. Lo hatte darum gebeten. Ihre Eltern hatten der Heirat mit dem stellungslosen Offizier nur widerstrebend zugestimmt. Aber Lo war jung. Sie klammerte sich an die Erinnerung: Für sie war Udet noch immer der junge Held des ersten Krieges.

So begann diese Ehe mit einer Täuschung. Denn die Wirklichkeit war anders: Die Wirklichkeit, das waren zwei Zimmer, die ihnen ein Freund in seiner Wohnung in der Widenmayerstraße abgetreten hatte. Die Wirklichkeit war ein junger vierundzwanzigjähriger Mann, für den das Leben noch ein großes Abenteuer war und der sich sehr bald an die Kette gelegt fühlte.

Er lebte sein altes Leben weiter. Er fuhr Motorradrennen. Er flog als Pilot der Rumpler Werke in Augsburg, die mit umgebauten Kriegsflugzeugen den Luftverkehr Deutschland-Österreich eröffnen wollten. Zwei Jahre dauerte die Ehe Ernst Udets mit Lo Zink. Dann trennten sie sich. Sie trennten sich ohne

Tränen. Sie werden erst später verstehen, daß es gut für beide war; denn sie konnte nicht sein Leben – und er wollte nicht ihr Leben leben.

In München-Ramersdorf war inzwischen eine kleine Fabrik entstanden, und der Mann, dem Udet dies zu verdanken hatte, war ein Amerikaner aus Milwaukee. Mr. William Pohl hatte Udet das erste Mal Ende 1921 aufgesucht. Pohl wollte ein Sportflugzeug für jedermann bauen; auch den Namen wußte er schon: »Aero-body«. In Berlin hatte ein amerikanischer Zeitungsmann Mr. William Pohl an Udet verwiesen, und so war Pohl eines Tages in München erschienen und hatte dem erstaunten jungen Deutschen angeboten, eine Flugzeugfabrikation mit ihm zu gründen.

Der erste Brief, den der »Flugzeugfabrikant« Ernst Udet am 26. November 1921 an den Amerikaner Pohl schrieb, lautete folgendermaßen:

München, Widenmayerstraße 46
Mein sehr verehrter, lieber Herr Pohl,
ich möchte Sie heute kurz unterrichten, was bis dato in der Angelegenheit Kleinflugzeugbau in die Wege geleitet wurde. Als Motor kommt vorerst der 30 PS Haacke in Frage, der mir mit M 16 000 offeriert wurde. Ich finde den Preis den heutigen Verhältnissen nach nicht hoch und werde ihn morgen bestellen, um Preiserhöhungen zu vermeiden. Im übrigen scheint der Motor ziemlich verbessert zu sein, denn es wurden mit ihm in letzter Zeit 3800 m Höhe geschafft – eine gute Leistung für 30 PS!

Ich habe einen Universalmann gefunden! Er konstruiert, macht Beschläge und Detailzeichnungen und ist Motorenfachmann. Da er schon seit 1909 in der Fliegerei tätig ist, besitzt er reiche Erfahrungen und kann auch die Schreinerarbeiten überwachen. Der Name des Universalmannes, der auch über allerhand Spannschlösser und andere nützliche Gegenstände verfügt, ist Schmidt. Von Mitte Dezember an werde ich ihn auf drei Monate fest engagieren.

Die Konstruktionszeichnungen werden in ungefähr zehn Tagen fertig sein und werden dann in Berlin von dem Statiker Weyl nachgerechnet. Mitte Dezember kann mit dem eigentlichen Bau begonnen werden. Zunächst in München, dann auf dem Flugplatz Schleißheim. Mitte März spätestens ist Flugzeug No. I flugfertig.

Ernst Udet.«

Im Februar 1922 wird das allgemeine Flugverbot für Deutschland aufgehoben, und Mitte März startet wirklich das erste Udet-Flugzeug von dem Platz in Schleißheim bei München. Bald ist ein zweites fertig. Und doch – jetzt, wo es soweit war, schien die ganze Arbeit der letzten Jahre vergeblich gewesen zu sein, denn schon kündet sich die Inflation an. Sie hatten zwei Flugzeuge – sie konnten fliegen. Aber davon leben? Sie dachten, jedermann würde sie ihnen abkaufen. Aber wer hat jetzt noch das Geld, sich ein Flugzeug zu kaufen? –

Es war Angermund, der Udet auf eine Idee brachte. Nachdem die Interalliierte Luftfahrtüberwachungskommission in München aufgelöst war, hatte Angermund die Leitung des Junkers-Luftverkehrs für Süddeutschland übernommen. Seine Maschinen, die Ganzmetall-Junkers F 13, flogen die Route München–Zürich–Genf–München–Berlin, München–Frankfurt und München–Wien–Budapest. Aber damit allein konnte Angermund sich und seine Monteure nicht über Wasser halten.

So hatte er mit einigen Junkers F 13 im Sommer 1922 einen Bedarfsflugdienst nach Oberammergau eingerichtet. Zum erstenmal seit dem Kriege wurden dort wieder die Festspiele abgehalten. Von Mai bis Ende September flogen die Junkersmaschinen Amerikaner von München bis auf eine Wiese ein paar hundert Meter vom Festspielhaus – denn die Amerikaner zahlten in Dollar. Vier Dollar für den Hin- und Rückflug. Vier Dollar – das waren im Juli 1922 viertausend Mark. Der Dollar wurde zum Zauberwort. Auch Mr. Pohls Dollars halfen dem jungen Unternehmen über die schlimmste Zeit hinweg. Am

114

23. Oktober 1922 erschienen vier junge Männer mit ihrem neuen Geldgeber, dem Amerikaner, in der Münchner Industrie- und Handelskammer. Sie ließen ein neues Unternehmen eintragen, den »Udet-Flugzeugbau«: »Gesellschafter: Ernst Udet, Heinz Pohl, der Bruder von William Pohl, Diplomingenieur Erich Scheuermann, Diplomingenieur Hans Herrmann. Gründungskapital: Hunderttausend Reichsmark.«

Aber Mr. Pohl gab nicht nur Dollars für die Firma. Udet, Namengeber, Einflieger und Repräsentant des Unternehmens, sollte auch standesgemäß wohnen. So zog Ernst Udet auf Kosten der Firma Ende des Jahres ins Hotel »Vier Jahreszeiten«. In die Zimmer dreizehn und vierzehn im ersten Stock.

Aus den Baracken in München-Ramersdorf wurde bald eine kleine Fabrik mit zwanzig Mann Belegschaft. Neue Typen entstanden. Immer bessere Maschinen wurden gebaut. Leichte Sportflugzeuge, kleine zweisitzige Verkehrsmaschinen. Und das größte Wunder – man verkaufte sie sogar. Im November 1923 standen vier Maschinen des Udet-Flugzeugbaus in einer Halle auf dem Flugplatz Schleißheim. Als Udet am Abend des 8. November von seinem Fenster im Hotel »Vier Jahreszeiten« die Kolonnen durch die Straßen marschieren sah, konnte er nicht ahnen, daß diese vier Flugzeuge ihn unmittelbar mit jenen Männern in Berührung bringen würden, die in der kommenden Nacht zum erstenmal nach der Macht griffen.

Nur ein paar Gäste saßen in der Halle des Hotels, als Udet die Treppen hinunterschritt. Die anderen standen an den Fenstern und blickten auf die Straße. Udet trat zu der Portierloge. »Was ist denn wieder los?« fragte er.

Der Portier zuckte die Achseln. »Was wird los sein? Sie werden halt wieder marschieren … Da soll sich einer noch auskennen …«

Udet pfiff seinem französischen Bulli; der schwarz-weiß gefleckte Hund folgte ihm, als er hinausging. Auch unter den Säulen der überdachten Auffahrt standen Gäste. Ein paar Damen hatten sich ihre Pelzmäntel lose übergehängt. Ein Hauch von schwerem Parfüm umschwebte sie. »Ihr Bayern, was macht ihr denn für wilde Sachen?« sagte plötzlich der Mann, der neben Udet stand.

»Ach, wissen Sie«, antwortete Udet, »wir Münchner, wir haben uns daran gewöhnt.«

Ein Lastwagen ratterte in diesem Augenblick die Straße herunter. Auf der Ladefläche standen Männer in verschossenen Windjacken, schwarzweißrote Binden mit Hakenkreuz auf dem linken Ärmel. Die Männer auf dem Wagen sangen. Niemand sagte ein Wort, als der Wagen vorbeifuhr. Dann lag die Straße wieder still und verlassen. Doch der harte, rauhe Gesang hing noch in der Luft.

»Schaurig«, sagte irgend jemand in die Stille hinein. Es war wie ein Stichwort. Plötzlich begannen sie alle erregt zu diskutieren.

»Haben Sie ihn mal reden gehört?« sagte der Mann neben Udet.

»Wen?«

»Nun, diesen Hitler.«

Udet schüttelte den Kopf, nahm den Hund kürzer an die Leine und trat auf die Straße hinaus. »Das ist für die Fremden«, sagte er leichthin, als der Mann sich ihm anschloß. »Es scheint eine Attraktion zu sein. Jeder, der hierher auf Besuch kommt, will unbedingt in den Zirkus Krone.«

»Sie waren noch nicht dort?« fragte der Mann.

»Sie denn?«

»Ja, ich war da. Ich muß sagen ... Ja, also, der Mann ist großartig!«

»Großartig?« fragte Udet. »Ja, ich weiß nicht ... Der stiftet doch ziemlich viel Unruhe.«

»Ja, das habe ich vorher auch gedacht. Aber wenn man ihn erst einmal gehört hat ... Ehrlich, man wird ganz mitgerissen. Und was er sagt ... Sehen Sie, es kann doch wirklich nicht so weitergehen. Es muß doch anders werden ...«

Sie schritten schweigend nebeneinander her. An einer Litfaßsäule hingen ein paar rote Plakate. – Es war ein bitteres

Jahr gewesen. Es hatte mit dem Einmarsch französischer Truppen ins Ruhrgebiet begonnen, und es hatte ein ganzes Volk in den Strudel der Inflation gestürzt. Ein schon durch den Krieg verarmtes Volk hatte seine letzten Werte für Papiergeld verkauft, das schon am andern Tag wieder an Wert verloren hatte. Am Morgen des 8. November stand der Dollarkurs auf zweihunderttausend Milliarden Mark.

»Sehen Sie«, sagte der Mann, »die in Berlin, die werden uns nicht retten … Ich glaub's nicht …« Er sprach ruhig und ohne Leidenschaft. Er schien gar nicht auf seinen Zuhörer zu achten. Er sprach, als wolle er selbst seine Empfindungen prüfen und ordnen.

»Was will er denn?« fragte Udet. »Ich höre immer nur, was er nicht will …«

»Sie müßten ihn einmal reden hören … Sie haben plötzlich das Gefühl, da ist einer, der spricht wie wir. Der hat auch im Schützengraben gelegen … Sie sollten die Leute mal beobachten, die ihm zuhören. Es sind alles Menschen, die jeden Tag selbst erleben, was er ihnen sagt.«

»Trotzdem«, sagte Udet, »mit solchen Methoden kann man nicht kämpfen …« Sie waren bis zum Maximilian-Denkmal gelaufen. In diesem Augenblick kam aus der Thierschstraße ein Trupp SA-Männer. An der Spitze marschierte ein breiter, untersetzter Mann. Udet starrte auf das Gesicht unter der Mütze mit dem Sturmriemen. Der Mann kam so nahe vorbei, daß Udet den Pour le mérite zwischen den Revers des langen ledernen Mantels, den der Mann trug, aufleuchten sah. Udet murmelte eine kurze Entschuldigung. Dann ging er schnell die Straße zurück.

Zehn Minuten später trat Udet ins Café Fürstenhof. Dort hatte er sich mit Angermund für diesen Abend verabredet. In den alten Räumen, in denen Angermund als Begleitoffizier bei der Interalliierten Luftfahrtüberwachungskommission gesessen hatte, waren jetzt die Büros des Junkers-Luftverkehrs.

Angermund schien von der Unruhe und Nervosität in der

Stadt wenig beeindruckt zu sein. »Wieder mal ein toller Rummel, was?« sagte er.

»Weißt du, wen ich gesehen habe?« platzte Udet heraus. »Meinen alten Kommandeur. – Göring, mit einem Trupp SA am Max II.-Denkmal. Er ist dick geworden, aber er war es bestimmt. Der Pour le mérite baumelte ihm am Hals.«

»Der ist auch dabei?« sagte Angermund.

Sie saßen an einem Tisch am Fenster. Als Angermund die Gardinen beiseite schob, sahen sie auf der Straße Reichswehr vorbeimarschieren. »Heute ist wieder mal ganz München auf der Straße«, meinte Angermund.

Der Bürgerbräukeller in der Rosenheimer Straße war Treffpunkt der Alt-Münchner Gesellschaft. Es war kein Lokal, in dem die NSDAP Veranstaltungen abhielt. Am Abend des 8. November war im Bürgerbräukeller alles vertreten, was in den Münchner nationalistischen und monarchistischen Kreisen Rang und Namen hatte. Schon vor Wochen war jener Plan gefaßt worden, der an diesem Abend verwirklicht werden sollte: Die Wittelsbacher sollten wieder auf ihren Thron gesetzt werden. Truppen sollten nach Berlin marschieren, um die Regierungsgewalt des Reiches an sich zu bringen.

Wochenlang hatte das Tauziehen um diesen Plan zwischen dem Generalstaatskommissar Dr. von Kahr, dem Polizeioberst von Seisser und dem Reichswehr-General von Lossow gedauert. Hitlers Vertrauensleute innerhalb der Reichswehr hatten dafür gesorgt, daß er rechtzeitig erfuhr, was an diesem Abend geplant war.

Es war kurz nach acht Uhr, als ein roter Mercedes in der Rosenheimer Straße vorfuhr. Vier Männer stiegen aus, Amann, Rosenberg, Hitler und sein Leibwächter Ulrich Graf. Kahr hatte schon mit seiner Rede begonnen, als die vier Männer an der Garderobe ihre Mäntel abgaben. Eine halbe Stunde lang standen sie unbemerkt im Saal, Hitler im dunklen Cut, das Eiserne Kreuz auf der Brust. Es war kurz nach acht Uhr, als die breiten Saaltüren aufgerissen wurden und Göring an der Spitze von fünfundzwanzig Braunhemden in den Saal stürmte. In der Eingangshalle lagen zwei Männer hinter Maschinengewehren …

Als Udet und Angermund sich im Café Fürstenhof trennten, wußte man in der Stadt noch nichts von dem, was sich im Bürgerbräukeller anbahnte.

Es war gegen fünf Uhr in der Frühe, als es in der Wohnung von Angermund schellte. Er war sofort hellwach. Er hatte kaum geschlafen. Immer wieder hatte ihn das Geräusch marschierender Kolonnen aufgeschreckt. Wieder schellte es, schrill und anhaltend. Angermund stand auf, trat ans Fenster. Er blickte auf den Stachus. Eine Frau schob ihren Karren über das nasse Pflaster. Sie trug die ersten Zeitungen aus.

Seine Nummer der Münchner Neuesten Nachrichten vom 9. November lag auf dem Boden vor der Tür. Angermund nahm sie auf, ehe er öffnete. Vor der Tür stand ein Mann in der Uniform eines Husarenleutnants. Der Mann grüßte militärisch, klappte die Hacken zusammen.

»Komische Zeit«, brummte Angermund.

»Sind Sie Walter Angermund?« fragte der Leutnant.

»Wie kommen Sie überhaupt hier herein?« wollte Angermund wissen.

»Ja, wissen Sie denn nicht, was sich hier über Nacht getan hat?« fragte der Leutnant mit einer Stimme, die schneidig klingen sollte.

Angermund faltete die Zeitung auseinander. Er las die Schlagzeile, dann blickte er auf. »Ich sehe«, sagte er ruhig. »Einsetzung eines nationalen Direktoriums … Was soll das heißen?«

»Wir sind jetzt an die Macht gekommen.« Der Leutnant nahm unwillkürlich Haltung an. Er schob seine Pistole am Koppel zurück, steckte beide Daumen hinter den Ledergürtel.

»Wir? Was heißt wir?«

»Ich bin von der Reichskriegsflagge«, antwortete der Leutnant. »Wir marschieren mit Hitler. Die Regierung in Berlin ist abgesetzt. Dr. von Kahr ist Statthalter Bayerns. Pöhner bayrischer Ministerpräsident. Ludendorff Chef der Nationalarmee. Und Hitler der politische Leiter der provisorischen nationalen Regierung.« Der Leutnant hatte die Tür aufgestoßen. »Man hat mich geschickt, damit Sie mir Ihre Flugzeuge übergeben«, sagte er ... »Sie sind doch der Direktor des Junkers-Luftverkehrs?«

»Unsere Flugzeuge wollen Sie haben?« sagte Angermund. »Und was soll damit geschehen?«

»Wir brauchen selbstverständlich Flugzeuge«, antwortete der Leutnant. »Wir werden unsere Stäbe nach Norden fliegen.«

»Nach Norden?«

Der Leutnant schien seine Ruhe zu verlieren. Er hatte ein junges weiches Gesicht. Nur mit Mühe gab er seiner Stimme jenen drohenden Klang, den er in dieser Stunde für angebracht hielt. »Wir brauchen die Maschinen in einigen Stunden. Wir werden selbstverständlich für alles aufkommen. Aber wenn Sie sich weigern sollten ...«

»Das muß ich mir überlegen«, sagte Angermund kalt. »Woher weiß ich, daß Sie zahlungskräftig sind? Ich muß prompt zu meinem Geld kommen. Das sind nicht meine Maschinen ... Kommen Sie in einer Stunde wieder.« Er erwartete, daß der Mann ihm folgen würde. Der Leutnant salutierte.

Angermund atmete auf und drückte die Tür ins Schloß.

Kurz nach sechs Uhr trat die Zeitungsfrau in ihrem zerschlissenen Mantel in die Halle des Münchner Hotels »Vier Jahreszeiten«. Ein wenig Schnee lag auf den Schultern der Frau. Sie zögerte, als sie den Offizier sah, der mit kurzen, abgezirkelten Schritten die Halle durchquerte.

Der Nachtportier erhob sich hinter seiner abgeschirmten Lampe. Er wich dem Offizier aus, als er der Zeitungsfrau entgegenging. Mit klammen Fingern zählte die Frau die Exemplare ab. Dann ging sie schnell davon. Die Tasche zog schwer an ihrer Schulter und machte ihre Gestalt noch gebeugter.

Der Portier verteilte die Exemplare der Münchner Neuesten

Nachrichten in die Schlüsselfächer. Dann setzte er sich, rückte ein Exemplar in den Lichtschein der Lampe. Er überflog die Schlagzeile der Ausgabe vom 9. November 1923 und begann zu lesen, aber das Geräusch der Schritte irritierte ihn. Er schob das Blatt beiseite. Er starrte auf die Stiefel, die hin- und herschritten, und zählte die Schritte mit. Immer beim zwanzigsten Schritt wendete der Offizier vor der Loge, aber diesmal blieb er stehen. Sein Gesicht war blaß und übernächtigt.

»Rufen Sie nochmals in Zimmer vierzehn an«, sagte er im Befehlston. »Fragen Sie ... nein, verbinden Sie mich!«

Der Portier wies auf den flackernden grünen Knopf auf der Schalttafel. »Nummer vierzehn spricht«, sagte er.

Zimmer vierzehn lag im ersten Stock am Ende des Korridors. Das Telefon stand auf einem kleinen Tischchen am Fenster. »Angermund ...«, sagte Ernst Udet. »Hörst du ... hier bei mir tut sich was. Man will meine Maschinen haben. Ich habe den Mann erst einmal abgewimmelt ...«

Für Sekunden glich der Hörer einer Muschel, die nur das Atmen wiedergab.

»Sie waren auch bei dir?« sagte Angermund dann. Plötzlich lachte er. »Auch mich haben sie aus dem Bett geläutet. Ein Husarenleutnant. So eine Uniform gilt überall, nur nicht in Bayern. Sagte, sie wollen mit den Maschinen losfliegen, mit Stäben an Bord ... In einer Stunde will der Mann wiederkommen.« Die Stimme Angermunds klang plötzlich zögernd. »Meine Maschinen stehen in Schleißheim. Zur Generalüberholung. Ich glaub' nicht, daß sie überhaupt damit fliegen können ... Ich werd' die Flugpolizei anrufen. Da werden sie ja Bescheid wissen.«

»Ich habe vier Maschinen in Schleißheim stehen«, sagte Udet. »Ich fahr auf jeden Fall raus. Da kommt kein fremder Hintern rein!«

Der Offizier wartete nicht mehr, als Udet die Treppen hinunterstürmte. »Er ist eben abmarschiert«, erklärte der Portier. »Ein Auto hat ihn abgeholt ... Es scheint was schiefgegangen zu sein.«

Udet trat auf die Straße. Der Schnee trieb in dünnen Schauern durch die Lichtkegel der Lampen und verging sofort auf dem Asphalt. Über der Stadt dämmerte schon der trübe, düstere Morgen herauf. Lastwagen ratterten über das Pflaster. Aus Nebenstraßen klang der Tritt marschierender Kolonnen. Die Strophe eines Liedes wehte für Sekunden heran ... »Als die gold'ne Abendsonne ...« und zerriß dann jäh. Drei, vier Männer klebten hastig Zettel an die Mauern. An der nächsten Straßenecke war Polizei dabei, sie herunterzureißen.

Auf dem Flugplatz in Schleißheim kauerten Soldaten zwischen Gewehrpyramiden um ein flackerndes Feuer. Es sah aus wie das Biwak aus einem verstaubten Theaterstück. Auch die Halle, in der Udets Maschinen standen, war von Posten bewacht.

Einer der Männer trat auf den Wagen zu, der vor der Halle hielt. Der Mann trug die Schulterstücke eines Hauptmanns. Sein breites, bäuerliches Gesicht strahlte, als Udet seinen Namen nannte.

»Machens sich keine Sorgen«, sagte er. »Hier hört alles auf mein Kommando ...«

»Was wird eigentlich gespielt?« fragte Udet. »Es heißt doch ...«

»Alles zurückgepfiffen«, unterbrach der Hauptmann. »Wir sind alle erpreßt worden, gestern abend ... Ich war selbst dabei, im Bürgerbräukeller ... Um neun Uhr hat der Hitler mit seinen Leuten den Saal besetzt. Maschinengewehre habens gehabt ... Die Weiber fielen in Ohnmacht und Tische san umgestürzt. Und dann hat der Hitler einen Schuß in die Saaldecke abgegeben. Totenstill war's, als er auf dem Podium stand und verkündete, die nationale Revolution sei ausgebrochen ... Unsern Dr. von Kahr, den General Lossow, den Polizeioberst von Seisser habens mit einer Eskorte in ein Nebenzimmer geführt. Dort habens verhandelt. Dann hat der Hitler wieder geredet. Das kann er ja ... plötzlich warns alle dafür. Die Leut haben getobt ... Und dann sans alle auf der Rednertribüne erschienen, nacheinander – der von Kahr, der Ludendorff, der Lossow und der Seisser ... daß sie einverstanden sein, und daß sie sich der neuen deutschen nationalen Regierung zur Verfügung stellen werden. Jeder hat's glaubt. Und dann haben alle einen Eid geschworen und das Deutschlandlied gesungen ...«

Der Offizier hob das Gewehr in seinen Händen. Seine Fäuste umklammerten es wie einen Dreschflegel. »Aber erpreßt sans worden«, sagte er dann. »Und der Hitler hat den Fehler gemacht, daß er die Vögel hat ausfliegen lassen. Überhaupt, a paar Jahre, wenn er noch gewartet hätt' ... Der ist doch sonst ganz a gescheiter Mann ... Aber jetzt haben wir den Spieß umgedreht. Der von Kahr, der Lossow und Seisser haben sich in einer Kaserne verschanzt und Befehl gegeben: ›Mit Waffengewalt erpreßte Stellungnahme in der Bürgerbräuversammlung ungültig‹ ... Jetzt sollen die Brüder schaun, daß sie aus der Stadt rauskemma, sonst gibt's Prügel ...«

Die Spannung der letzten Stunden wich von Udet.

»Und die Flugapparate«, sagte der Hauptmann, »da machens sich keine Sorgen weiter, Herr Udet. Hier ist alles scharf geladen, hier fliegt nichts ohne mein Kommando ...«

Auf den Gesichtern der Männer im Bürgerbräukeller liegt quälende Ungewißheit. Achthundert waren es gestern abend – heute morgen sind es weit über tausend. Sie tragen die abenteuerlichsten Uniformen, die meisten aber stehen in dünnen Hemden frierend in der Eingangshalle und vor dem grauen Gebäude herum. Ein paar Frauen verteilen Brote aus Waschkörben.

Im Hof spielt ein Musikzug Kriegslieder. Aber der Takt ist müde, und die Einsätze stimmen nicht.

Nur einige Männer, die man zur Erkundung in die Stadt geschickt hat, kommen wieder zurück. Die Nachrichten, die sie mitbringen, klingen entmutigend. Alle wichtigen Punkte der Stadt sind von der Reichswehr oder der Polizei besetzt. Der Hauptmann Ernst Röhm, der auf ihrer Seite steht, hat sich mit seinen Männern von der Reichsflagge im Wehrkreiskommando in der Ludwigstraße verbarrikadiert. Aber er ist machtlos dort. Reichswehr hat das Gebäude umstellt.

Wird man trotzdem marschieren? Um elf Uhr kommt der Befehl. In breiter Reihe, die die ganze Straßenfront einnimmt, beginnt der Zug seinen Marsch.

An der Isarbrücke trifft der Zug auf die erste Sperrkette der Landespolizei. Eine Sekunde lang zögern die Männer an der Spitze. Aber die hinteren drängen, schreien: »Weitermachen!« Die Polizisten werden entwaffnet. Weiter zieht der Zug, bald schnell und entschlossen, bald zögernd. Die Straßen sind leer. Die Häuser liegen da wie ausgestorben. Am Rathaus berät man, dann schwenkt der Zug in die Residenzstraße. Am Ende der engen Straße, bei der Feldherrnhalle, steht eine Kette Polizei …

Bei der ersten Salve der Polizei hat sich alles zu Boden geworfen. In überstürzter Flucht flutet alles zurück. Hitler ist einer der ersten. Der SA-Arzt Dr. Walter Schulz holt eines der Autos heran, die dem Zug nachgefahren sind. Eine halbe Stunde später verläßt der Wagen mit Hitler die Stadt.

Vierzehn Tote liegen vor der Feldherrnhalle. Göring ist schwer verwundet. Zwei Männer tragen ihn die Straße zurück. An einem Haus entdecken sie das Schild eines Arztes. Ein jüdischer Name. Die Männer schleppen den Verwundeten die Treppen hinauf. Der Arzt operiert Göring in seiner Praxis. Dann bringt er den Verwundeten in dessen Villa nach Obermenzing. Eckhart, Amann, Heß, Esser und Rosenberg haben sich dorthin geflüchtet. Zwei Tage später, Sonntagnacht, erfahren sie, daß Hitler von der Polizei in einem Landhaus in Uffing am Staffelsee verhaftet worden ist. Auch gegen Göring ist ein Haftbefehl erlassen worden.

Noch in der gleichen Nacht flieht der Schwerverwundete mit seiner Frau Karin in einem Auto über die Grenze nach Österreich. Wochen liegt er in einem Krankenhaus in Innsbruck. Dann geht er nach Italien. Von dort nach Schweden. Aus Schweden wird Göring Ende 1926 nach Deutschland zurückkehren.

Am 26. Februar beginnt in München der Prozeß gegen Hitler, Ludendorff, Röhm und fünf andere Männer. Die Anklage lautet auf Hochverrat. Das Gericht tagt in der Infanterieschule. Die Zugangsstraßen sind durch spanische Reiter abgesperrt.

Der Prozeß ist das Gespräch der Stadt. Tag für Tag ist die Publikumstribüne überfüllt. Die Urteilsverkündung am 1. April ist ein gesellschaftliches Ereignis. Auffallend viele elegante Damen sitzen auf der Tribüne. Ostentativ haben sie sich schwarz-weiß-rote Rosetten auf die Revers der Pelzmäntel gesteckt. Auf der Pressetribüne sitzen die besten Reporter der Weltpresse.

Das Gericht verhängt die niedrigste Strafe, die das Gesetz für Hochverrat vorsieht, fünf Jahre Festungshaft. Die Laienbeisitzer haben Freispruch verlangt. Der Vorsitzende erreicht den Schuldspruch nur, weil er den Verurteilten eine vierjährige Bewährungsfrist in Aussicht stellt. Die Haft in Landsberg ist für Hitler keine Haft. Er bewohnt eine richtige Zellenflucht. Er kann Besuche und Geschenke empfangen. Er kann den ersten Teil von »Mein Kampf« diktieren. Und doch wird es still um ihn. Die Mitglieder der Partei laufen nach dem Verbot der NSDAP auseinander.

Und es gibt plötzlich etwas anderes, was das Volk bewegt und ihm Hoffnung gibt: Unmittelbar nach dem Putsch, am 15. November, wird mit der Ausgabe von Rentenmarkscheinen begonnen. Am 20. November notieren die Banken die ersten Kurse: Eine Rentenmark gleich eine Billion Papiermark.

Zum erstenmal seit 1918 fühlte das deutsche Volk wieder festen Boden unter den Füßen.

4.

Auch das Kapital des Udet-Flugzeugbaues wurde in Rentenmark umgewandelt. Und im Sommer 1924 verläßt ein kleiner robuster Hochdecker, der Udet-Kolibri, die Fabrik in Ramersdorf. Er wurde gerade noch vor dem Rhönwettbewerb fertig. Der »Kolibri« wurde die Sensation des Wettbewerbes.

Leichter Regen nieselte herab, als Udet in seinem grau-roten Sportwagen die Rampe am Güterbahnhof von Gersfeld hinauffegte und dann scharf stoppte. Eine halbe Stunde später war der »Kolibri« abgeladen. Schlingend hing er hinter dem Sportwagen, das kleine Fahrgestell in die Höhe gestreckt wie ein toter Vogel.

Auf der Straße zur Wasserkuppe überholte Udet viele alte, müde Wagen, die ihre zusammengelegten Segler hinter sich herzogen. Die Männer saßen mit leuchtenden Gesichtern hinter den Steuerrädern, andere schritten neben den Fahrzeugen her. Alle paar Minuten hielt Udet, um eine »Alte Frau« zu begrüßen – unter Rhönianern die ehrende Anrede für alte Kampfflieger.

Rhön – im Juli 1920 hatte es begonnen. Ein Nürnberger hielt sich mit einem Hängegleiter fünfhundert Meter in der Luft. Dann hatte ein Aachener mit fast zweitausend Meter und über zwei Minuten Flugzeit den ersten Rekord aufgestellt. Im nächsten Jahr, 1921, waren es schon einundzwanzig Minuten. 1922 segelte der Hannoveraner Martens, über drei Stunden. Rhön – es war nicht allein der Zauber des Fliegens, die alte, Wirklichkeit gewordene Sehnsucht der Menschen. Hier, an der Wasserkuppe, traf sich eine Generation, um vor der Welt zu demonstrieren, daß man trotz aller Verbote den Kopf hochhielt. Der Regen hatte aufgehört. Hinter dem verhangenen Himmel ahnte man plötzlich die Sonne. Die Wärme stieg dampfend aus den Wäldern zu beiden Seiten der Straße. Von den Tragflächen der Segler dampfte die Nässe in kleinen Schwaden auf.

An der Brücke über die Fulda holte Udet einen schnittigen Wagen ein. Eine Frau in einem Leopardenpelz saß am Steuer. Hupend hing Udet hinter dem Wagen. Er richtete sich im Sitz auf. Er hielt das Steuer mit einer Hand, als er den Wagen überholte. Mit der anderen schlug er sich auf den Mund und stieß ein Indianergeheul aus. Der Mann im Sitz neben der Frau blickte mit verbissenem Gesicht geradeaus.

126

Der Motorflugplatz lag am Osthang der Wasserkuppe. Von dort starteten die Flugzeuge zu ihrem Streckenflug nach Bad Kissingen und zurück. Es war der erste Wettbewerb von leichten Motorflugzeugen auf der Rhön.

Das Tal lag in einer dichten, milchigen Nebelsuppe, als die Maschinen über den Hang rollten. Der kleine Hochdecker Udets sah mit seinem kleinen Fahrgestell und dem bauchigen Rumpf wie eine dicke aufgeplusterte Krähe aus. Aber am Nachmittag war die ›Krähe‹ als einziges von allen Flugzeugen zurück.

Regen hatte den Platz in Kissingen aufgeweicht. Die Maschinen waren mit den Rädern im Schlamm versackt; keine war beim Start freigekommen. Nur immer tiefer hatten sich die Räder in den Morast gemahlen; wie Fliegen auf dem Leim hatten sich die Maschinen mit singenden Motoren um sich selbst gedreht. Nur der kleine »Kolibri« schüttelte die Erde mit einem fast ärgerlichen Rütteln der Tragflächen ab und – flog.

Das ganze Lager war am Hang, als die Maschine über den Wäldern auftauchte, über das erst im Jahr zuvor eingeweihte Rhöndenkmal kurvte und dann zur Landung ansetzte …

Nachdem Udet getankt hatte, startete er wieder. Vier Stunden kreiste der »Kolibri« über der Kuppe. Stieg höher, ließ sich wie ein fallendes Blatt abtrudeln, bäumte sich in steilen Spiralen auf … Vier Stunden standen die Männer am Hang und vergaßen vor Staunen die Kälte.

An diesem Abend sah Udet die Frau im Leopardenmantel wieder. Er saß auf dem schmalen Brett vor den Wohnbaracken, die auf Pfählen standen und wie kleine Badehäuschen aussahen. Er saß dort mit den anderen Männern, als der Lichtschein eines Wagens die Kehre der Straße herauftastete.

Später sah er die Frau durch das Lager gehen, eine seltsame, elegante Gestalt zwischen den Männern in ihren derben Schuhen, Wickelgamaschen, alten Uniformröcken oder Trainingsjacken.

Sie schrak zusammen, als er plötzlich zu ihr trat. Sie stand neben einem der Zelte, die sich wie matte Lichtdreiecke gegen die Dunkelheit abhoben. Aus dem Zelt klang Hämmern.

127

»Keine Angst unter so vielen Männern?« sagte er rauh.

Sie wandte ihm als Antwort ihr Gesicht zu. Das Lächeln darin war selbstsicher, aber dann verschwand es; es war, als trage es der harte Wind aus dem Gesicht fort. »Früher stellte man sich vor«, sagte sie dann. Sie war klein, und der schwere Pelzmantel machte sie molliger, als sie war.

Er antwortete nicht. Eine Weile gingen sie schweigend nebeneinander her. Am Hang brannte lodernd ein offenes Holzfeuer. Die Männer, die davor auf der Erde kauerten, sangen zu verstimmten Klampfen und zu einer Ziehharmonika. Sie hatten Stimmen, denen man die Kälte und den Wind anhörte und das lange Warten auf Sonne.

»Man möchte ein Mann sein, wenn man sie singen hört.« Die Frau wies zu dem Feuer hinüber.

Er blieb vor ihr stehen. Mit sicheren, bestimmten Bewegungen schob er ihr die wollene Mütze aus der Stirn. Ein Widerschein des Feuers lag auf ihrem Gesicht und ihrem Haar. Sie wehrte sich nicht, als er sie küßte.

»Jetzt auch noch?« fragte er dann.

Sie wandte sich schroff ab, aber sie ging in der zögernden Art eines Menschen, der darauf wartet, daß er zurückgerufen wird. Er wartete ruhig – ein Mann, der weiß, daß er die besseren Nerven hat. Als sie dann wirklich stehenblieb, war er mit ein paar schnellen Schritten neben ihr.

»Ich hatte es mir in den Kopf gesetzt, Sie kennenzulernen«, sagte sie nur.

»Ein Silberbecher für den Helden.« In seiner Stimme klang plötzlich Ernüchterung. »Ich weiß ... ich zehre von meinem Ruhm.«

»Sie hätten mich nur gehen lassen müssen ...«

Er nahm ihren Arm. Es war, wie wenn ein Mann eine Markierung in den Boden schlägt, von dem er Besitz ergriffen hat. Sie schritten über die Wiese, auf der die Segler lagen. Die Lichter aus den Gebäuden tönten ihre Schwingen mit einem feinen Glänzen. Auf eine Schwinge geneigt lagen sie dort wie Vögel, die sich zum Ausruhen niedergelassen haben.

»Sie sind genauso, wie ich Sie mir vorgestellt habe«, sagte sie. Als er nicht antwortete, fragte sie: »Sie wollen nicht wissen, wie …«

»Also los …«, sagte er. »Wer hört nicht gern was Gutes.«

»Sie scheinen sich aus Frauen nicht viel zu machen?«

»Es gibt ein paar Dinge, aus denen ich mir nichts mache«, protestierte er, »Frauen gehören nicht dazu – wenn es Sie beruhigt.«

»Ungemein«, sagte sie. »Ich habe einen Mann, der gar keinen Sinn dafür hat.«

»Frauen sind mein siebter Sinn«, sagte er.

»Und Ihr sechster?«

»Ganz einfach – fliegen.« Er war stehengeblieben. Das Singen der Männer war eintönig und beharrlich wie der Wind. »Man kann es nicht erklären«, sagte er, »nicht mit Worten. Eigentlich ist es ganz einfach … Man kommt mit sich ins reine.«

»Sie sehen nicht so aus«, sagte sie erstaunt, »als ob das bei Ihnen nötig wäre.«

Er lächelte. »Sie sehen nicht so aus, als wenn Sie einem Mann nachstellen könnten … Irgendeinen Knacks hat jeder von uns. Und jeder muß auf seine Art damit fertig werden. Manchmal denke ich, wenn man nur lange genug oben bleiben würde, dann wüchsen einem Flügel …«

»Es wäre schrecklich«, sagte sie. »Ich hätte Sie nie kennengelernt.«

»Ja«, sagte er, plötzlich war er ernst. »Hier unten wachsen einem höchstens Pferdefüße«, er sah sie an, »oder Hörner.«

»Wie können Sie …« sie ließ den Satz unvollendet.

Er dachte einen Augenblick an das bittere, müde Gesicht des Mannes, der neben ihr im Wagen gesessen hatte.

»Müssen wir jetzt davon sprechen?« sagte sie.

»Warum auch«, sagte er rauh. »Damit muß man rechnen. Das ist, als ob eine Maschine zu Bruch geht.«

»Eine zerbrochene Maschine ist wohl schlimmer?«

»Teurer vor allem.«

»Oh, sagen Sie das nicht!« Sie lachte. Es war ein Lachen, das ihn hätte warnen können. Denn darin sollte sie nur zu recht behalten.

Es war in den letzten Dezembertagen 1924, als auf dem Probegelände des Udet-Flugzeugbau in Schleißheim bei München das Unglück geschah.

Udet saß in der »Bodega«, als er die Nachricht erhielt. Eine halbe Stunde später war er auf dem Fabrikgelände. Er sah noch den Krankenwagen, der auf der Straße im Schritt an ihm vorüberfuhr. Es war der Werkmeister, den die Siemens-Werke zur Überprüfung der Siemensmotoren des »Condor« nach München geschickt hatten. Er war tot. Es war geschehen, als der Mann in den Sitz einen neuen Versuchsmodells, des »Condor«, klettern wollte. Die vier hinten an den Tragflächen liegenden Motore waren zu nahe am Einstieg montiert. Der Propeller hatte den Monteur erfaßt.

Eine halbe Stunde später erhielt Angermund in seinem Büro des Junkers-Luftverkehr, deren Direktor er war, den Anruf Udets. »Laß alles liegen und komm ins Hotel.«

Ehe Angermund noch etwas fragen konnte, hatte Udet schon wieder angehängt. Als Angermund dann den Korridor im ersten Stock des Hotels entlangging, hörte er aus Udets Zimmer schon das Schießen. Es klang dumpf und leise und dann plötzlich scharf und überlaut, als die Tür aufging.

Der Geschäftsführer des Hotels trat heraus und schlug die Tür hinter sich zu, als Angermund zu ihm trat.

Sie begrüßten sich. Dann sagte der Mann: »Können Sie nicht einmal mit ihm reden, Herr Angermund? Ich muß ihn rauswerfen, wenn diese Schießerei mit Pistolen wieder angeht.«

»Aber, aber«, meinte Angermund beruhigend, »Sie verlieren Ihren besten Gast.«

Seit dem Rhönwettbewerb präsentierte die Direktion dem Dauergast Ernst Udet nicht nur die Rechnung für die Zimmer dreizehn und vierzehn, sondern auch die für das Appartement der Gräfin Margot von Einsiedel. Sie war zuerst allein gekommen. Am letzten Tag des Rhönwettbewerbs, als Udet sich von ihr verabschieden wollte, hatte sie mit einer Reisetasche im Hotel auf ihn gewartet und war lächelnd zu ihm in den Wagen geklettert. Bald kamen ihre Überseekoffer. Ein wenig später, und ganz überraschend, ihre zwei Kinder und eine Zofe.

»Solange er mit dem Zimmerstutzen schießt, habe ich nichts dagegen«, sagte der Geschäftsführer, »aber nicht mit Pistolen! Zweimal haben wir das Zimmer schon tapezieren lassen ...« Schimpfend zog er ab. Udet lag auf der Couch, als Angermund den Raum betrat. Er zeigte mit der Pistole einladend auf den Stuhl, dann richtete er sie wieder auf ihr Ziel. Angermund duckte sich, als er das Zimmer durchquerte. Im Liegen schoß Udet das Magazin leer. Zwischen den Holzrahmen der Tür war ein Kugelfang eingelassen. Angermund beobachtete, wie das Schwarze des Zwölfers auf der weißen Karte leer und ausgefranst wurde. Udet war aufgestanden. Er warf Angermund eine Schachtel Zigaretten zu.

»Was wetten wir?« sagte er. Breitbeinig stand er im Raum und hielt die Pistole im Anschlag. Die Pistole lag schwer und ohne Zittern in seiner Hand.

Angermund schüttelte den Kopf. »Nicht mehr solche Tricks«, sagte er. »Du weißt doch, ich bin Vater geworden.«

Udet warf dem Freund die Pistole zu. Er nahm eine Zigarette zwischen die Lippen, stellte sich vor den Kugelfang. Das weiße Stäbchen hob sich von der grünen Stoffbespannung ab. Udet hatte die Augen geschlossen und wartete, daß der andere schießen würde. Aber Angermund hatte die Pistole beiseite gelegt. Er strich ein Streichholz an.

»Rauch sie lieber«, sagte er.

Udet nahm die Zigarette aus dem Mund. Er griff nach Angermunds Arm. »Der Werkmeister, er ist tot.« Er setzte sich. Während er erzählte, nahm er die Pistole auseinander, putzte die einzelnen Teile. Dann sagte er unvermittelt: »Ich mache Schluß draußen. Es wird höchste Zeit ... Das heute, das ist eine Warnung ... Jetzt bauen sie Großflugzeuge, den Condor. Daß das nichts werden kann, kannst du dir vorstellen. Für mich jedenfalls ist das nichts. Ich habe es ihnen schon gesagt, als sie damit anfingen. Seither gibt es nur Ärger.«

»Und was willst du tun?« fragte Angermund.

Udet blickte auf. Die Wände des Raumes waren mit den Erinnerungsstücken aus dem Kriege dekoriert. Ausgeschnittene Kokarden, Bilder mit Widmungen, ein zersplitterter Propeller. In einer Ecke stand ein ausgebautes Maschinengewehr. »Sagtest du nicht, daß du von Junkers weggehen willst?« sagte Udet. »Was ist damit? Noch immer?«

»Ich habe ihnen den ganzen Laden hier aufgebaut«, sagte Angermund. »Mit meinen Dollars habe ich in der schlechten Zeit den Brüdern in Dessau sogar noch die Maschinen repariert. Jetzt rücken sie nicht mal meine Kilometergeldanteile raus … Und das Neueste ist, sie wollen, daß ich nach Moskau gehe.«

»Moskau? Was soll das?«

»Junkers baut dort. Auch Piloten sollen dort ausgebildet werden. Die Reichswehr steckt dahinter. Sie sollen einen Vertrag mit der Roten Armee abgeschlossen haben.«

Udet goß aus der Flasche Schwarzwälder Kirschwasser ein. Sie tranken, und dann sagte Udet: »Wie wär's, wenn wir uns zusammentun? Ich scheide aus der Firma aus. Sie sollen unter meinem Namen weiterbauen, aber ich lasse mich auszahlen …«

»Vorsicht!« warnte Angermund. »Du bist ein verdammt leichtsinniger Hund, was Geld angeht.« Er deutete auf das in Silber gerahmte Bild der Gräfin.

»Für das Geld kaufe ich mir einen sagenhaften Vogel, den sie mir in Ramersdorf bauen. Herrmann konstruiert ihn mir. Ich habe alles mit ihm ausgetüfelt. Die ersten Pläne sind fertig … Ein Doppeldecker. Den Namen habe ich auch schon. ›Flamingo‹ wird er heißen. Den kaufe ich mir für sechzehn- bis achtzehntausend. Dann kriege ich immer noch zwanzigtausend auf die Hand. Ein neuer Wagen wird noch abfallen. Der Rest geht in unsere Kasse – als Startkapital.«

»Du machst mich neugierig!«

»Alles kommt auf den Vogel an … ein Vogel, so träge und zahm, daß eigentlich jeder Depp damit fliegen kann. Narrensicher, trotzdem mit glänzenden Kunstflugeigenschaften …« Udet war aufgesprungen. Er hatte sich in Feuer geredet. »Und dann machen wir Flugtage. Jeden Sonntag von mir aus.«

»Entschuldige«, bremste Angermund bedächtig. »Ich kann doch ehrlich sein, Erni … Nichts gegen dein Fliegen. Aber stellst du dir das nicht zu leicht vor? Ein verregneter Flugtag, an dem die Leute nicht kommen … Das kann genau alles über den Haufen werfen. – Und dann, ich müßte mich an den Gedanken gewöhnen, von dir am Ersten mein Geld zu bekommen …«

»Am Ersten?« Udet fragte es, als käme er auf die Erde zurück.

»Ja«, meinte Angermund, »so was gibt's – für Verheiratete.«

»Ich hänge mich schon anständig in die Luft«, sagte Udet. »Und vor allem – ich werde ganz niedrig über dem Boden fliegen können. – Wir machen die Jungs von den Flugsportvereinen scharf auf unseren ›Flamingo‹. Für den Auftrag an die Fabrik gibt es jedesmal eine hübsche Provision für uns.«

»Wir müssen werben«, sagte Angermund warnend, »Plakate drucken, Eintrittskarten, Programme. Wachmannschaften anheuern und kassieren, mit der Flugpolizei …«

Udet hob abwehrend die Hände. »Das machst du, Dicker. Du machst den Manager. Ich in der Luft und du auf der Erde. Du stehst mit besseren Beinen auf der Erde. Du hältst mir alles vom Hals …«

»Auch die Verehrerinnen?«

»Da vertraue ich auf deinen guten Geschmack«, sagte Udet. »Also, was ist?«

»Ich lasse es mir durch den Kopf gehen«, sagte Angermund.

5

Anfang Januar 1925 hatte Angermund sich entschieden. Ein paar Wochen später zog er mit seiner Sekretärin in das Zimmer 204 des Hotels »Vier Jahreszeiten«.

Der »Flamingo« war immer noch auf dem Reißbrett, als das Programm schon in allen Einzelheiten ausgearbeitet war. Angermund besichtigte die Flugplätze. Er schrieb Artikel für die Presse. Er holte vom Zirkus Krone und der Bavaria-Film die ersten Aufträge für Reklameflüge herein.

Der Start sollte am Ostersonntag, dem 12. April, sein. In Regensburg auf dem Rennplatz Prüfening. Für die Wochen darauf hatte Angermund Flugtage in Augsburg, Heilbronn, München, Leipzig, Bamberg und Frankfurt vorgesehen.

Aber Anfang der Osterwoche arbeitete man in Schleißheim immer noch am Flamingo.

Am Mittwoch vor Ostern war es noch nicht sicher, ob er fliegen würde. Man hatte Schwierigkeiten mit dem Einbau des Siemensmotors. Angermund saß in Regensburg und verzweifelte. Er hatte die ganze Stadt mobil gemacht. Und die Zeitungen hatten schon Artikel gebracht. Am Donnerstag fuhr Angermund von Regensburg nach München zurück. Telefonisch hatte er Udet nicht im Hotel erreichen können. Er war auch jetzt nicht im Hotel. Schon atmete Angermund auf, als er zum Flugplatz nach Schleißheim hinausfuhr. Ein Doppeldecker kreiste in der Luft. Er setzte gerade zur Landung an, als Angermunds Wagen langsam vor den Hallen ausrollte. Aber es war nicht Udet, der ausstieg. Es war Kern, der neue Einflieger des Udet-Flugzeugbaus, der mit strahlendem Gesicht aus dem Sitz kletterte. Begeistert berichtete er von dem Probeflug. Die Männer lagen sich jubelnd in den Armen, als Angermund niedergeschlagen wieder davonfuhr.

Am Abend war Udet noch nicht im Hotel. Auch die Gräfin hatte keine Ahnung, wohin er gefahren war. Sein Wagen stand nicht in der Garage. In seinem Zimmer fehlten ein kleiner Handkoffer, der Frack und ein Pelzmantel …

Zur gleichen Stunde, als Angermund in München noch die Lokale abfuhr und in Regensburg schon Männer die Plakate für den Flugtag anschlugen, schleppte sich in Garmisch ein Mann in einem Pelz an die Tür eines Arztes …

Als Udet nach der Schelle tastete, sank sein Kopf gegen die harte eichene Tür. Er hörte das Klingeln, als töne es in einer großen leeren Halle. Hinter ihm, aus dem Café Krönner, klang Tanzmusik. Es schien plötzlich alles eins: die Musik, das Läuten.

Er klingelte noch einmal. Endlich hörte er Schritte. Hallende Schritte, deren Echo in seinem Kopf nachklang. Als die Tür sich öffnete, taumelte er über die Schwelle … Dann aber richtete er sich auf wie ein Bogen, dessen Sehne man zerschneidet. Ein Lächeln lag auf seinen Lippen, als er in die mit Fliesen belegte Halle trat. Er starrte auf die Hirschgeweihe. Eines hing neben dem andern, ein Wald spitzer Geweihe.

Dann war er unvermittelt und ohne Erinnerung, wie es geschehen war, in einem anderen Raum. Vor ihm waren ein paar in tiefe Falten gebettete Augen, ein Spitzbart – dann erst formte sich daraus ein Gesicht. »Ich brauche einen Arzt«, sagte er mühsam. Er zog die Hand aus dem Pelz. Aber er schob das blutige Taschentuch schnell wieder zurück und preßte es gegen die Brust. Der Arzt half ihm aus dem Mantel. Wieder lächelte Udet, als er mit der linken Hand die Frackschleife aufzog.

Dann merkte er, daß er lag. Das Wachstuch unter seinem Rücken war kalt.

»Mein Gott, wie ist denn das passiert?« Der Arzt beugte sich über die kleine, aber tiefe und stark blutende Wunde zwischen den Rippen auf der linken Brust.

Udet spürte plötzlich das Blut im Mund, ein warmer, fader Geschmack. Dann fühlte er nur noch die Hände des Arztes; sie waren hart und sicher und gar nicht wie die Hände eines alten Mannes. Er hörte, wie Metall aneinanderschlug, aber das Läuten und die Tanzmusik waren immer noch in seinem Kopf.

»Sie haben Glück gehabt«, sagte der Arzt später.

»Darin bin ich groß.« Udet versuchte sich aufzurichten, aber die Hände des Arztes lagen fest auf seinen Schultern.

»Sie müssen mich bis morgen wieder auf die Beine bringen …« Udet zeigte auf seinen Mantel. Als der Arzt ihn brachte, fingerte Udet ein kleines Notizbuch aus der Seitentasche. Er schlug es auf und deutete mit dem Zeigefinger auf eine Nummer …

»Rufen Sie dort an«, bat er, »verlangen Sie Herrn Angermund. Sagen Sie, daß alles dabei bleibt …« Der Arzt nickte besänftigend. »Sie müssen es versprechen«, sagte Udet beschwörend. »Es bleibt alles dabei … Hier, versprechen Sie es mir in die Hand.« Er streckte die Hand aus. Der Arzt fing sie auf, ehe sie herabsank.

Der Portier des Münchner Hotels »Vier Jahreszeiten« stellte das Gespräch aus Garmisch-Partenkirchen auf Zimmer 204. Als sich niemand meldete, winkte er den Pagen heran. Der schritt durch die Halle, den fast leeren Speisesaal und das Restaurant. »Herr Angermund, ans Telefon bitte!« rief er mit heller Stimme. »Herr Angermund.«

Er schüttelte verneinend den Kopf, als er dann zur Portiersloge zurückkam. Der Portier hatte den Telefonhörer aufgenommen. »Hallo! Hören Sie noch?« meldete er sich. »Herr Angermund ist leider nicht im Haus. Kann ich etwas ausrichten?«

»Herr Angermund kommt noch ins Hotel?« fragte der Anrufer.

»Ich nehme es doch an. Vor einer Stunde noch war er hier …«

»Sagen Sie ihm bitte … Sagen Sie, es bliebe alles beim alten.«

Der Portier hatte sich Zettel und Bleistift genommen, um die Nachricht aufzuschreiben. Doch jetzt zögerte er. »Wie war Ihr Name, bitte?« sagte er.

Der Anrufer antwortete nicht sogleich. Dann sagte er: »Der Name ist nicht wichtig. Herr Udet hat mich gebeten, anzurufen. Wollen Sie das bitte ausrichten?«

Der steife, korrekte Ausdruck auf dem Gesicht des Portiers verwandelte sich. »Selbstverständlich«, sagte er lebhaft. »Er ist also in Garmisch! Wissen Sie, wir haben schon die ganze Stadt nach ihm abgesucht. Ich notiere also: Es bleibt alles beim alten.«

Kaum eine Viertelstunde nach dem Anruf kam Angermund ins Hotel. Er schritt sofort zur Portiersloge, die Hände im wehenden Lodenmantel.

»Noch immer nichts, wie?« sagte er. »Ich bin in meinem Büro, wenn ...« Er wollte schon weiterstürmen, als er stutzte. Er starrte auf das lächelnde Gesicht des Portiers und dann auf die Hand, die einen Zettel aus dem schmalen Fach unter der Nummer 204 nahm. »Nun, machen Sie schon den Mund auf«, sagte er ungeduldig. Er riß den Zettel an sich. Als er ihn gelesen hatte, nahm er die Sportmütze vom Kopf. Die tiefe Bräune des Gesichts hob sich scharf von seiner hellen Stirn ab.

»Und ist das alles?« Er sagte es mit gespielter Wut, die seine große Erleichterung nicht verbarg. Er steckte den Zettel ein.

»Der Anruf kam aus Garmisch«, sagte der Portier.

Angermund dachte an den Frack und den kleinen Handkoffer. Der Gedanke beruhigte ihn mehr noch als die Nachricht selbst. Ein Mann, der mit einem Frack ins Wochenende fuhr, hatte nichts Halsbrecherisches vor. Und er wußte, wenn Udet auch sonst ein Luftikus war, wenn es ans »Arbeiten« ging, war er pünktlich wie kein anderer. Er war an das Barometer getreten. Er klopfte gegen das Glas. Er nickte zufrieden.

»Sollte er noch einmal anrufen«, meinte er dann, »sagen Sie ihm, daß es genügt, wenn er Sonntag bestimmt in Regensburg ist. Ich fahre heute noch zurück.«

Der Himmel über der Zugspitze war föhnig, aber ohne den Glanz der Sonne. Die Straße vor dem Hotel »Alpenhof« in Garmisch glänzte glitschig naß. Der ältere Herr setzte die Füße in den schwarzen Lackschuhen mit beigen Gamaschen behutsam auf. Vor dem Hotel fegte ein Kellner die Stufen rein. Der Herr mit dem ausgebeulten Lederköfferchen trat eilig ein.

Ein wenig später klopfte es an der Tür des Zimmers im ersten Stock. Die Stimme, die antwortete, klang schwach. Udet wandte nur den Kopf, als der Arzt an sein Bett trat. Auf dem Nachttisch brannte noch das Lämpchen und erinnerte an eine lange, schlaflose Nacht. Helles Licht fiel grün gefärbt durch die dünnen Seidenvorhänge in den Raum. »Nun?« fragte der Arzt. »Wie war die Nacht?« Er stellte die Arzttasche auf den Boden neben das Bett und zog den Mantel aus.

»So – so«, sagte Udet. »Hier im Kasino spielt eine südamerikanische Kapelle ... Ich habe immer geglaubt, die seien gut. Sie spielen miserabel. Solange man mit einer hübschen Frau tanzt, merkt man es gar nicht.« Die Sätze kamen müde und farblos von seinen Lippen. Der Arzt klappte das Schloß der Tasche auf.

»Sie haben gestern noch angerufen?« fragte Udet.

Der Arzt nickte. Er machte den Deckel der Tasche auf.

»Haben Sie Angermund selbst gesprochen? Aber Sie haben doch nichts davon gesagt, daß ich hier ...«

»Nicht so viel sprechen«, unterbrach der Arzt. Er zog die Vorhänge beiseite. Udet rührte sich nicht, als der Arzt den Verband von der Wunde löste. Er säuberte die Wunde und erneuerte den Verband. Dann wusch er sich die Hände. Er zog sich einen Stuhl ans Bett. Er saß dort, die Hände auf die Knie gestützt, den Kopf gesenkt. »Also schön«, sagte er, als beantworte er eine Frage, »in zwei oder drei Tagen können Sie aufstehen ... für eine Stunde vielleicht.«

»Das wird nicht genügen«, Udet lächelte jetzt.

»Ich weiß, daß ich mir meine Worte sparen kann, aber bitte muten Sie sich nicht zuviel zu! Die Wunde eitert kaum, sie wird gut verheilen, aber innen sieht es noch bös aus. Bleiben Sie vierzehn Tage hier. Ruhe und die Luft ...«

In diesem Augenblick klopfte es. Dann stand die Frau schon im Zimmer, sehr elegant und überlegen. Aber die Ruhe verschwand sofort aus ihrem Gesicht, als sie den Arzt sah. Der stand auf und griff nach seinem Mantel.

»Bleiben Sie!« sagte Udet. Er setzte sich auf, als die Frau nähertrat. Sie war nicht mehr jung, aber sie war immer noch schön. Nur ihr Mund verriet, daß sie oft sehr einsam war. »Ich wollte nicht so gehen«, sagte sie, »trotz allem nicht ...« Sie beugte sich zu ihm herab, und für einen Augenblick schien sie die Gegenwart des Fremden ganz vergessen zu haben ... Dann richtete sie sich plötzlich steif auf. Aus ihrem Mund kam ein kurzes, hysterisches Lachen. Sie streckte die rechte behandschuhte Hand aus. Dann schritt sie schnell aus dem Zimmer.

Der Arzt war ans Fenster getreten. Die Hände auf den Rükken gefaltet, starrte er nach draußen. Udet war auf das Bett zurückgesunken. Der Schmerz war wie eine überraschende Flutwelle, die seinen Körper überrannte, ablief und wieder über ihn hinwegströmte. Er ließ es geschehen, daß der Arzt ihm den Schweiß von der Stirn tupfte.

»Ich werde heute abend noch einmal kommen«, sagte der Arzt.

Udet hob erschöpft den Kopf, das jungenhafte Lächeln kehrte auf sein Gesicht zurück. »Vielen Dank.« Mit einer Handbewegung hielt er den Arzt zurück. »Die Geschichte ist zu dumm – sonst hätte ich sie Ihnen bereits erzählt. Aber da Sie die Dame jetzt kennen ... Haben Sie sich schon einmal eine italienische Oper angesehen? Rigoletto? So eine Geschichte ist es ...« Er deutete auf das Nachttischchen. Die feinen, starken Hände des Arztes zogen die Schublade auf. Dann hielt er eine lange Manikürefeile zwischen den Fingern. »Die Mordwaffe. Und jetzt das Textbuch. – Man begegnet sich in einem Hotel. Man ist zusammen, tanzt ... Vorhang! Man frühstückt am anderen Morgen zusammen auf dem Zimmer. Dann findet sie bei mir eine Fotografie. Die Fotografie einer anderen Frau. Sie reagiert, als ob ich ihre erste Liebe sei ...«

Der Arzt hatte die Feile mit etwas Mull abgewischt und legte sie jetzt wieder zurück. »Einen Fingerbreit höher, wenn Sie ...«, begann er.

»Ich sagte ja, es sei eine unmögliche Geschichte«, meinte Udet. »Viel zu schlecht, um deswegen alles aufs Spiel zu setzen. Verstehen Sie mich ...«

Der Arzt kam am Abend wieder. Am Samstag zweimal. Am Sonntag kam er gegen zehn Uhr, um den Verband zu erneuern.

Um halb elf fuhr der Tankwart den grauroten Sportwagen vor dem Hotel vor.

Udet hatte in der Halle gewartet. Er nahm sein Köfferchen auf und überreichte dem Portier das Kuvert. »Sie wissen Bescheid«, sagte er. »Geben Sie es dem Arzt heute abend. Er wollte gegen sieben Uhr kommen.« Er trat ins Freie. Langsam ging er über den Kiesweg zwischen dem Rasen bis zur Straße hin. Wenn er einatmete, spürte er den Verband auf seiner linken Brust.

Der Mann hielt den Wagenschlag auf. Er hob die Hand an die Mütze. »Ich habe ihn richtig warmlaufen lassen«, meldete er.

Der Motor lief. Plötzlich war der Geruch von Jod, den Udet an sich zu haben glaubte, verschwunden. Er roch den Wagen – das Benzin und das Leder der Sitze. Seine Beine, die eben noch schwer und müde gewesen waren, taten jetzt wieder zuverlässig ihren Dienst.

Er warf das Köfferchen auf den zweiten Sitz.

Als er das Steuerrad in den Händen hielt, fühlte er, daß er durchhalten würde.

»Das ist ein Wagen«, konnte sich der Mann nicht zurückhalten. »Können Sie den überhaupt ausfahren?«

Udet fingerte die Stoppuhr aus der Brusttasche, ließ sie anlaufen und steckte sie zurück. »Na«, sagte Udet, als er den Gang einschob. »Zweifeln Sie daran?«

6.

Um zwölf Uhr, zwei Stunden vor Beginn des Schaufliegens in Regensburg, tauchte der Doppeldecker über der Stadt auf. Angermund überprüfte auf dem Rennplatz die Lautsprecheranlage, als er das Geräusch des Motors hörte. Das »Eins-zwei-drei-vier« hallte aus den Kästen von den Masten her, als der »Flamingo« auf dem Platz ausrollte.

140

Angermund stemmte sich gegen den Wind des Propellers. Udet saß im Pilotensitz und schob die Brille hoch. »Bin ich pünktlich?« überschrie er den Lärm des Motors.

Angermund starrte in das angestrengte, etwas fahle Gesicht. »Du kannst einen vielleicht Nerven kosten«, schrie er zurück. »Wie siehst du überhaupt aus?«

»Zuviel gefeiert!« Udet hob die Hand mit dem schweren ledernen Handschuh und fuhr streichelnd über die Seitenwand der Maschine. »Der Vogel ist in Ordnung. Ich habe ihn auf dem Flug von München nach hier ordentlich hergenommen.« Er winkte, Angermund sollte den Weg frei machen. »Ich fliege noch ein paar Runden über der Stadt ... Ein bißchen Krawall über den Dächern veranstalten, damit die Leute auch kommen.«

Angermund war draußen und überprüfte die Absperrung, als die Maschine wieder landete. Er sah, wie die Monteure sie auftankten, aber Udet war nicht ausgestiegen. Der saß noch in seinem Sitz, als Angermund dann hinüberlief. Angermund bahnte sich mit den Ellbogen einen Weg durch die Menschen, die um die Maschine herumstanden. »Zurückgehen! Bitte gehen Sie zurück!« schrie einer der Monteure.

»Na, wie wird das Geschäft, Vergnügungsdirektor?« kam Udet jeder Frage zuvor. »Von oben sah es ganz hübsch aus.«

»Ich weiß es noch nicht«, brummte Angermund. »Kommt darauf an, wie viele Leute uns durch die Absperrung rutschen.« Er starrte Udet an. Der wich dem Blick aus. Plötzlich wußte Angermund, was ihn beunruhigte. Udet hielt keine Zigarette in den Fingern. Es war wie ein Schock. »Sag mal, Erni, wie fühlst du dich?«

»Ich?« Udet blickte auf die Instrumente vor sich in seinem Sitz. »Wie Glanz und Gloria. Könnte nicht besser sein.«

»Du fliegst das ganze Programm?« fragte Angermund. Er fügte schnell hinzu: »Ich meine nur ... wegen der Ansage.«

Udet hatte eine kleine flache Flasche aus der Seitentasche seines großen Tweedrockes genommen. Er schraubte den kleinen Silberbecher ab, goß ihn voll und reichte ihn aus dem Sitz heraus. »Komm, trink!« forderte er Angermund auf. Plötzlich setzte im Hintergrund die Kapelle mit dem Begrüßungsmarsch ein. Udet schien in seinem Sitze zu wachsen. Nervös tasteten seine Hände nach den Gurten. Angermund reichte den Becher zurück. Er überprüfte die Schultergurte. Als er sie fester zog, sah er, wie Udet zusammenzuckte.

»Also«, sagte Udet.

»Hals- und Beinbruch!« Angermund brachte es kaum heraus.

Udet beugte sich etwas aus der Maschine. »Nur Ruhe, Dikker. Wir zeigen es ihnen schon.« Er kniff die Augen zusammen …

Angermund schritt langsam zu seinem Mikrofon hinüber. Er faßte das Stativ mit beiden Händen und schraubte es höher. Er beobachtete, wie der Monteur den Propeller anriß. Er hörte sein »Kontakt«. Das »Frei« des Piloten kam ohne Zögern. »Frei«, rief der Monteur wieder. »Fertig«, kam es aus dem Pilotensitz. Unmittelbar darauf sprang der Motor an.

Angermund schaltete das Mikrofon ein. Er hörte plötzlich seinen schweren Atem aus dem runden Beutel vor seinem Munde. Seine Augen hingen an dem Doppeldecker, als er seine Ansage begann.

Die Maschine rollte auf das schmale, kurze Rasenstück inmitten des Ovals der Rennstrecke. Dort, auf der aufgewirbelten Erde, waren die bunten hölzernen Hindernisse aufgestellt worden. Der Doppeldecker stieg schnell. Für eine Sekunde sprang das Licht der Sonne funkelnd von den Tragflächen wie von zwei Messerklingen.

Das Echo seiner Stimme klang Angermund plötzlich aus den vier Lautsprechern entgegen. Erst dann merkte er, daß die Zuschauer still geworden waren. Sie hielten Programme und Hüte über die Augen und hatten die Köpfe hochgereckt … Der »Flamingo« stieg in den wolkenlosen Himmel.

Udet flog das ganze Programm so, wie sie es gemeinsam ausgearbeitet hatten. Nach dem Begrüßungsflug schwebten die bunten Luftballons von der Erde auf. Wie lauernd wartete der

»Vogel« über dem Platz. In engen Turns und Rollen jagte er die bunten Kugeln, bis auch der letzte Ballon im rotierenden Propellerschlag zerplatzt war. Dann flog Udet Steilkurven, Loopings und Rollings. Er ließ sich abtrudeln, senkrecht bäumte sich die Maschine auf und stürzte dann kopfüber ab … Er warf den »Flamingo« auf den Rücken.

Dieses Programm war erst der Anfang; noch hob Udet nicht mit den Tragflächen seiner Maschine ein Taschentuch vom Rasen; noch fehlte das hohe Reck auf den Plätzen, um das er später wie ein Turner Riesenschwünge und Klimmzüge machen sollte. Noch vergingen Jahre, bis er sein Programm nachts im Scheinwerferlicht flog. Immer halsbrecherischer, tollkühner und vielgestaltiger sollte sein Programm werden … An diesem Tag erlebten dreitausend Menschen erst den Anfang. Lange würden sie diesen ersten Flugtag nicht vergessen.

Plötzlich rotierte der Propeller langsamer, stand dann ganz still. Segelnd stieß die Maschine nach unten, legte sich auf den Rücken, turnte und schwebte auf den Platz ein.

Angermund hatte die Mikrofonanlage abgeschaltet. Das Hemd klebte ihm am Körper. Er war jetzt einfach einer der vielen atemlosen Zuschauer. Er hörte den singenden Wind in den Drähten der Verspannung, als der »Flamingo« über das Oval der Rennbahn einschwenkte. Der Doppeldecker flog jetzt kaum höher als einen Meter über den Hindernissen auf der Bahn. Die schwere Nase der Maschine mit dem Sternmotor hob sich über die erste Hürde, senkte sich, hob sich über das nächste Hindernis … so umschwebte sie die Bahn. Es war, als nähme ein Reiter sein Pferd über die Hürden …

Erst um zwei Uhr nachts kam Angermund ins Hotel zurück; so lange hatte er mit den Kassierern zusammengesessen und seine Leute ausbezahlt. Den alten Vulkanfiberkoffer in der Hand, hastete er die Treppen des Hotels hinauf.

Nach der Landung hatte Udet noch Autogramme gegeben. Dann war es ihm gelungen, sich wegzustehlen und ins Hotel zu fahren. Angermund hatte zweimal dort angerufen. Jedesmal hatte Udet versichert, daß alles in Ordnung sei. Und dann, vor einer Stunde, war plötzlich der Arzt in der Baracke erschienen und hatte Angermund nach draußen gebeten. Udet lag angezogen auf seinem Bett, als Angermund eintrat. Er stand sofort auf. »Jetzt erst kommst du?« sagte er. Er warf einen Blick auf die Uhr. »Ich glaube, ich habe wirklich die ganze Zeit geschlafen ...« Angermund hatte seinen Koffer abgesetzt. »Jetzt aber raus mit der Sprache«, sagte er.

»Woher weißt du das schon wieder? War der Arzt etwa bei dir und hat dir heilige Eide abgenommen, schön auf mich aufzupassen? Ich weiß – ich brauche Ruhe, Ruhe und nochmals Ruhe. Und überhaupt, wenn ich noch einmal ...«

»Es schien mir sehr vernünftig, was er sagte«, meinte Angermund ruhig.

Udet ließ sich müde in einen Sessel fallen. Sein Gesicht war grau, und die Lippen hatten keine Farbe. »Ehe du mir einen Vortrag hältst ... Was wäre, wenn wir die Leute nach Hause hätten schicken müssen ... Einen Udet, der wegen eines Wehwehchens kneift, den will niemand sehen.«

»Auch das hätten wir überlebt. Aber was du dabei aufs Spiel gesetzt hast ...«

»Du hättest ihnen am Mikrofon eine herrliche Geschichte erzählen können ...« Mit einer heftigen Bewegung stieß Udet den Aschenbecher von sich fort. Er war leer. Dann erzählte er, was in Garmisch geschehen war.

»Und wie fühlst du dich jetzt?« fragte Angermund nachher.

»Ich glaube, ich würde mich hundselend fühlen, wenn ich es nicht getan hätte, Walter ...«

»Du hast viel Glück gehabt dabei.«

Eine Sekunde lang schien Udet zu überlegen. In seinem Gesicht war ein Ernst, der für Angermund neu und unerwartet kam. »Ein Mann kann lange Glück haben«, sagte Udet dann, »aber von Zeit zu Zeit muß man wohl zeigen, daß man es verdient. Ich habe heute an früher denken müssen, an meinen ersten Gegner – ich bin damals vor ihm ausgerückt. Das hat mir mehr zu schaffen gemacht als vieles andere. Wir haben im Pro-

Ernst Udet

»Wunder des Fliegens« hieß ein Film, in dem Udet im Jahre 1934/35 für
die »Terra« filmte. »Wunder des Fliegens« – so könnte man auch sein
ganzes Leben überschreiben. Im Pilotensitz fühlte er sich zu Hause. Auch
diese Szene, das Durchfliegen einer Halle auf dem Münchner Oberwiesen-

Zwei Szenenbilder aus dem Film »Wunder des Fliegens«.
Das obige Bild zeigt Käthe Haack neben Ernst Udet.

*Fliegerleutnant
Ernst Udet bei seinem
40. Luftsieg (1. Weltkrieg).*

*Ernst Udet 1917
im Kreise
von Kameraden.*

Einige der erfolgreichsten Kampfflieger des 1. Weltkriegs: Von links: Leutnant Blume, Leutnant Veltjens, Leutnant Jakobs, Leutnant Freiherr v. Bönigk, Hauptmann v. Schleich, Oberleutnant Udet, Hauptmann Loerzer, Leutnant Bäumer, Leutnant Göring, Oberleutnant Bongartz. Neun der Dargestellten sind mit dem Orden Pour le Mérite ausgezeichnet.

Oben: Udets erste Landung auf der Zugspitze (1922).
Unten: Ernst Udet 1924 mit seinem Kolibri auf der Rhön. Diese Konstruktion des Udet-Flugzeugbaus in München-Ramersdorf stellte Udet hier zum ersten Male vor.

Oben: Im Herbst 1924 lernte Udet auf der Rhön die Gräfin Margot von Einsiedel kennen.

Unten: Udet zeigte sich gern mit hübschen Frauen: hier auf dem Flughafen Cleveland mit Ruth Elder (amerikanische Pilotin) und Lil Dagover, die zu diesem Zeitpunkt ihren ersten Film in Amerika drehte (September 1931).

Generalmajor Ernst Udet 1934. Er hatte gerade mit einem neuen einsitzigen Heinkel-Jagdflugzeug bei Rostock mit 634,370 km/Std. den neuen internationalen Schnelligkeitsrekord aufgestellt.

Unten: Ernst Udet (im Flugzeug) mit seinem Konkurrenten Kunstflieger Fieseler.

Im Jahre 1918 ließ sich der 22jährige Leutnant Ernst Udet im Urlaub mit Lola Zink fotografieren. Er heiratete sie nach dem Krieg.

Das reinste Museum war Udets – hier im Cowboyanzug – Junggesellenwohnung in der Pommerschen Straße in Berlin.

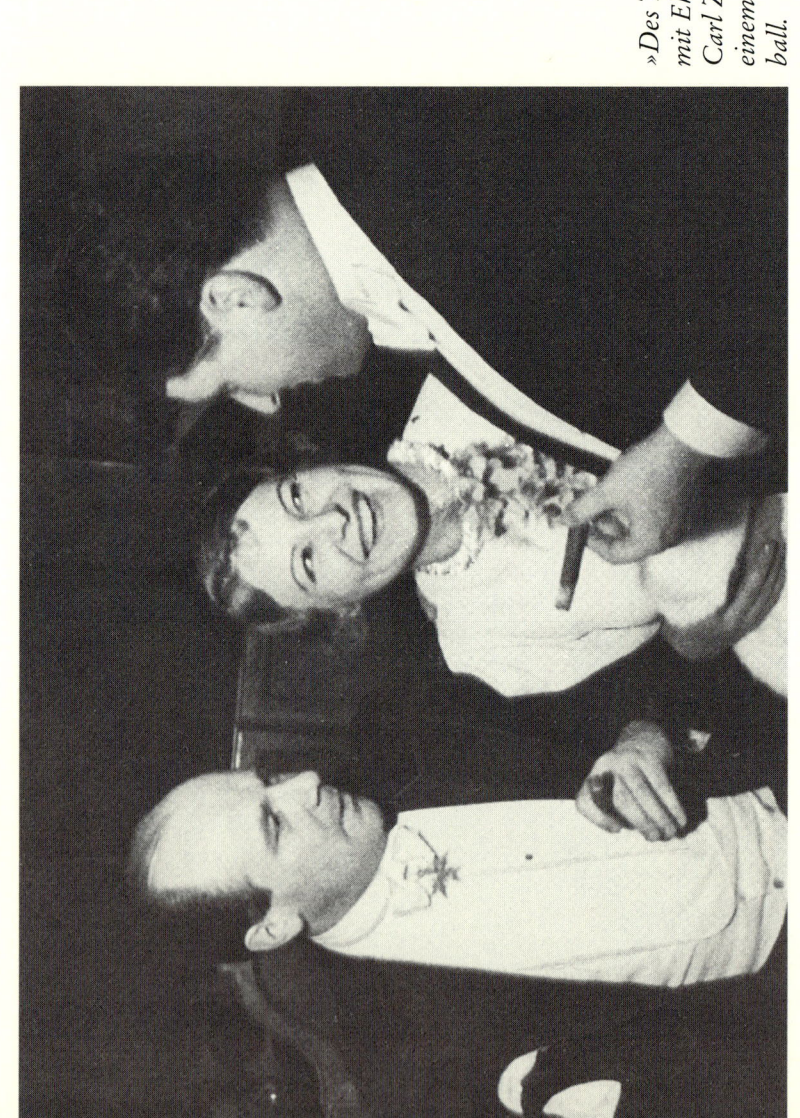

*»Des Teufels General«
mit Ebmi Bessel und
Carl Zuckmayer auf
einem Berliner Presse-
ball.*

Generaloberst Ernst Udet am Steuer eines Sturzkampfbombers.

Gut gelaunt, strahlend, optimistisch – so zeigte sich Udet 1941 gern in der Öffentlichkeit.

Der Generalluftzeugmeister Ernst Udet (rechts) und der General der Fliege
Erhard Milch im Jahre 1937 bei einer Flugzeugvorführung der deutschen
Luftwaffe. Beide gerieten dauernd aneinander, weil der hochbegabte Orga-
nisator Milch von dem improvisierenden und impulsiven Udet wenig hielt.

Generalstabsbesprechung im Reichsluftfahrtministerium. Von links: Ernst Udet, Reichsmarschall Göring, Generaloberst Hans Jeschonnek.

Festsitzung der Deutschen Akademie für Luftfahrtforschung im Haus der Flieger am 1. 3. 1938. Von links: Professor Dr. Heinkel, Generalmajor Udet, Direktor Blume von den Arado-Werken, Chefingenieur Lucht und Flugzeugkonstrukteur Messerschmidt.

Die Prominenz des 3. Reiches wurde aufgeboten, um beim Staatsbegräbnis die offizielle Trauer über Ernst Udets Tod nach außen hin glaubhaft zu machen.

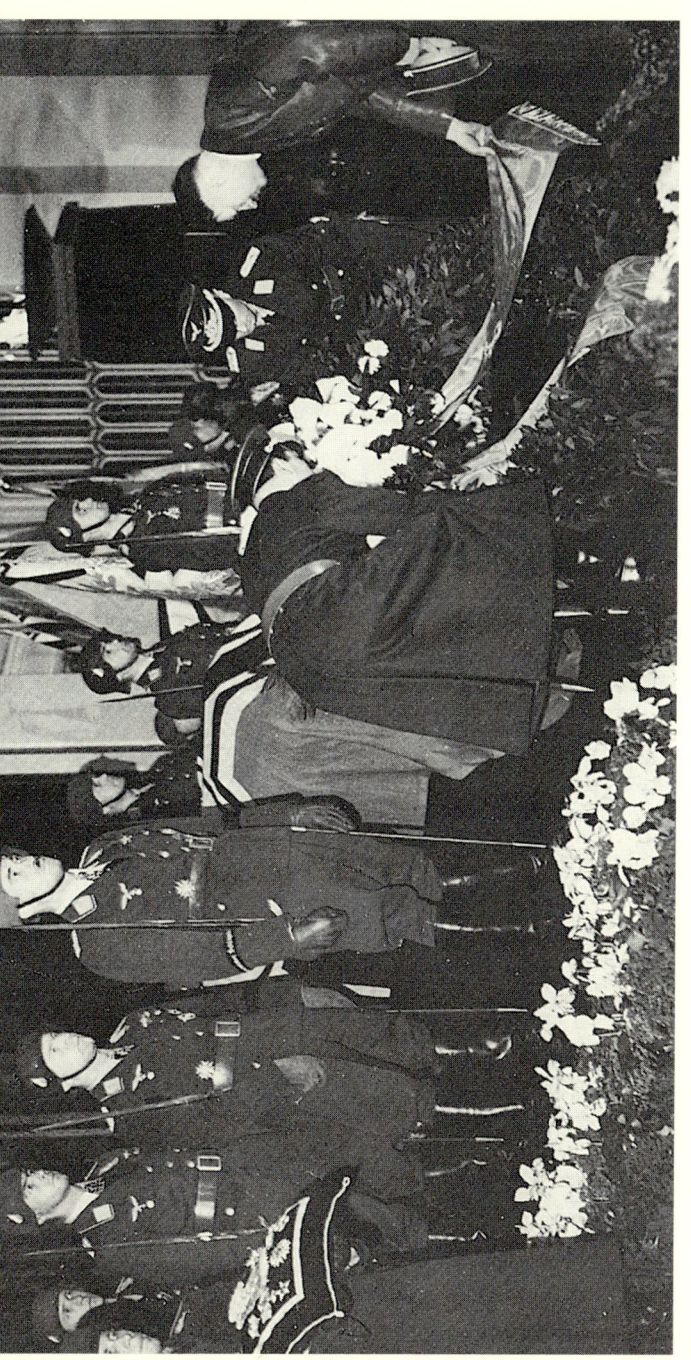

Beim Staatsakt legt der Führer am Sarg Udets einen Kranz nieder. Als Ehrenwache vorn links Oberstleutnant Galland.

Oben: Das Grab Udets auf dem alten Invalidenfriedhof in der Berliner Scharnhorststraße (aufgenommen am 18. 11. 1942).

Links: Wenige Wochen vor Udets Tod, an seinem 45. Geburtstag, entstand diese Aufnahme.

grammheft ein paar herrliche, heldenhafte Sätze über mich geschrieben. Du kannst es stehenlassen, aber ich habe den Krieg nicht überstanden, weil ich so besonders tapfer war … Es war oft nur die Angst, die Angst, daß ich mich nicht mehr im Spiegel ansehen könnte. Sie war stärker als alles andere. Ich glaube, Walter, das ist es … Ein Mann kann nur leben, solange er sich noch im Spiegel ansehen kann …«

Er war aufgesprungen. Er hatte plötzlich das ertappte Gesicht eines Mannes, der sich ärgert, daß er zuviel geredet hat. Er stieß mit dem Fuß gegen den Koffer. Dann kniete er sich auf den Boden und ließ die Schlösser aufschnappen. Er fuhr mit den Händen durch das Geld. Es waren Münzen und kleine Scheine. »Schläfst du damit?« sagte er. Auch seine Stimme hatte wieder den lauten und etwas leichten Ton. »Wieviel ist es?«

»Ein paar Tausender werden schon hängenbleiben.« Angermund deutete auf den Koffer. »Wie wollen wir es machen? Soll ich es auf die Bank …«

»Laß nur!« unterbrach Udet. »Warum die Mühe? Ich muß es doch gleich wieder abheben. – Du mußt es mir nur in großen Scheinen geben. Am liebsten in Tausendern.« Er schlug sich auf die hintere Tasche seiner Hose. »Die kann man am besten in die Arschtasche stecken«, sagte er. »Einverstanden, Dicker? Wir machen immer gleich Hackehackepeter.«

7.

So hielten sie es auch weiterhin. Nach jedem Flugtag machten sie gleich Hackehackepeter. Die Bücher, die Angermund sorgfältig führte, sah Udet sich fast nie an. Und doch erzählen die handgeschriebenen Kladden mit ihren nüchternen Zahlen am besten die Geschichte eines beispiellosen Erfolges. So zum Beispiel sah ein Flugtag in diesen Büchern aus.

19. Juli. Flugtag in Leipzig.

Einnahmen:	9 060,50 RM
Ausgaben:	
Plakatanschlag	220,– RM
Musik	120,– RM
3 Inserate	170,– RM
Anstecknadeln	6,50 RM
5 Plakatverteiler	10,– RM
70 neue Armbinden	7,– RM
2 Hilfsarbeiter	50,– RM
Leihgebühr für Aborte	6,– RM
Ballons gekauft	20,– RM
Flugpolizei	40,– RM
Freibier für Studenten (Kassierer)	80,– RM
Vergütung für Monteur	40,– RM
Höhenmesser und Thermometer	55,– RM
Betriebsstoffrechnung	196,– RM
Platzmiete	1 700,– RM
Zaunmannschaft	305,– RM
Provisionsanteil Angermund	500,– RM
Hotelrechnung	600,– RM
Udet	4 000,– RM
Spende Haunersches Kinderspital	935,– RM

Siebzehn Flugtage schafften Udet und Angermund im ersten Jahr. Udet flog sein Programm in Augsburg, Heilbronn, Würzburg, in München, Frankfurt, Wien, Stuttgart, Leipzig, Bamberg, Nauenburg, Ulm, Innsbruck und in vielen anderen Städten.

Die Gesamteinnahmen aus diesen Flugtagen, ohne die Ausgaben für Steuer und Versicherung, betrugen Ende 1925 achtzigtausend Mark. Hinzu kamen achtunddreißigtausend Mark durch Siege bei Flugwettbewerben in Frankfurt, Berlin, Chemnitz, Schleißheim und Teilnahme an dem »BZ-Preis der Lüfte«, der »Coppa d'Italia.«

Für Reklameflüge für die Bavaria-Film, den Zirkus Krone

und Gasolin-Öl kassierte man weitere zwölftausend Mark. Bei Personenflügen kamen neuntausend Mark zusammen.

Gesamteinnahmen für 1925 also einhundertneununddreißigtausend Mark. Rentenmark. Gute, rare Rentenmark.

Im nächsten Jahr, 1926, sollten die Zuschauerzahlen und mit ihnen die Einnahmen noch höher klettern. Aus fünfundzwanzig Flugtagen – unter anderem in Halle, Berlin-Staaken, Gelsenkirchen, Krefeld, Karlsruhe, Mannheim, Würzburg, Fürth, Wiener Neustadt und Jena – sollten über hundertsiebzigtausend Mark zusammenkommen. Aus Werbeflügen für Trumpf-Schokolade, Welthölzer, Veedol-Öl und für andere Firmen noch einmal zehntausend Mark. Mit den Verkaufsprovisionen, die Udet und Angermund vom Udet-Flugzeugbau für verkaufte »Flamingos« einheimsten, hatten sie Ende des Jahres mehr als eine Viertelmillion Mark eingenommen.

8.

Dann kam jener Novembertag in Berlin, der wie eine Warnung war, ein Anklopfen des Schicksals. Udet war von München nach Berlin gefahren, um an dem Staatsbegräbnis für Manfred von Richthofen teilzunehmen. Im Trauerzug, der dem Sarge von der Gnadenkirche zum Invalidenfriedhof folgte, hatte Udet unter den Männern, die mit ihm hinter dem Sarg schritten, flüchtig ein Gesicht gesehen. Eine Erinnerung war aufgetaucht, aber dann glaubte er sich getäuscht zu haben.

Er hatte das schon wieder vergessen, als er dem Mann am anderen Morgen in der Halle des Hotel »Adlon« wiederbegegnete. Diesmal, ohne das feierliche Schwarz, das sie gestern getragen hatten, erkannten sich die beiden Männer sofort.

»Mensch, der Udet!«

»Barnekow. Sind Sie es wirklich?«

Sie kannten sich aus dem Krieg, vom Jagdgeschwader Richthofen. Der Leutnant Raven von Barnekow war lange in Udets Staffel geflogen. An jenem 11. November, am Tage des Waffenstillstandes, als er, Udet, von einer kleinen Anhöhe aus um Punkt zwölf Uhr auf einem Flugplatz des Gegners die bunten Leuchtkugeln in die Höhe steigen sah, hatten sie sich zum letztenmal gesehen.

»Wissen Sie noch?« erinnerte Udet ihn jetzt daran.

Und ob sich beide erinnerten. Sie hatten ihr unverhofftes Wiedersehen ausgiebig gefeiert. Und doch spürten beide, wie sehr die vergangenen Jahre zwischen dem Heute und ihrer Erinnerung standen. Erst als sie sich trennten, fiel Udet auf, wie wenig Barnekow von sich erzählt hatte. Er war seinen Fragen ausgewichen, hatte sie mit ein paar leichten Bemerkungen abgetan, mit einem etwas mühsamen, krampfhaften Lächeln.

An diesem Abend kam Ernst Udet erst spät ins Hotel. Er stand schon an der Schwelle seiner Tür, als er einen Kellner und einen Burschen in einer grünen Schürze mit einem Mann kommen sah. Es war von Barnekow. Sie hatten ihn in die Mitte genommen. Blaß und bleich hing er zwischen den Männern. Seine Beine schleiften müde über den Boden.

»Was ist mit ihm passiert?« fragte Udet. Sie brauchten nicht mehr zu antworten, als er nähertrat. Eine Sekunde lang schien der Betrunkene sich zu besinnen. Die Lider hoben sich über den glanzlosen Augen. Er schüttelte sich von den Männern los und strich sich verlegen eine Strähne seines gewellten blonden Haares aus der Stirn. Er versuchte eine steife Verbeugung, dann hakten die beiden Männer ihn wieder unter.

Sie wollten schon weitergehen, als Udet sie zurückhielt. »Was haben Sie mit ihm vor?«

»Dem helfen nur zwölf Stunden Schlaf«, sagte der Mann in der grünen Schürze. »Wir schaffen ihn ins Bett.«

Es war mehr sein unverschämtes Grinsen als wirkliche Sorge, daß Udet sagte: »Ich kümmere mich schon um ihn. Bringen Sie ihn in mein Zimmer.« Als er dann mit Barnekow allein war, war er einen Augenblick lang wütend über sich selbst. Was kümmerst du dich um etwas, was dich gar nichts angeht, dachte er.

Barnekow hatte das Glas Wasser und die beiden Tabletten hastig heruntergeschluckt. Udet zog ihm den Rock aus und warf ihn über die Couch. Als es klopfte, ging er schnell zur Tür. Er nahm dem Mädchen das Tablett mit dem Kaffee ab. Als er dann wieder an den Tisch trat, sah er eine Brieftasche auf dem Teppich vor der Couch liegen. Sie war aus dem Rock geglitten.

Er hätte sie sicher unbeachtet zurückgesteckt, wenn er nicht in dem Paß, der aufgeschlagen dort lag, den Stempel bemerkt hätte. Als er den Ausweis aufnahm, erkannte er das russische Visum. Er warf einen schnellen, überraschten Blick auf den Betrunkenen. Barnekow lehnte in seinem Sessel. Der Kopf war auf seine Brust gesunken. Er sprach im Schlaf unverständlich vor sich hin.

Udet blätterte die Seiten des Passes durch. Dort standen neben dem russischen Visum zwei Transitvisa für Litauen und Lettland. Alle drei waren gültig. Udet schlug die ersten Seiten auf. Er starrte auf Barnekows Paßbild. Dann sah er, daß der Paß auf einen anderen Namen ausgestellt war. Es war ein sehr gebräuchlicher Name. Als Beruf war »Holzkaufmann« angegeben. Das letzte, was Udet entdeckte, war ein Fahrscheinheft. Zweiter Klasse. Es war erst an diesem Morgen ausgestellt worden. Am Rand des Heftes war mit Bleistift vermerkt: »Nordexpreß«.

Der Nordexpreß fuhr bis Riga. Die Fahrkarte war bis Moskau ausgestellt. Moskau! In diesem Augenblick erinnerte Udet sich, was Angermund ihm einmal erzählt hatte. Hatte er nicht gesagt, daß die Reichswehr in Rußland ein geheimes Fliegerzentrum unterhielt … daß dort neue Typen eingeflogen und alte Kriegsflieger neu ausgebildet würden?

Unschlüssig hielt Udet den Paß und das Fahrscheinheft in der Hand. Er fühlte den harten Schlag seines Herzens: pochende Schläge des Schicksals. Er setzte sich, wartete und starrte in das Gesicht des Betrunkenen. Eine Strähne des dichten blonden Haares hing von Barnekow über die geschlossenen Augen. Udet mußte sich überwinden, in dieses Gesicht zu schlagen. »Aufwachen!« sagte er. »Barnekow, nun wachen Sie schon auf!«

Barnekow rappelte sich hoch. Seine blauen Augen standen weit offen, nur halb begreifend und benommen.

»Kommen Sie! Aufwachen!« Udet stieß von Barnekow vor sich her in das kleine Bad. Er ließ das Becken vollaufen. »Los!« befahl Udet. »Den Kopf ins Wasser.«

Barnekow gehorchte. Dann warf Udet ihm das Handtuch zu. Als von Barnekows Gesicht unter dem weißen Frottiertuch hervorkam, verzog sich sein Mund, und er zeigte die Zähne …

»Sie?« stammelte er. »Mein Gott, wie komme ich hierher?«

»Nicht auf eigenen Füßen«, sagte Udet.

Barnekow hatte auf dem Handtuch das eingestickte »Adlon« entdeckt. »Glauben Sie, ich könnte mich noch an etwas erinnern?« Er griff sich an den Kopf. »Ist das Ihr Zimmer, Udet?« Er trat an den Spiegel. Als er sich dann umwandte, war sein Gesicht voller Wachsamkeit. »Wo haben Sie meinen Rock?« fragte er.

Udet ging voraus in das Zimmer. »Tut mir leid, Barnekow«, sagte er dann. »Ich wollte mich ein bißchen um Sie kümmern. Sie waren hübsch angeschlagen. Ich habe Ihnen den Rock ausgezogen und dabei …« Auf dem Tisch, in der Mitte des Zimmers, lagen Paß und Fahrscheinheft. Udet hatte den Paß aufgenommen. Er blätterte die Seiten auf. »Ein russisches Visum, zwei Transitvisa für Litauen und Lettland …« Er blätterte weiter. »Ihr Paßbild – aber ein falscher Name.« Er blickte von Barnekow offen an. »Da wird man neugierig. Eine Fahrkarte zweiter Klasse Berlin-Moskau, heute, am 24. 11. 1925, ausgestellt …«

Barnekow griff hastig nach der Tasse auf dem Tisch. Er schüttete den kalten schwarzen Kaffee hinunter. »Ich habe mein Wort gegeben …«, begann er.

Udet zündete sich eine Zigarette an und reichte das Feuer hinüber.

»Ist man denn nicht an Sie herangetreten?« fragte von Barnekow.

Udet blies hastig das Streichholz aus, das bis zu den Fingerkuppen herabgebrannt war. Dann strich er ein neues Holz an, zog an der Zigarette. »Was habe ich damit zu tun?«

Barnekow hob leicht die Schultern. »Es wäre möglich gewesen ... Man hat, das weiß ich genau, eine ganze Reihe alter Kriegsjagdflieger aufgefordert ...« Barnekow war an den Tisch getreten. Er nahm den Paß auf. Dann ließ er sich in den schweren Sessel aus weinrotem Rips fallen. »Es gibt schon wieder ein paar Leutchen, die das Kriegspielen nicht lassen können«, sagte er. »Ich mußte unbedingt auch dabei sein.«

Ein Gefühl warnte Udet, weiterzufragen. Aber schon hatte von Barnekow zu sprechen begonnen. Sein Bericht war nüchtern wie ein Rapport. Ende des Jahres 1920 hatte General von Seeckt das Kommando über die Reichswehr, das Hunderttausendmann-Heer, übernommen. Eine eigene Fliegertruppe gestattete der Versailler Vertrag diesem Heer nicht. Aber schon im Dezember 1921 erschienen zwei Abgesandte der Reichswehr in Rußland, um inoffiziell mit Vertretern der Roten Armee über den Bau von Flugzeugen und über die Möglichkeit der Ausbildung deutscher Flieger in Rußland zu verhandeln. Im Dezember 1923 wurde der erste geheime deutsch-russische Militärvertrag unterzeichnet.

Im Truppenamt des Reichswehrministeriums in der Bendlerstraße in Berlin gab es seither eine getarnte Inspektion der Flieger, die »In I«. Ihre Aufgabe war die technische Erprobung von Maschinen und die Überwachung der Ausbildung deutscher Flieger in Rußland. Während in Deutschland das Volk kaum den Schock des verlorenen Krieges, die Last der Kriegsschulden, die Rheinlandbesetzung, die Verarmung durch die Inflation überwunden hatte, wurde zu Beginn des Jahres 1924 in Rußland mit dem Ausbau des von den Russen zur Verfügung gestellten Fliegerzentrums begonnen.

Der Flugplatz lag in Lipezk, etwa vierhundert Kilometer südöstlich von Moskau. Dort entstanden Rollfelder, Flugzeughallen, Werkstätten, moderne Motorenprüfstände, Wohngebäude ... Die Russen stellten nur das notwendigste Material:

Holz, Steine. Jedes Werkzeug, ja buchstäblich jeder Nagel mußte auf Schleichwegen nach Lipezk geschafft werden …

Der größte Teil dieses Materials ging über den Seeweg. Im Freihafen von Stettin wurden Kisten auf russische Schiffe geschmuggelt. Munition, Bomben und andere besonders geheime Güter wurden von Seglern in einsamen Buchten der Ostsee an Bord genommen und nach Leningrad befördert. Flugzeuge flogen in großen Höhen und ohne Zwischenlandung von Deutschland nach Lipezk. So begann im Sommer 1924 in Lipezk der erste Lehrgang für Jagdflieger. Zweihundert Deutsche waren es, die man bis dahin nach Rußland geschleust hatte. In kleinen Gruppen und mit falschen Pässen bestiegen sie in Berlin den Nordexpreß. In Dünaburg wurden sie von russischen Verbindungsmännern in Empfang genommen. Die Rückreise erfolgte meist über Leningrad. Dort warteten sowjetische Frachtschiffe. Sie legten in keinem deutschen Hafen an. Die Männer gingen bei Nacht und Nebel über die Böschung des Kaiser-Wilhelm-Kanals von Bord.

Selbst der Rücktransport der Leichen einiger in Lipezk abgestürzter Flieger war mit Gründlichkeit organisiert: In Kisten, die als »Maschinenteile« deklariert waren, wurden sie in die Heimat zurückgeschmuggelt.

Die beiden Männer im Zimmer des »Adlon« waren ans Fenster getreten. Das Licht des aufdämmernden Morgens lag wie der Widerschein eines schwachen, rauchenden Feuers hinter der Stadtsilhouette. Die Gebäude um den Pariser Platz verharrten in erstarrtem Schweigen.

»So, nun liegen meine Karten auf dem Tisch«, sagte von Barnekow. Er blickte auf. »Wenn man nun zu Ihnen gekommen wäre, was hätten Sie …«

»Zu mir?« Udet sprach nicht weiter. – Du hättest ihnen ins Gesicht gelacht, dachte er, weil es dir gut geht. Du hast niemanden nötig! Das Geld kommt in die Kasse – du verdienst es sogar mit dem, was dir Freude macht, mit Fliegen. – »Mensch, Barnekow, geht es Ihnen so dreckig, daß Sie da mitmachen?« fragte er.

Barnekow schüttelte den Kopf. »Mir geht es leidlich. Meine Eltern haben ein Gut in Pommern … Das ist es nicht. Sie müßten mich doch verstehen, Udet. – Der Krieg! Es war oft eine harte Zeit. Aber irgendwie hat es doch einen Sinn gehabt, mehr als jetzt. Vielleicht habe ich es noch nicht verdaut, daß plötzlich alles verloren war. Jeder Mann braucht eine Portion Selbstvertrauen. Ein Volk auch! Wir müssen doch wieder hochkommen. Und wenn man uns nicht läßt, dann … Es ist doch unvermeidlich …«

Unvermeidlich … Dieses Wort stand plötzlich drohend im Raum. Udets Blick umfaßte das Zimmer. Die seidenen Vorhänge, der weiche Teppich, die schweren, geschnitzten Möbel – das alles vermittelte den Eindruck der Dauerhaftigkeit. So, als sei es immer so gewesen und würde ewig so bleiben. Und trotzdem stand in diesem Raum plötzlich etwas anderes. Udet spürte ein Gefühl der Ohnmacht. Es war, als würfele jemand um sein Leben, ohne daß er etwas daran ändern konnte.

»Wann geht's los?« fragte Udet.

Barnekow blickte auf den Paß und das Heft in seinen Händen. »Mein Zug wäre heute nacht gefahren.« Er lächelte müde. »Aber ich habe schon vormittags mit dem Trinken angefangen …«

Später, viel später erst, sollten sich die beiden Männer wieder an dieses Gespräch erinnern. Zehn Jahre lang würde die heimliche Ausbildung in Lipezk, unbeachtet von der Welt, weitergehen. Zehn Jahre lang würden die Regierungen der Weimarer Republik die Gelder für die Reichswehr bewilligen. Zehn Jahre lang würde man Flugzeugführer ausbilden, den Stamm technischen Personals schulen und die Voraussetzungen für die Serienfertigung von Kriegsflugzeugen schaffen. Als das Jahr 1933 kam, standen je zwei Typen von Jagdflugzeugen, leichten Bombern und Nahaufklärern zur Serienproduktion bereit, gab es über fünfhundert ausgebildete Besatzungen.

Doch damals ist jenes Gespräch im »Adlon« bald vergessen. Solange ein Udet fliegen kann, läßt sich alles ertragen. Und er kann fliegen – ganz privat. Angermund und Udet machen ihre Flugtage. 1926 wird ihr großes, ihr erfolgreichstes Jahr. Udets Name wird immer mehr zu einem Begriff.

Vor allem in München ist er stadtbekannt; als »Urviech«, als Gaudimacher.

Walterspiel, der Inhaber der »Vier Jahreszeiten«, zittert, wenn sein Gast in München ist. Stundenlang dauert das Preisschießen um Sektpullen und silberne Zigarettenetuis in Udets Appartement. Viele Faschingsgäste des »Cherubin«, des Restaurants der »Vier Jahreszeiten«, werden sich an jenen Ball erinnern, bei dem plötzlich die Türen aufflogen und Udet auf seinem Motorrad im Frack mitten unter die Tanzenden fuhr und dann auf dem Parkett ein paar Runden drehte.

Er hält die Flugpolizei in Atem. Er fliegt mit seinem »Flamingo« zwischen den Türmen der Münchner Ludwigkirche und der Frauenkirche hindurch, er taucht mit ihm unter die Bogenhausener Isarbrücke. Vor allem aber haben es ihm die Berge angetan. Mit Kufen, die unter dem Fahrgestell montiert waren, wagte er die kühnsten Gebirgsflüge. Er landete auf dem Plateau der Zugspitze und erhielt in diesen Tagen von einem Mitglied des »Deutsch-Österreichischen-Alpen-Vereins« folgenden Brief:

»Da habe ich eben gelesen, daß Sie mit Ihrem verdammten Gelump über die ganzen Gebirgsketten weggeflogen sind. Haben Sie denn gar kein Gefühl mehr und so viel Anstand, daß Sie uns wenigstens im Gebirge unsere Ruhe lassen mit Ihren verfluchten Radaukästen. Wir haben nur den einen Wunsch, daß Sie sich mit Ihrem berühmten Zugspitzhailer, wenn Sie schon den ganzen Schwindel nicht den Herren Dädalus, Ikarus und Genossen überlassen können, bei nächster Gelegenheit ihren Schädel an der ersten Eiswand unseres heiligen Urgebirgs einrennen mögen. Fliegen Sie doch an der Waterkante oder sonst bei den gescheiten Hundspreißen da droben, aber lassen Sie unsere Berge in Ruhe. Schade, daß Sie nicht ein

Franzos rechtzeitig abgeplustert hat, so muß man warten, bis Ihre Knochen in einer Gletscherspalte auf tausend Jahre verschwinden, wie Sie es nicht anders verdienen. Kaum ist man heute in den Bergen, brummt einem einer von Ihren Schweinehunden die Luft voll.

Unsere besten Wünsche begleiten Sie, wenn Sie's wieder versuchen. Tausende freuen sich, wenn es heißt, der Udet ist im Gebirge kaputt geflogen.

Die Sektion München des D.Ö.A.V.«

9.

Innerhalb eines Jahres verlor das Hotel »Vier Jahreszeiten« seine Dauergäste. Als erste räumte die Gräfin Margot von Einsiedel das Appartement im ersten Stock. Sie verschwand genauso überraschend, wie sie einst gekommen war: zuerst sie selbst, dann ihre Überseekoffer, zuletzt ihre zwei Kinder mit der Zofe. Wie sie vor zwei Jahren auf der Rhön zu Udet in den Wagen gestiegen war, so nahm sie diesmal in dem 3-Liter-Steyr des Rennfahrers Huldreich Heusser Platz.

Es war an einem Abend nach der Bergprüfung des ADAC im Februar 1927 in Garmisch. Heusser war in seiner Klasse Sieger geworden. Das Rennen der 1,5-Liter-Wagen hatte die Gräfin Einsiedel, mit Udet als Beifahrer, gewonnen. Udet war mit Angermund durch die Drehtür des Hotels »Alpenhof« ins Freie getreten, als der Steyr anfuhr. Die roten Rücklichter, aufstiebender Schnee und zwei wehende Schals über dem Pelzmantel – mehr hatten sie nicht gesehen.

Aber abends feierten sie in bester Stimmung. Und tags darauf, in München, lud Udet seine Freunde zu einem Preisschießen auf sein Zimmer ein. Statt der Scheiben schossen sie auf kleine weiße Zettelchen. Die Gräfin hatte ihren Namen, das Datum und darüber einige Zahlen gekritzelt. Es waren vierstellige Zahlen. Die vielen kleinen, hübschen, nicht eingelösten Schuldscheine, die die Gräfin zurückgelassen hatte, reichten für die ganze Nacht.

Zwei Monate später wurde auch Angermunds Büro im zweiten Stock frei. Die Einnahmen aus den Flugtagen waren von neuem zurückgegangen, die Ausgaben gestiegen. So waren Udet und Angermund übereingekommen, ihr Team aufzulösen. Angermund nahm das Angebot der im Jahr zuvor gegründeten Lufthansa an, die Werbeabteilung zu übernehmen. Im April 1927 zog er nach Berlin.

Kurze Zeit darauf verließ auch Ernst Udet München. In Berlin, in der Bendlerstraße 6, im zweiten Stock, mietete er eine möblierte Zweizimmerwohnung. Neben der Haustür war ein großes Schild angebracht: »Ernst Udet, Kunst- und Privatflieger.«

Aber die goldenen Jahre schienen vorbei zu sein. Die Illusion des Volkes, mit der Rentenmark auch die Auswirkungen des verlorenen Krieges überwunden zu haben, stürzte jäh zusammen. Die Inflation war allen noch wie ein Alptraum in Erinnerung. Da tauchte ein neues Schreckgespenst auf: Arbeitslosigkeit.

Der Kunst- und Privatflieger Udet aber flog jetzt alles und jeden. Er machte weiterhin Flugtage für ein Fixum. Er »akrobatelte« bei Flugtagen der Lufthansa, die Angermund vermittelte. Udet war beim Volksflugtag in Staaken dabei. Er flog am Verfassungstag der Republik für den »Sturmvogel«, den Flugverband der Werktätigen. Er erflog sich Preise bei Rennen. Der Konstrukteur von Knüpfer hatte für die Reichswehr eine fliegende Zielscheibe erfunden; so zog Udet bei Schießübungen durch die Lüfte. Als man zu schlecht schoß und zu wenig zahlte, entwickelte er daraus die Reklame-Schleppschrift und ließ sie patentieren.

Dann fielen auch noch die Provisionen fort, die Udet bisher monatlich von der Udet-Flugzeugbau erhalten hatte. Im September 1928 ging die Gesellschaft, die schon zuvor nach Augsburg verlegt worden war, in Liquidation. Die Bayerischen Flugzeugwerke übernahmen die Produktionsstätten der alten

Firma. Später wurde der Name noch einmal geändert: Ein junger Konstrukteur leitete seitdem das Werk, Willy Messerschmitt.

So begann das Jahr 1929. Das Jahr der großen Firmenzusammenbrüche. Das Jahr des »Schwarzen Freitag der New Yorker Börse«, der die große Wirtschaftskrise auslöste. Das Jahr, in dem die Arbeitslosenzahl in Deutschland fast fünf Millionen erreichte, und die Zeit, die einer schon fast vergessenen Partei zum endgültigen Durchbruch verhalf, der NSDAP.

Vor vier Jahren hatte es nicht danach ausgesehen. Als Hitler am 20. Dezember 1924 vor den Türen der Festung Landsberg stand, war er ein freier Mann, aber die Partei schien tot zu sein. Seine Mitarbeiter und seine Wähler waren auseinandergelaufen.

Im Februar 1925 hing in einer Buchhandlung in der Thierschstraße in München ein Plakat: »Kartenvorverkauf zur Versammlung, abends 20 Uhr, am Freitag, dem 27. 2., Bürgerbräukeller, Rosenheimer Straße. Wiederbegründung der NSDAP. Es spricht Parteigenosse Adolf Hitler. Plakatunkosten eine Reichsmark. Zur Versammlung ist den Juden der Zutritt verboten.«

Am 9. März verhängte der bayrische Innenminister über Hitler ein Redeverbot. Die meisten anderen Länder schlossen sich an. Die NSDAP selbst war von dem Verbot nicht betroffen.

Im Frühjahr 1926 sprachen selbst Anhänger Hitlers vom Ende der Partei. Nur etwa achtzehntausend Mitglieder standen noch in der Zentralkartei. Die Aufnahmegebühr von einer Mark, die Erhöhung des Mitgliederbeitrages auf achtzig Pfennig brachten nicht viel Geld in die leeren Kassen. Der »Völkische Beobachter« und die Spenden reicher Gönner waren fast der einzige materielle Rückhalt in dieser Zeit.

Am 5. März 1927 wurde das Redeverbot über Hitler aufgehoben, und vier Tage später stand er erstmals wieder in München auf der Rednertribüne. Die Arena des Zirkus Krone war überfüllt. Am 1. Mai sprach Hitler zum erstenmal in Berlin.

Nach den Wahlen, am 20. Mai 1928, zogen zwölf Abgeordnete der NSDAP in den Reichstag; einer von ihnen war der ehemalige Hauptmann Hermann Göring, der aus Schweden nach Deutschland zurückgekehrt war. Dann kam das Jahr 1929. Wieder standen Schlangen vor den Geschäftsstellen der NSDAP. Im Sommer betrug die Mitgliederzahl bereits hundertzwanzigtausend. Während alle anderen Parteien zu schlafen schienen, hielt die NSDAP Versammlung auf Versammlung ab. Sie kämpfte um die Stimmen des Volkes, als ob jeden Tag und in jedem Dorf Wahlkampf wäre. Ihre Redner waren nicht träge wie die anderen. Sie opferten etwas, wo die anderen sich nur an ihre Ämter klammerten. Sie versprachen jeden Tag, was die anderen nur vor den Wahlen versprachen. Ihre glühenden Worte, Arbeit für alle zu schaffen, fielen auf fruchtbaren Boden ...

In dem Augenblick, in dem viele die Mark zweimal umdrehten, ehe sie ihr Geld für einen Flugtag ausgaben, wurde Udet vom Film »entdeckt«. Dr. Arnold Fanck, der schon einige erfolgreiche Bergfilme gedreht hat, schrieb an einem neuen Drehbuch »Die weiße Hölle vom Piz Palü«. Die Hauptrollen spielten Leni Riefenstahl und Gustav Dießl – und Ernst Udet mit seinem »Flamingo«.

Am 20. Februar war Ernst Udet mit seinem Monteur Erich Baier im »Flamingo« von München nach St. Moritz geflogen. Vier Wochen dauerten die Dreharbeiten für »Die weiße Hölle am Piz Palü«. Udet flog – verwegener und toller als je zuvor. Den Kameraleuten verschlug es den Atem, wie Udet seine Maschine in traumwandlerischer Sicherheit durch die steilen Bergfelsen zog. Später, als in den Theatern der Film anlief, wollten die Kritiker einfach nicht glauben, daß hier ohne Trickaufnahmen gearbeitet worden war.

Im März waren die Dreharbeiten beendet, und Udet flog den »Flamingo« nach Augsburg. In den »Bayerischen Flugzeugwerken« wurde er für die kommende Flugsaison überholt. Es folgten Flugtage in Frankfurt am Main, Berlin, Landshut, Halle, Leipzig und Marburg. Im Sommer konnte Udet sich in England bei den De Havilland Flugzeugwerken den zweisitzigen Doppeldecker »Motte« kaufen. Mit dieser Maschine führte er während der Badesaison Reklameflüge aus. Von Kolberg bis Borkum überflog er fast sämtliche deutschen Ost- und Nordseebäder, über denen er Wasserbälle mit der Aufschrift abwarf: »Gruß von Udet – Bäderflug 1929.«

Im August und im September folgten wieder Flugtage in Wilhelmshaven, Kaiserslautern, Stuttgart, Chemnitz, Dresden, Königsberg, Danzig und in anderen Städten. Anfang März 1930, genau ein Jahr nach den Dreharbeiten zu dem Film »Die weiße Hölle vom Piz Palü«, startete Udet mit einer neuen Klemm, einem zweisitzigen, offenen Tiefdecker, von Stuttgart-Böblingen nach St. Moritz. In den Alpen entstand ein neuer Dr. Fanck-Film mit Udet: »Stürme über dem Mont Blanc.«

Eine Filmszene verlangte eine Flugzeuglandung auf einem Gletscher des Montblanc. Die Darsteller waren laut Drehbuch dort abgeschnitten und warteten auf ihre Rettung.

Fast viertausend Meter hoch lag der Landeplatz. Darsteller und Kameraleute waren auf Skiern in der schneidenden Kälte zu der einsamen Dupuis-Hütte aufgestiegen. Sie warteten vier Tage, denn das Wetter war neblig, und Udet konnte von seinem Platz im Tal nicht starten. Am vierten Tage endlich brach die Sonne für kurze Zeit durch den Nebel. Würde Udet die Landung auf dem Gletscher heute wagen?

Stunde um Stunde verging. Schon stieg aus den Tälern wieder der Nebel hoch. Da hörten sie das Motorengeräusch. Die Filmleute stapften so schnell es ging zu ihren Kameras. Dann tauchte die Maschine auf. Während der Film Meter um Meter absurrte, senkte sich die »Klemm« auf den Gletscher. Die Kufen wirbelten den Schnee hoch. Die Kameraleute drehten mit klopfenden Herzen.

Kaum war Udet aus dem Sitz seiner Maschine geklettert, als der Nebel dick und milchig heranwehte. Eine Stunde lang hofften sie auf besseres Wetter. Aber immer stärker wurde der Nebel, immer schattenhafter der Umriß der Maschine, die wieder starten mußte.

Niemand sagte etwas, als Udet den Propeller anwarf und in den Sitz kletterte. Dann tauchte die »Klemm« in den dicken, stippigen Nebel hinein.

Die Kameramänner filmten auch jetzt. Dann horchten sie auf das Geräusch des Motors, das immer leiser wurde.

Als die Filmleute am Tag darauf wieder in ihr Hotel in Chamonix am Fuß des Montblanc zurückkehrten, erfuhren sie, daß Udet glücklich gelandet und nach Berlin weitergeflogen sei.

Monate später schreckte eine andere Nachricht Udets Freunde auf: »Udet in Afrika vermißt.«

Die Meldung kam aus Chartum am Nil. Sie kam von dem Kommandeur der Royal-Air-Force-Einheit in Chartum, dem Engländer Sholte Douglas.

Am 30. Oktober hatten die Mitglieder der Filmexpedition mit Nachtexpreß Berlin verlassen. »Wir hatten uns zusammengetan«, so schrieb Udet später selbst darüber, »um in Afrika zu fliegen und zu filmen, um etwas von der warmen Sonne südlich des Äquators einzufangen, die uns hier oben im kalten Norden gerade in dieser Zeit mehr denn je not tat.«

In Genua gingen sie an Bord des »Adolf Woermann«. Im November trafen sie in Mombasa ein. Von dort ging es mit Flugzeugen und Autos zum Stammlager, das in eintausendachthundert Meter Höhe am Nordufer des Manjara-Sees in Tanganjika lag.

Drei Monate hatten sie Tierherden gefilmt, einsame, nie von einem Weißen betretene Negerkrale. Udet war zwischen den Kraterwänden des zweitausendfünfhundert Meter hohen Lengai, dem »Kochtopf der Götter«, gelandet. Sie hatten einen Vorstoß zum Kongo unternommen, um Elefanten- und Nashornherden aufs Filmband zu bringen … Beim Einsetzen der Regenzeit hatten sie vierzigtausend Meter Film verschossen.

Über der Massai-Steppe hingen düstere Wolken, als Udet, vor ihm der Kameramann Hans Schneeberger, noch einmal über dem Lager kreiste. Sie sahen von oben die runden Tropenhelme der Männer und die weichen, großrandigen Hüte von Frau von Gontard und Udets Freundin, Frau Felsing. Sie winkten.

Udet ließ den Kompaß nach Norden einspielen. Der Tiefdekker stieg schnell. Die flache, schneebedeckte Kuppe des Kilimandscharo wuchs rechts von ihnen unwirklich aus der hitzeflimmernden Hochebene. In Kisumu landeten sie nur, um zu tanken. Dann folgten sie dem Nordufer des Victoriasees. Einmal sahen sie ein Rudel schnellfüßiger Antilopen, die eine breite Staubbahn durch die Steppe wirbelten. Dann glitt das Schattenkreuz ihrer Maschine vor ihnen her über das Dunkel des Urwalds. Udet ging mit der Maschine tiefer, wie angezogen von dieser wilden Schönheit. Ein feuchter, süßlicher Brodem stieg aus den Wäldern auf. Schneeberger hatte den Ledergurt der Kamera um das Handgelenk gelegt.

Udet spürte wieder das wilde Gefühl des Glücks. Es war in den letzten Monaten von Tag zu Tag stärker geworden. Jetzt schien sein ganzer Körper nur noch aus diesem einen Gefühl zu bestehen. Die heißen Hände, die den Steuerknüppel umklammert hielten, fühlten es. Die Füße auf dem Seitenruder. Die vor Durst trockenen Lippen. Die Augen, die von der Sonne brannten. Wie mit spitzen Dolchen sprang das Licht von dem Aluminiumanstrich der Tragflächen zurück. Der Durst, die Hitze – es war, als hätte er nicht gelebt, wenn er dies nicht empfunden hätte.

Auch seine Gedanken waren klar und einfach. Es waren die Gedanken eines Jägers, der den hölzernen Schaft seines Gewehrs in den Händen spürt, wenn das Wild ins Schußfeld tritt. Es waren die Gedanken eines Bergsteigers, der allein an seinem Seil an einer steilen Felswand hängt. Es waren die Gedanken eines Mannes, der plötzlich spürt, daß es so ganz einfache Dinge sind, für die es sich zu leben lohnt …

Als Schneeberger plötzlich die Kamera absetzte, als Udet selbst das plötzliche Vibrieren der Maschine spürte, da hatte er zunächst nicht das Gefühl einer Gefahr. In einem solchen Augenblick, dachte er, könnte man sterben. – Es war kein erschreckender Gedanke. Er gab sogar ein tiefes Gefühl der Ruhe.

Schneeberger deutete auf den großen Hilfstank, der vor seinem Sitz eingebaut war. Als Udet den Steuerknüppel zwischen die Knie nahm und sich vorbeugte, sah er, daß das Halteband geplatzt war. Die Schwingungen des losen Tanks schüttelten die Maschine wie mit Fäusten. Wenn die Benzinleitung brach ... Udet drückte die Maschine tiefer. Schneeberger hatte den Tank mit beiden Händen umklammert. Das Vibrieren wurde schwächer. Udet drehte nach Westen. Glatt wie ein Stück Glas tauchte die riesige Wasserfläche des Sees auf. Langsam glitt die Maschine dicht über dem Wasser an der undurchdringlichen Wand des Waldes entlang. Ein paar sumpfige Wasserarme schnitten messerscharf in das dichte Grün. In dem flachen, flimmernden Wasser lagen Hunderte dunkler Schatten. Sie hatten schwingende Schwänze und Köpfe, die aus dem Wasser tauchten und wieder unter die Oberfläche sanken. Die Schatten schimmerten schuppig. Dann erkannte Udet, daß es Krokodile waren.

Er zog die Maschine wieder hoch. Er verglich auf der Karte den Kurs. Er schwenkte auf ihn ein. Plötzlich beobachtete er, wie der Wald heller wurde. Dann war der Busch da, dann die Schatten einzelner knorriger Bäume und dann die Ebene. Sie schien in der flimmernden Hitze zu tanzen. Und in der Ebene blinkte ein scharfer weißer Schein: die Spiegelung der Sonne auf dem mit Benzinkanistern gedeckten Dach eines Gebäudes.

Wenige Minuten später setzte der Eindecker auf dem Platz in Jinja auf. Langsam rollte die Maschine über das verbrannte Gras auf das Gebäude zu. Die Sonne schoß noch immer ihre Lichtsignale auf das Blechdach. Dann erstarb der Motor. Die beiden Männer sprachen nicht. Sie lächelten sich nur an. Dann kletterten sie aus der Maschine und schritten auf das Gebäude zu. Aber der Schaden an der Maschine war schnell behoben. Nachdem die Haltegurte des Tanks erneuert und verstärkt worden waren, konnten sie weiterfliegen. Über die Seen und Sümpfe entlang des Blauen Nils bis nach Juba.

Als sie von Juba nach Malakal starteten, wurde die Hitze noch unerträglicher. Wie ein feuchtes Tuch hing sie vor ihren Mündern. Die Kleider klebten an der Haut. Als sie den Nil überflogen, brach unter ihnen eine Herde Elefanten aus dem Busch. Schneeberger hatte seine Kamera nicht gehoben. Er winkte müde ab, als Udet ihm auf die Schulter klopfte und auf die schweren grauen Leiber im hohen Steppengras zeigte.

Schneebergers Kopf lag müde auf dem Polster des Sitzes. Als Udet die Flasche mit Trinkwasser nach vorn reichte, trank er durstig und gierig. Seine Augen glänzten fiebrig, als er die Flasche zurückreichte. Sie hatten noch etwa zwei Stunden zu fliegen. Plötzlich begann der Zeiger der Benzinuhr zu zittern; müde neigte er sich zur Seite. Es gab nur eine Erklärung: ein Bruch in der Benzinleitung zum Haupttank. Als Udet sich über die Bordwand beugte, sah er nur die weite Einsamkeit. Schneeberger war aus seiner starren Müdigkeit aufgeschreckt.

»Die Autospur«, schrie Udet ihm zu. »Wir müssen sie finden.« Der gebeugte Rücken vor ihm regte sich nicht. Udet starrte auf die Wirbel des Rückgrats, die sich jetzt in der Schweißbahn des Hemdes deutlich abzeichneten …

Die Spur war nur während weniger Monate des Jahres befahrbar. In dieser verlorenen Gegend war sie die einzige Hoffnung, bei einer Notlandung gefunden zu werden. Der Zeiger der Benzinuhr fiel weiter. Unter ihnen dehnte sich die sumpfige Ebene. Einmal zog eine Herde Zebras über die ansteigenden grünen Hügel in dem dichten Busch. Schließlich war es Schneeberger, der die Spur entdeckte. Unter der Spitze der rechten Tragfläche lief ein dünner Streifen am Rande der Hügel durch die Steppe. Die Maschine schwebte tiefer. Mit stotterndem Motor setzte das Flugzeug nahe der Spur auf. Das Gras war hart und mannshoch. Es peitschte sirrend gegen den Rumpf.

Sie schlugen ihr Zelt vor dem Flugzeug bei einer kleinen Baumgruppe auf. Von dort aus konnten sie die Spur gut im Auge behalten. Die Hitze brütete über der Steppe. Udet hatte die Umgebung erkundet, aber kein Wasser gefunden, nur ein paar sumpfige Tümpel. Schneeberger fieberte. Sein Gesicht unter dem Tropenhelm war müde und eingefallen. Udet ging zum Flugzeug. Er holte die Kamera.

»Komm«, sagte er. »Mach eine Aufnahme von mir.« Er drückte Schneeberger die Kamera in die Hand. Dann stellte er sich vor den Propeller, stemmte die Fäuste in die Hüften, lächelte. »Knips«, sagte er aufmunternd. »Das ist für unsere alten Tage, wenn wir nichts mehr erleben werden.«

Danach saßen sie im Schatten ihres Zeltes. Sie beobachteten die Straße.

»Vielleicht kommt ein Auto«, meinte Udet.

Schneeberger lächelte ungläubig.

»Oder ein paar Eingeborene.« Udet kroch in das Zelt. Als er zurückkam, hielt er ein paar billige Glashalsketten in der Hand. Er ließ sie durch die Finger gleiten. »Du siehst, für alles ist vorgesorgt.«

Sie saßen vor dem Zelt, bis es dunkelte. Die Dunkelheit kam schnell. Sie fiel wie ein Tuch über sie. Auch die Autospur versank. Sie sah jetzt aus, als hätten Eingeborene den schweren Körper eines erlegten Elefanten durch die Steppe gezogen ...

Zwei Tage, nachdem die Maschine der Deutschen von Juba zu ihrem Flug nach Malakal gestartet war, wollte es der Zufall, daß ein englischer Flieger von dem Rasthaus der Sudan Railway in Juba einen Freund in Chartum anrief. Der englische Flieger hieß Campbell Black.

»Sholte«, sagte er, »wenn eines deiner Flugzeuge in die Gegend kommt, so schick mir doch einen Kasten Bier mit. Aber packt ihn mir in Eis.« Sie hatten noch eine Weile miteinander gesprochen. Dann meinte Campbell Black: »Übrigens, hat dich dieser deutsche Flieger besucht?«

»Was für ein deutscher Flieger?«

»Mister Udet«, sagte Campell, »Ernst Udet. Er wollte dich aufsuchen.«

»Udet«, sagte die andere Stimme. »The german war ace? Ja, ich kenne ihn; wir haben uns 1918 am gleichen Frontabschnitt gegenübergelegen.«

Aber die Maschine des Deutschen war nicht in Chartum gelandet. Campbell Black sprach mit Malakal. Kein deutscher Eindecker hatte Malakal erreicht. Black war seit fünf Jahren in Juba. Er kannte die gefährliche Sumpfgegend am Weißen Nil. Er wußte, was es hieß, dort notlanden zu müssen. Er hatte wenig Hoffnung, als er am Morgen des dritten Tages die Beutel mit Trinkwasser und das Jagdgewehr zu der Militärmaschine trug.

Am gleichen Tag, an einem diesigen Aprilmorgen, stürmte der Redakteur der »B.Z. am Mittag«, Walter Kleffel, aus dem Ullstein-Haus auf die Straße. An der Ecke Koch-Markgrafenstraße parkte eine einzelne Droschke mit dem schwarz-weißen Schachbrettstreifen.

»Wilhelmstraße«, verlangte der schlanke, elegant gekleidete Redakteur, als er hinter der mächtigen Gestalt des Droschkenfahrers auf dem Rücksitz Platz nahm. Der Fahrer legte das Freizeichen um. Dann drehte sich sein schwerer Schädel über dem breiten Rücken und zeigte ein kantiges Profil. »Wohin woll'n Se denn da, Herr Kleffel?«

»Ich sage Ihnen schon, wo Sie halten sollen«, antwortete der Redakteur. Das Profil verschwand, als der Wagen anfuhr. Dann tauchte ein Paar verschmitzter Augen im Rückspiegel auf. »Was ham' Se denn da wieder uff der Pfanne?«

Kleffel, den Regenschirm zwischen den Knien, die übereinandergelegten Hände auf dem Griff aus Manilarohr, antwortete nicht. Klickend sprangen die Zahlen auf der Skala des Taxameters weiter. Scheinbar völlig unbewegt starrte der Redakteur auf den massigen Rücken des Fahrers. – Es mußte etwas Ungewöhnliches geschehen sein, daß der sonst nicht auf den Mund gefallene Journalist heute so einsilbig war. Aber es war nichts, nichts Bestimmtes jedenfalls. Es war einfach so, daß Kleffel einen sechsten Sinn für dramatische Augenblicke hatte.

Als Ernst Udet im Herbst des vergangenen Jahres seine Afrika-Filmexpedition vorbereitete, hatte er auch bei Ullstein angeklopft. Kleffel, selbst ein Jagdflieger des Ersten Weltkrieges und jetzt Ullsteins Flugsport-Experte, hatte damals vermittelt. Es war ein ordentlicher Vorschuß dabei herausgesprungen. Udet hatte sich dafür verpflichtet, Ullstein exklusiv über seine Erlebnisse zu berichten. So hatte Kleffel während der vergangenen Monate mit der Expedition in dauernder Verbindung gestanden. Dann war die letzte Nachricht gekommen. Ein Telegramm aus Juba im Sudan:

MIT SCHNEEBERGER AUF DEM RÜCKFLUG ROUTE
JUBA MALAKAL CHARTUM KAIRO MORGEN MEHR
ERNST UDET

Wenn Udet etwas zusagte, dann hielt er Wort. Und als dann nach drei Tagen immer noch keine Antwort gekommen war ... Kleffel hatte nicht gleich an das Schlimmste gedacht. Er hatte nur so ein Gefühl, die Witterung einer Sensation. Udet war immer eine Schlagzeile wert – besonders jetzt. Die Zeit war trübe genug. In Deutschland gab es schon fast fünf Millionen Arbeitslose. Die Spalten der Zeitungen waren voll von Morden, Raubüberfällen, Selbstmordversuchen ... Da war eine Story über Udet Gold wert. Und Kleffel glaubte, ihr jetzt auf der Spur zu sein. Aber dabei helfen konnte ihm nur ein Mann. Er allein kannte die Telefonnummer, auf die es ankam.

Der britische Luftfahrtattaché in Berlin war im Jahre 1931 Oberst Gossage. Der grauhaarige Offizier im dunklen Zweireiher empfing Walther Kleffel sofort. Kleffel trug seine Bitte vor. So geschah es, daß an diesem Nachmittag ein englischer Oberst und ein deutscher Journalist Stunde für Stunde vor dem Telefonapparat saßen. Vor ihnen lag eine große Afrika-Karte.

Gossage telefonierte mit Kairo ... Kairo sprach mit Assuan. Das Gespräch ging weiter von einer Militärstation der Royal Air Force zur anderen. Es erreichte schließlich Chartum. Dort meldete sich der Chef der Luftfahrtüberwachungsstelle der Royal Air Force, der Hauptmann Sholte Douglas.

In dem schneeweiß gestrichenen Raum hing schwer der Tabakrauch, als Chartum für Berlin kam. Zwei Hände hatten gleichzeitig nach dem Hörer gegriffen, als der Apparat schellte. Kleffel lächelte entschuldigend und ließ den Briten den Hörer abnehmen. Gossage meldete sich. Er schien schlecht zu verstehen. Er stopfte den Finger ins linke Ohr. »Rom … Wieso Rom?« Er schüttelte den Kopf. Das Gespräch schien unterbrochen. Dann bekam sein Gesicht einen gespannten Ausdruck. Er murmelte ein leises, verblüfftes »Oh! It's you!«, ein paar schnelle, heftige »Yes, yes«.

Der Oberst deckte mit der Hand die Sprechmuschel zu und blickte Kleffel an. »Sie haben Chartum für uns. Ein alter Freund sitzt dort – auch Flieger …« Chartum schien sich gemeldet zu haben. Der Engländer sprach nur ein paar Worte, dann reichte er den Hörer weiter. »You!«, malten seine Lippen den Laut nach, ohne daß er sprach.

Kleffel nahm den Hörer. Der Griff lag in seiner heißen Hand. Die Stimme in der Muschel klang wie eine Stimme hinter einem Schwall Wasser. »You got any news?« schrie Kleffel. »Haben Sie irgendwelche Nachrichten?« Der Redakteur verstand nur ein paar Worte der Antwort. »In Juba gestartet …«, verstand er, »Udet, Mister Udet … Keine Nachricht … seit drei Tagen.«

»Können Sie mich auch so schlecht verstehen?« schrie Kleffel. Dann war es, als sei der Mann plötzlich durch einen Wasserfall hindurch gelaufen. Seine Stimme war noch immer unendlich fern, aber nun ganz klar. Der kleine silberne Stift in der Hand des Redakteurs fuhr über die Blätter, die Gossage ihm hingeschoben hatte. Kleffel stenografierte seine Fragen und die Antworten des Mannes aus Chartum mit. Sholte Douglas, der Hauptmann aus Chartum, hatte nur schlechte Nachrichten. Die Maschine Udets war vor zwei Tagen von Juba zu ihrem Flug nach Malakal gestartet. Aber sie hatte Malakal nicht erreicht.

»We sent two planes«, sagte die Stimme. »Wir haben zwei Flugzeuge geschickt. Eines von Juba und eines von Chartum. Sie suchen die Autospur ab. Sobald ich Nachricht habe, rufe ich zurück. Wir werden alles tun …«

Der Oberst beugte sich über die Afrika-Karte. Sein Finger folgte der Linie des Weißen Nil ...

Es war in Berlin elf Uhr vormittags, als die ersten Ausgaben der »B. Z. am Mittag« mit der Schlagzeile »Ernst Udet in Afrika vermißt« auf die Straße kamen.

Über der weiten Einsamkeit der gefährlichen Sumpfgegend am Weißen Nil war es zur gleichen Stunde zwölf Uhr. Zu dieser Stunde begegneten sich die beiden kleinen Suchflugzeuge über der Autospur, die wie ein dünner Streifen am Rande der Hügel durch die Steppe lief. Campbell Black, der junge englische Flieger, der von Juba gestartet war, setzte sich neben die andere Maschine. »Nichts!« winkte der Pilot aus Chartum herüber. »Nichts!« winkte Black zurück. Dann scherten die beiden Maschinen auseinander, die eine nach Norden, die andere nach Süden. Die eigenen Schatten wanderten den Flugzeugen voraus über die nackte, wie tot daliegende Steppe.

Die Sonne am Himmel schien in Flammen zu stehen.

Der Tiefdecker Udets stand im mannshohen Gras der Steppe. Das D-1970 schimmerte schwarz auf dem Aluminiumanstrich des Rumpfes. Ein kleines Zelt vor der Maschine rang der gnadenlosen Sonne ein kleines Dreieck Schatten ab. In diesem Schatten lehnte Schneeberger, der Kameramann, gegen die Schräge der Leinwand. Sein Gesicht war wie in Schweiß getaucht. Unter diesem nassen Film auf der dunklen Haut und dem Bart sah das Gesicht spitz und durstig aus. Nur von Zeit zu Zeit öffnete er die fieberglänzenden Augen, um zu der Autospur hinunterzublicken.

Es war der dritte Tag nach ihrer Notlandung. Nicht einmal ein Rudel Wild hatte die Spur gekreuzt. Sie lag da wie eine Fata Morgana – staubig und dünn und etwas ansteigend. In diesem Augenblick tauchte die Gestalt Udets bei den Baumgruppen auf. Ein Jagdgewehr lag waagrecht in seinem rechten Arm. Er schob es in das Zelt und kauerte sich auf das niedergetretene Gras in den schmalen Schatten. »Kein Schuß, sagte er, »selbst den Biestern ist es zu warm.« Sein Gesicht unter dem Tropenfliegerhelm war grau. Er hatte aus einer Kassette ein paar Fotografien genommen. Tanzende Massai-Mädchen. Er breitete die Bilder vor sich auf dem Boden aus. »Wenn ich schon nicht sündigen kann«, sagte er, »dann will ich wenigstens in Versuchung geführt werden.«

Aber Schneeberger rührte sich nicht.

»Darf ich Ihnen etwas Whisky oder Bier servieren?« fragte Udet. »Oder wollen Sie lieber etwas Obst vor dem Hauptgericht?« Schneeberger blickte ihn mit benommenen Augen an. Seine Wangen glühten fiebrig, aber er machte das Spiel mit: »Bier«, sagte er, »Bayrisches Bier, eisgekühlt. Im Steinkrug bitte!«

»Sofort.« Udet zog die Seltersflasche aus dem Zelt. Das sumpfige Wasser, das er in einem Benzinkanister abgekocht und gefiltert hatte, schimmerte trübe hinter dem grünen Glas. Er goß etwas davon in eine Filmkassette und reichte sie Schneeberger. Dann trank er selbst. Danach kauerten sie wieder im Schatten und warteten. Als Udet die Augen schloß, schien die Sonne noch immer vor seinen Lidern zu stehen.

Sie konnten nichts anderes tun als warten. Sie mußten warten und auf das erlösende Geräusch horchen: das Geräusch eines Motors; ein Auto auf der Spur oder das Motorengeräusch eines Flugzeuges. Durchhalten und warten, das war ihre einzige Chance. Sich nicht von der Autospur entfernen; das hatte man ihnen auf dem Flugplatz in Juba als Rat mit auf ihren Flug gegeben.

Udet träumte im Wachen. Die Steppe war ein Brutofen. Udet träumte, es falle Schnee. Er träumte, er höre das Geräusch eines Motors. Er wußte nicht, ob er es wirklich träumte, aber er fürchtete sich, daran zu glauben. – Vor dem leuchtenden, flammenden Himmel bewegte sich ein dunkler Fleck vor der Sonne.

Campbell Black entdeckte die Maschine der Deutschen auf seinem Rückflug nach Juba. Als er zum erstenmal das Zelt überflog, rührten sich die beiden Männer, die er im Schatten erkannte, nicht. Aber dann, als der englische Pilot neben der deutschen Maschine landete, waren sie aufgesprungen. Sie liefen auf sein Flugzeug zu, mit Augen, in denen Freude und gleichzeitig die Angst standen, einer Fata Morgana zum Opfer gefallen zu sein.

Campbell Black hatte die beiden Männer mit Trinkwasser und Zigaretten versorgt, und dann war er sofort wieder nach Juba gestartet. Von dort hatte er die Position der notgelandeten Maschine nach Chartum durchgegeben. Noch am gleichen Abend brachte ein Militärzweisitzer der Royal Air Force Werkzeug, Betriebsstoff und eine Kiste eisgekühlten Bieres zu den Deutschen. Am Morgen darauf konnte Udet mit der eigenen Maschine nach Malakal starten.

Stunden später sprach Udet aus Chartum mit Berlin.

10.

Mitte April 1931 ist Udet wieder in Berlin. Er wohnt jetzt in Wilmersdorf, in der Pommerschen Straße 4 beim Preußenpark. Noch vor der Afrika-Reise war er in die neue Vier-Zimmer-Wohnung im ersten Stock umgezogen. Bald sind die Jagdtrophäen aus Afrika eingetroffen – die Felle, Speere, Messer, ein Massai-Schild, Masken und Pfeile, die ausgestopften Köpfe eines Leoparden und eines Nashorns. Aber die Erinnerung an das Abenteuer Afrika ist bald vergessen. Udet ist in einen tristen Alltag zurückgekehrt.

Es ist die Zeit der Notverordnungen. Um Geld einzusparen, werden Krankenhäuser stillgelegt, Schulen geschlossen, die Lehrer entlassen. Angestellten und Arbeitern wird gekündigt, den Beamten werden die Gehälter gekürzt. Die Bürgersteuer wird verdreifacht, die Verkehrstarife steigen. Die Unzufriedenheit mit der Regierung Brüning, die dem Volk immer neue Lasten auferlegt und gute Worte statt Brot gibt, wächst.

Seit den Reichstagswahlen am 14. September 1930 sitzen statt zwölf Abgeordneten der NSDAP nunmehr hundertsieben im Reichstag. Die NSDAP war mit einem Schlage zur zweitstärksten Fraktion geworden. Sechsmillionenvierhunderttausend Deutsche hatten ihr ihre Stimme gegeben.

Ende April trafen sich der Ullstein-Redakteur Walther Kleffel und Ernst Udet in der Pommerschen Straße, um einen alten Plan zu besprechen: Udets Amerikareise.

Walther Kleffel war ein Jahr zuvor in Amerika gewesen. Die Organisatoren der National Air Races in Cleveland, Ohio, hatten ihn damals gebeten, ihnen den besten deutschen Flieger zu vermitteln. Im Vorjahr hatte Udet nicht zusagen können. Für ihn war damals der deutsche Flieger Loose nach Amerika gefahren. Das Ergebnis jenes Gesprächs in Udets Wohnung war ein Brief Kleffels an Al Williams, einen der berühmtesten amerikanischen Piloten, den Udet Amerikas:

Mr. Alford J. Williams
Garden City Hotel,
Long Island, New York.
My dear Al Williams,
ich habe mit Udet, der gerade von Afrika zurückgekommen ist, vereinbart, daß er sich mit Ihnen in Verbindung setzt. Falls in diesem Jahr wieder die »National Air Races« stattfinden, wäre Udet zu jeder Zeit zur Teilnahme bereit. Es wäre schön, wenn Sie darüber hinaus für Udet noch einen anderen Flugtag in Amerika arrangieren könnten, denn ich sagte Ihnen ja schon, daß Udet ausschließlich von seinem Fliegen lebt. Können Sie mir bald mitteilen, ob und wenn ja, unter welchen Bedingungen eine Reise Udets nach Amerika in diesem Jahr möglich wäre.

Ihr
Walther Kleffel

Die Antwort kam umgehend, und im Juli 1931 war Al Williams selbst in Berlin. Am 8. Juli unterschrieben er und Udet im amerikanischen Konsulat in der Bellevuestraße den Vertrag über die Amerikareise des deutschen Fliegers.

Udets Monteur, der Schlesier Erich Baier, der schon in Afrika mit ihm gewesen war, machte den »Flamingo« für die Reise bereit. Udet hatte für sich und Baier eine Passage auf der »Europa« gebucht, die am 18. August von Bremerhaven auslief.

Es war am Abend vor der Abfahrt der »Europa«, als das hellgraue Daimler-Kabriolett Walther Kleffels in der Pommerschen Straße hielt. Er hupte und wartete, bis Udet über die Straße kam. Sie fuhren zusammen zu Horcher. Dort schob der Redakteur ein schmales Kuvert zu Udet über den Tisch.

Kleffel konnte damals nicht ahnen, wie sehr er in diesem Augenblick Schicksal spielte. Denn an jenem Abend im Horcher begann die abenteuerliche Geschichte eines Flugzeugs, das im Leben Ernst Udets noch eine bedeutsame Rolle spielen sollte: des »Stuka«. Das Kuvert enthielt die Abschrift eines Berichtes, den der Flugsportexperte Kleffel an die Luftfahrtabteilung des Reichsverkehrsministeriums gegeben hatte. Dieser Bericht enthielt Mitteilungen über ein amerikanisches Flugzeug, das Kleffel bei seinem Amerikabesuch im Jahre 1930 in der Erprobung gesehen hatte. »Hell-Diver« nannte er den Typ der Curtiss-Wright-Werke in seinem Bericht. Die Aufgabe dieser Maschine sollte es sein, Kriegsschiffe in gezieltem Sturzflug anzugreifen.

»Du mußt dir die Maschine unbedingt ansehen«, sagte Kleffel, als Udet den Bericht gelesen hatte.

»Eine Militärmaschine?« Udet reichte den Bericht zurück.

»Das nebenbei«, sagte Kleffel. »Aber das ist ja nicht wichtig. Der Bericht liegt im Ministerium, ein Jahr, die haben nicht mal geantwortet. – Aber du hast doch immer noch etwas Neues für dein Programm gesucht. Diese Rennmaschine ist genau das! Ich bin nicht sicher, ob sie verkäuflich ist. Aber ansehen mußt du sie dir.«

Am 24. August legte die »Europa« im New Yorker Hafen an. Sechs Tage später, am Sonntag, dem 30. August, begannen in Cleveland im Staate Ohio am Erie-See die National Air Races.

»Ernst Udet«, so berichtete am anderen Morgen die »Daily News«, »war die Sensation dieses ersten Tages, der mehr als dreißigtausend Zuschauer anlockte. Udet war der Brillanteste und Unübertroffene in dem Team der vier ausländischen Flieger, die unter Al Williams' Regie flogen. Udet flog Bodenakrobatik in einer Vollendung, wie sie – darin waren sich alle berühmten Veteranen des Flugsports einig – nie zuvor gezeigt worden ist. Viele berühmte Flieger waren nach Cleveland gekommen, um Udet zu begrüßen. Unter ihnen Colonel Rickenbaker, Amerikas erfolgreichster Kriegsflieger des Ersten Weltkriegs, und Leutnant Wanamaker, den Udet im Juli 1918 an der Westfront abgeschossen hatte.

Bei seinen Loopings, bei den Rollen und Turns wirbelte Udet buchstäblich den Staub des Flugfeldes auf. Ein Kabinettstück: er nahm im Fluge mit einem unter der Tragfläche angebrachten Haken ein Taschentuch vom Boden auf. Bis zur Dämmerung blieben die Zuschauer wie gebannt auf ihren Plätzen.«

Das blaue Licht der Neonschrift auf dem Dach des vorspringenden Trakts des »Hotel Cleveland« fiel in Udets Zimmer. Es war der vorletzte Tag der National Air Races. Nur noch morgen hatte er »Dienst«. Udet stand am Fenster. Er trug noch die alte Lederjacke, die er zum Fliegen anzog. Als das Telefon in seinem Zimmer klingelte, hob er nicht ab. Er hatte nichts gegen Feiern und Feste. Aber es war fast zuviel gewesen, und er hatte den Enthusiasmus amerikanischer Frauen gewaltig unterschätzt. Heute wollte er allein sein. Er trat an den Tisch. Dort lag seine Filmkamera. Er drehte sich mit dem Rücken gegen das Licht, als er die Spule einsetzte und den Film einfädelte.

Er fuhr nicht mit dem Hauptlift. Er suchte sich den Weg über ein paar Treppen. Schließlich trat er durch den kleinen Ausgang bei der Hotelbar ins Freie. In den Anlagen unter den Bäumen parkten ein paar Taxen. Udet überquerte eilig die Straße und ging auf sie zu.

»Airport«, sagte er.

Der Fahrer fuhr gut und sicher. Aber es waren fast zehn Kilometer bis zum Flugplatz, und Udet schien es ewig zu dauern. Er ließ den Wagen vor dem Platz halten. Er steckte dem Fahrer achtlos ein paar Dollarnoten zu. »Sie warten auf mich«, sagte er.

Der Scheinwerfer auf dem Kontrollturm rotierte hinter seinem grünlichen Glas. Wie das Licht, so kreisten auch seine Gedanken unablässig um die Stunde an diesem Morgen. Die Royal Air Force hatte auf dem Flugfeld neue Maschinen vorgeführt. Und dabei war auch jener silbergraue Doppeldecker gewesen, von dem Kleffel gesprochen hatte, der »Hell-Diver«. Ein Privatflieger hatte die Maschine vorgeflogen. Er hatte Zielflüge mit ihr gemacht. In tausend Meter Höhe hatte er sie auf den Kopf gestellt; wie ein Stein stürzte sie fast senkrecht zu Boden. Pralle Sandsäcke lösten sich zwischen dem Fahrgestell und zerplatzten auf der Markierung am Boden, während die Maschine sich fing und hochzog. Der Anblick der stürzenden Maschine hatte Udet den ganzen Tag nicht losgelassen. Das weite Oval des Platzes lag jetzt verlassen. Der Scheinwerfer streifte auf seiner Runde die leeren Fahnenmasten über der Zuschauertribüne. Der Hangar, der sein Ziel war, lag genau gegenüber auf der anderen Seite. Udet zeigte an der Kontrolle seinen Teilnehmerausweis. In einigen der Hallen wurde noch gearbeitet. Es war warm, und Udet sah Männer in bunten Hemden in den offenen Hangars im schneeweißen Scheinwerferlicht an Maschinen arbeiten. Die Halle der Curtiss-Werke lag ganz am Ende des Platzes. Er mußte an einem hohen, engmaschigen Drahtzaun entlanggehen, der das Übungsgelände von dem übrigen Platz abtrennte.

In der Nähe der Halle hörte Udet das monotone Summen. Er nahm die Kamera, die an einem Gurt an seinem Handgelenk hing, in beide Hände und hielt sie vor sich hin. Er ging weiter, betont langsam. Die Scheinwerfer erfaßten ihn, und sein Schatten fiel plötzlich lang und dunkel vor ihm auf den Boden. Dann hatte ihn der kleine Elektrokarren erreicht. Er fuhr an ihm vorbei und hielt. Udet blieb stehen. Auf dem federnden Sitz saß ein Mann in einer leichten Fliegerkombination.

»Was tun Sie hier?« fragte er auf englisch. Er lehnte sich auf das Lenkrad. Seine Frage war ohne jeden Unterton von Mißtrauen, einfach wie eine Begrüßung.

»Ein bißchen herumschauen«, antwortete Udet.

Der Mann beugte sich in seinem Sitz vor. Sein Blick suchte Udets Gesicht. Plötzlich schnalzte er mit den Fingern. »Heh!« sagte er begeistert. »Sie sind dieser German, nicht? This crazy man – Udet. Sie waren großartig … Die verrückteste Fliegerei, die ich je gesehen habe.«

Udet entdeckte plötzlich den kleinen weißen Schriftzug an der Seite der Motorhaube des Karrens. »Curtiss-Wright Corp.« stand dort. »Kann ich mitfahren?« Udet lächelte. »Ich bin nicht gut zu Fuß.«

»Nur zu«, sagte der Amerikaner.

Udet schwang sich hinter den Sitz auf die kleine Plattform. Mit einer Hand klammerte er sich an die Schultern des Mannes. In der anderen hielt er die Kamera. Sie fuhren genau auf den Hangar zu, von dessen Seitenfläche in dem Lichtkegel eines Scheinwerfers die großen weißen Buchstaben »Curtiss« strahlten.

»Fliegen Sie hier mit?« fragte Udet über die Schulter des Mannes.

»Ein wenig.«

»Ich habe Sie nicht gesehen«, tastete Udet weiter.

»Ich flog bei der Air Force«, sagte der Mann. »Den Curtiss-Hawk.«

Udet nahm die Hände von der Schulter des Mannes. Er klammerte sich an den Sitz. »Den Hell-Diver?«

Der Mann lachte. »Ja, so nennen die Air-Force-Leute ihn. Die Boys müssen doch immer 'n bißchen Theater machen. Wir nennen ihn nur den Hawk, den Falken.«

Der Karren hielt jetzt vor dem Hangar. Udet sprang von dem Wagen herunter auf die Betonpiste. Der Mann kletterte in seiner Kombination aus dem Sitz. Er nahm einen Kasten Werkzeug auf.

»Kann man sie sich einmal ansehen?« Udet versuchte, es ganz gelassen zu sagen. Eine der hohen Metallschiebetüren des Hangars rollte in diesem Augenblick auf ihren Rädern zur Seite. Im weißen Licht stand eine Gestalt. Sie trug eine Art Drillich, darüber Koppelzeug.

»Warum nicht?« sagte der Amerikaner. »Kein Geheimnis zwischen Fliegern.« Er deutete auf die Kamera. »Aber keine Bilder!« sagte er. Er lächelte offen. Udet legte die Kamera auf den Sitz des Karrens.

Der Flieger nickte dem Posten zu, als sie in die Halle traten. Der Mann ließ sie passieren. Udet hatte nur noch Augen für die Curtiss-Hawk. Sie stand im Hintergrund der Halle. Sein Herz schlug blechern und laut, so wie seine Schritte auf den Metallplatten am Boden hallten, als er nähertrat. Das ist genau, was du brauchst, dachte er. Er hatte den ganzen Tag nichts anderes gedacht ... Sein »Flamingo« war jetzt sechs Jahre alt. Er war ideal für das, was er damit machte: Kunstflug, ganz in der Nähe des Bodens. Er machte das jetzt sechs Jahre. Er machte es wie im Traum, und es genügte ihm nicht mehr. – Hier, in Amerika, war das etwas Neues gewesen. Aber zu Hause, in Deutschland, kannte das allmählich jeder. Man konnte nicht immer dasselbe machen, auch wenn man es immer besser machte. Und es gab kaum mehr etwas an seinem Programm zu verbessern. Er hatte sich seit langem den Kopf darüber zerbrochen. Er hatte zuviel warnende Beispiele gesehen: Ein Flieger, dessen Name für ein oder zwei Jahre auftaucht, und der dann auf seinem Ruhm ausruht – so ein Mann war schnell vergessen.

Er war jetzt sechsunddreißig, dreißig Jahre älter als sein »Flamingo«, und er hatte nicht die Absicht, so sang- und klanglos abzutreten. Er hatte nicht die Absicht, nur als Clown der Lüfte in der Erinnerung einiger weniger zu bleiben und dann in Vergessenheit zu geraten. Auch die Filmerei war nicht ganz das richtige gewesen; zuviel Drehbuch, zuwenig Fliegen. Er hatte beim Schneiden immer darauf achten müssen, daß das Fliegen nicht zu kurz kam. – Als er an diesem Morgen die Curtiss mit heulendem Motor stürzen sah, hatte er das Neue gespürt ... Der Amerikaner hatte sein Werkzeug abgesetzt und war auf die Tragfläche gestiegen. Udet ging langsam um die Maschine herum. Die Hawk war das ganze Gegenteil des »Flamingo«. Beim »Flamingo« war alles leicht, wie schwebend;

man sah ihn schon fliegen, wenn er noch stand. An der Hawk war alles Kraft. Sie stand dort auf dem stabilen, stromlinienverkleideten Fahrwerk: gedrungen wie eine Hummel und fast etwas unheimlich mit dem schweren Kopf des verkleideten Sternmotors.

»Wie fühlt sie sich an, wenn man sie fliegt?« fragte Udet. Er war auf die andere Tragfläche gestiegen. Über den Pilotensitz war eine Leinwand gezogen. Er konnte das Armaturenbrett nicht sehen.

Das Gesicht des Amerikaners tauchte auf der anderen Seite des Rumpfes auf. »Jemals von einem Zehnmeterturm gesprungen?« fragte er.

»Nie«, sagte Udet. »Ich traue dem Wasser nicht.«

»Schwer zu beschreiben«, sagte der Amerikaner. »Wenn man sie einmal geflogen hat, es ist … Es muß so sein, wie wenn Leute Rauschgift nehmen. Sie geht Ihnen unter die Haut. Sie haben Mühe, den Kopf zu behalten, wenn Sie mit ihr stürzen …«

»Glauben Sie, daß man mir erlauben würde, sie zu fliegen?« fragte Udet.

Der Amerikaner zog die Leinwand von dem Pilotensitz. Er deutete einladend auf den ledergepolsterten Sitz. »Steigen Sie ruhig mal ein«, sagte er. »Fliegen, meinen Sie …? Ich glaube nicht. Verstehen Sie, wir haben nur noch zwei davon. Zwei andere … Well, zweimal mußte ich aussteigen.« In seinen freundlichen Augen war plötzlich ein hartes Blitzen.

Udet klappte den Tritt am Rumpf heraus und schwang sich dann über die Seitenwand. Der Sitz schien sich um seinen Körper zu schließen. Er nahm das Steuer, legte die Füße auf die Ruder. Der Amerikaner beugte sich vor und begann zu erklären.

»Curtiss verkauft diese Maschine auch?« fragte Udet dann. »An Private, meine ich?« Er blickte auf das Armaturenbrett, während er fragte. In dem gespannten Schweigen hörte er die Schritte des Postens in der Halle. Er wagte nicht, in das Gesicht des Amerikaners zu sehen, als fürchte er, dort Argwohn zu begegnen. Aber als er den Kopf hob, strahlte ihm das offene sommersprossige Gesicht des Amerikaners entgegen.

»Hat Sie auch becirct, wie?« fragte er stolz und so, als spräche er von einem lebenden Wesen. »Sie verstehen etwas von Maschinen!« Seine Hand fuhr über das silberglänzende Metall. »Sicher verkauft Curtiss. Die Air Force hat die Maschine zum Verkauf freigegeben … Die versprechen sich nichts davon.«

An diesem Abend sagte der Portier des Hotel »Cleveland« dem Amt ein Telegramm durch. Am 6. September, um neunzehn Uhr, nahm das Haupttelegrafenamt in Berlin in der Oranienburger Straße die Depesche entgegen. Sie lautete:

WALTHER KLEFFEL BZ AM MITTAG BLN FEINE IDEE VON DIR WUNDERBARE ZEIT WIRKLICH GANZ GROSSER ERFOLG HOFFE RENNMASCHINE MITZUBRINGEN = ERNST

Am anderen Morgen traf sich Udet in der Bar des Hotels mit dem Amerikaner, der ihm am Abend zuvor die Curtiss gezeigt hatte. Sein Name war Doolittle. Er war der Chef-Einflieger der Curtiss-Wright-Corporation in Buffalo am Erie-See. Doolittle stellte Udet den beiden leitenden Direktoren der Curtiss-Werke vor. Der Besitzer und Konstrukteur der Hawk, Glenn Curtiss, war im Jahr zuvor gestorben. Das Gespräch an der Bar ging schnell zu Ende. – Keinen Augenblick hatte Udet an das Geld gedacht. Und die Hawk kostete vierzehntausend Dollar.

Als die Direktoren gegangen waren, ließ sich Udet eine Karte geben. Dann schrieb er an seinen früheren Kunstflugmanager Walter Angermund nach Berlin eine Karte. »Ich habe hier einen neuen wunderbaren Vogel gesehen. Das wäre eine Sensation für Schauflugtage. Mit dem ›Flamingo‹ und mit diesem Vogel – damit könnten wir zusammen noch einmal auf große Tournee gehen. Aber –« Darunter malte Udet eine Karikatur: sich selbst, beide Hosentaschen ausgekehrt. Auf beide deutete ein Pfeil. Er schrieb daneben: »Do-laar und Do-laar« (da leer und da leer).

Am 16. Oktober gingen Udet und der Monteur Baier in New York an Bord der »Bremen«. Am 23. legte das Schiff in Bremerhaven an. Udet flog den »Flamingo« nach Berlin. Etwas später veröffentlichte die »BZ am Mittag« folgenden Brief. Es ist der Brief, den der amerikanische Flieger Al Williams an den Redakteur Kleffel geschrieben hatte:

Alle Erwartungen, die wir in Udet gesetzt haben, wurden noch übertroffen. Wir alle waren glücklich, festzustellen, daß der Mann selbst seinem Ruf entspricht. Udet ist einer der feinsten Kerle (im Original: chaps), denen ich je begegnet bin; ein guter Sportsmann, ein ausgezeichneter Pilot und ein wirklicher Mann. Tausende von Amerikanern feierten jeden seiner wagemutigen und kunstvollen Flüge. Deutschland kann stolz darauf sein, einen so hervorragenden Repräsentanten nach Amerika geschickt zu haben. Die National Air Races werden ohne Ernst Udet nicht mehr denkbar sein.

Ich wünschte, Sie hätten hier sein können, besonders am »German day«. Dieser Tag wurde zu Ehren Udets besonders eingeführt. Sie hätten gewiß das gleiche Gefühl des Stolzes empfunden, das mich überwältigte – achtzigtausend Amerikaner standen gebannt, als die deutsche Flagge neben der amerikanischen gehißt wurde und die Tausende in Begeisterungsrufe ausbrachen.

Nur einige Botschafter wie Udet – und der good will zwischen unseren Völkern wäre für immer gesichert.

Ihr getreuer Al Williams

Udet hatte jetzt nur noch einen Gedanken: die Curtiss. Er sprach mit seinen Freunden von nichts anderem mehr. Er war besessen von der Idee, die Maschine zu kaufen.

Aber seine Kasse war leer, und im Winter konnte er keine Flugtage machen. – Und die Curtiss kostete vierzehntausend Dollar. Das waren fast sechzigtausend Mark.

11

Der 8. November 1931 brachte für Udet eine unverhoffte Begegnung. Der 8. November war ein Sonntag. Angermund, der in der Lufthansa die Verkehrsabteilung leitete, traf im »Atrium« die letzten Vorbereitungen für eine Lufthansa-Film-Matinee zugunsten der Berliner Winterhilfe.

»Fliegen« war das Thema. Flüge des Fliegers Wolfgang von Gronau wurden gezeigt. Der Film der Überquerung des Atlantik durch ein italienisches Geschwader unter Führung Balbos. Ein Film von der Weltfahrt des Grafen Zeppelin. Und Szenen aus Udets Afrika-Film. Udet, der im letzten Augenblick gekommen war, hatte einige Worte über seinen Film gesprochen, dann hatte er Angermund zugeflüstert, daß er sich aus dem Staub mache.

Langsam ging er den etwas ansteigenden schmalen Gang zurück. Er war schon bei den letzten Reihen, als jemand seinen Namen rief. Ein rotes Notlicht brannte an der Seitenwand, und am Boden waren ein paar kleine Lichter, aber Udet konnte niemanden erkennen. Selbst als der Mann sich nun erhob und neben ihn trat, erkannte er ihn nicht sogleich. »Endlich sieht man sich wieder«, sagte der Mann leise. Er machte eine Geste zu der flimmernden Leinwand. »Für alle Flieger ist die Wirklichkeit doch interessanter. – Kommen Sie. Sie haben doch einen Augenblick Zeit?«

Udet erkannte ihn zuerst an der Stimme; es war noch die helle, etwas überakzentuierte Stimme, aber der Mann selbst hatte sich seit damals, als er noch im Kriege sein letzter Kommandeur gewesen war, vollkommen verändert. Breit und schwer ging er voraus. Er schlug den Vorhang zur Seite. Dann traten sie in die leere Vorhalle. – Göring, dachte Udet. Er versuchte sich zu erinnern, was er in der letzten Zeit von da und dort über ihn gehört hatte. Göring saß im Reichstag, das wußte er, für die NSDAP. Und dann verkaufte er Fallschirme für irgendeine schwedische Firma. Er mußte dabei gut verdienen. Es war unter Fliegern in Berlin ein geflügeltes Wort geworden:

»Kennen Sie den einzigen Mann, der durch einen Fallschirm hochgekommen ist? – Na, Göring!«

»Ich habe mich ziemlich verändert, wie?« sagte der jetzt. Er hatte ein sympathisches Gesicht, wenn er lachte.

»Das Alter«, sagte Udet unbefangen. »Was meinen Sie, wenn ich noch mehr trinken würde, wie ich dann …« Es war ihre erste Begegnung seit dem Kriegsende im November 1918. Göring sprach jetzt nicht von dieser Zeit. – November achtzehn, dachte Udet. Dann habe ich ihn im November dreiundzwanzig gesehen … Einen Trupp SA in München in der Thierschstraße, Göring voran. Wieder war es im November gewesen, am Vorabend des neunten … Heute war wieder ein November, und der achte dazu. Udet war abergläubisch, er versuchte vergeblich, ein Gefühl des Unbehagens beiseite zu schieben.

»Wir müssen mal in Ruhe zusammen sprechen, Udet«, sagte Göring. »Ihre Amerikareise muß ja ein großer Erfolg gewesen sein. Ich habe den Brief des Amerikaners gelesen. – Udet, ein Botschafter Deutschlands … So ein Brief, Udet, der sollte eigentlich in unserer Presse stehen.«

Udet blickte auf. »Wissen Sie«, sagte er, »Politik, das ist für mich nur so ein komischer Lärm im Hintergrund.«

»Wer spricht hier von Politik?« sagte Göring. »Ich meine die Fliegerei. Eines Tages werden wir in der Luft wieder mitzusprechen haben, dann brauchen wir Leute wie Sie.«

»Schön wär's«, sagte Udet ehrlich.

»Na also. Sie sollten wirklich zu uns kommen.«

Einen Augenblick zögerte Udet mit der Antwort. Dann meinte er: »Vor ein paar Tagen, da war ich abends in Wilmersdorf in den Tennishallen. Da war so ein Appell; das waren Ihre Leute. Ich kam zufällig vorbei, und ich dachte, das willst du dir doch mal ansehen. Da kam ein Mann in Uniform. Er hatte mich anscheinend erkannt. Wir kamen ins Gespräch. – Der sagte genau dasselbe wie Sie: Sie müssen zu uns kommen.«

»Und?«

»Ich hab' ihn gefragt, was ich tun könnte«, antwortete Udet.

»Er hat mir sofort einen Stoß Flugblätter in die Hand gedrückt. Er meinte, ich solle sie verteilen …« Er lachte frei heraus. »Und ich kann keine Treppen steigen. Da wird mir gleich
schwindlig …«

»Das ist doch Unsinn«, sagte Göring. »Sie könnten für uns
fliegen. Wir werden den Sport und die Luftfahrt fördern.«

»Jederzeit«, sagte Udet. »Hängt von dem Honorar ab, das
Sie zahlen.«

Göring blieb abrupt stehen. »Vielleicht hätte ich einen kon-
kreten Vorschlag«, sagte er. Er wartete eine Sekunde, wie um
seinen Worten größere Bedeutung zu geben. »Sagen Sie, diese
amerikanische Maschine, diese … mir fällt der Name im Augenblick nicht ein … ist das wirklich so etwas revolutionär
Neues?«

Udet starrte ihn an. Plötzlich war das Gefühl des Unbehagens wieder da. »Woher wissen Sie …?« begann er.

Göring nahm ihn kameradschaftlich am Arm … »Unter Fliegern spricht sich so etwas schnell herum«, sagte er. »Wir sollten uns wirklich darüber unterhalten. Besuchen Sie mich in
meiner Wohnung. Ich wohne am Kaiserdamm 36.«

Udet starrte noch auf die Saaltür, als der breite, schwere Rükken schon längst verschwunden war. In dem weiten Halbrund
der Vorhalle mit den hohen Fenstern flammten plötzlich alle
Lichter auf. Männer in Livree klappten an den Türen zum Saal
die Griffe herunter.

Während die Garderobenfrau seinen Mantel suchte, zündete Udet sich eine Zigarette an. Er trat auf die Straße, als die ersten Zuschauer aus dem Saal in die Halle strömten.

Der Horch parkte in der Nebenstraße. Ein paar Jungen standen um das Kabriolett mit der Nummer IA–1134. Sie hatten
rotgefrorene Knie und leuchtende Augen. Sie streckten Udet
ihre Kladden und Bleistifte entgegen und bestürmten ihn um
Autogramme. Als er dann anfuhr, spie das Kino gerade seine
Flut von Zuschauern auf die Straße. Immer noch dachte er an
das Gespräch mit Göring. Wie hatte dieser nur von der Curtiss
erfahren?

In der Pommerschen Straße parkten eine ganze Reihe Wagen vor Udets Wohnung. Es waren Freunde. Grete, seine Haushälterin, hatte sie hereingelassen. Ein paar Männer und Frauen waren dabei, die Udet nicht kannte. Er blieb eine Weile bei ihnen an der Bar. Dann verschwand er in seinem Arbeitszimmer. Neben dem Fenster saß »Hannibal« auf seinem hohen Gestänge. Ein kleines Kettchen schlang sich um eines der schiefergrau gefiederten Beine des Falken. – »Hannibal« war ein Geschenk seiner Freunde, als Trost für den anderen »Falken«, den er sich nicht kaufen konnte, die Curtiss-Hawk.

Die Zigarette im Mund, in der rechten Hand ein Glas, trat Udet zu dem Vogel. Der bog den Kopf zurück, als er ihm die flache Schale mit dem Kirschwasser hinhielt. Udet zuckte die Achseln und trank selbst.

»Was würdest du tun?« sagte er dann. »Stell Dir vor, er würde mir wirklich die sechzigtausend Mark anbieten … Ob ich nein sagen könnte?« Der Falke wanderte mit kleinen Griffen seiner Krallen bis ans äußerste Ende der Metallstange. »Dann werden wir im nächsten Jahr eben nicht nach Amerika fahren«, sagte Udet. »Wir werden fleißig fliegen und jeden Tausender auf die Bank bringen – du glaubst mir nicht? Wir lassen die Finger von den Weibern …«

Der Falke hob unruhig den Kopf. Jemand war ins Zimmer getreten, mit ganz leichten Schritten. Unvermittelt stand die Frau neben ihm und ergriff lachend seinen Arm. »Sie scheinen zuviel allein zu sein«, sagte sie. »Ein Mann, der mit einem Vogel Zwiegespräche hält …« Er hatte die Frau nie zuvor gesehen. Sie hatte übermütige Augen. Ihr schwarzes Haar war in der Mitte gescheitelt; es war frisch gewaschen und lag weich um ihr Gesicht.

»Wir fassen gute Vorsätze«, sagte er.

Sie lachte. Sie bekam dabei eine kleine Falte zwischen den Augenbrauen. »Das glaube ich Ihnen nicht.«

»Mit Recht«, sagte er. »Hat ein Mann schon mal gute Vorsätze – garantiert läuft ihm eine Eva über den Weg, die dafür sorgt, daß die Bäume nicht in den Himmel wachsen.« Er stellte sein Glas weg. Sie plauderten leichthin, und während sie redeten, fühlte er eine Sekunde Enttäuschung. – Es fing immer auf die gleiche Weise an, und der Anfang war eigentlich schon das Ende. Die Frauen hatten alle ein fertiges Bild von ihm – das des Draufgängers. Und so spielte er ihnen diese Rolle auch vor, manchmal glaubte er sie selbst … Er stieß seine Zigarette in den Aschenbecher. Dann nahm er die kleine Lederkappe und stülpte sie dem Falken über den Kopf. Er trat zu ihr. Aber plötzlich waren Lärm und Stimmen in der Diele. Dann ging die Tür auf, und jemand rief: »Da bist du! Kommst du mit, Laus?«

»Laus?« fragte Udet.

»Mein Spitzname«, sagte sie. »So was bleibt hängen.«

»Kommst du mit?« wiederholte die Stimme an der Tür.

»Ich muß jetzt gehen«, sagte sie etwas verlegen.

Er hakte sie unter und ging mit ihr hinaus in die Diele zu den anderen. »Da habt ihr mir eine schöne Laus in den Pelz gesetzt«, meinte er augenzwinkernd.

12.

Einen Teil seiner Vorsätze verwirklicht Udet. Er trägt zwar nicht sein Geld auf die Bank – das wird ihm nie gelingen, aber er sagt Amerika ab. Und wo immer es etwas zu fliegen gibt, ist er mit seinem »Flamingo« dabei. Beim Eibseerennen in Garmisch; beim Schaufliegen in St. Moritz und in den Berner Alpen. Ende Februar 1932 ist er wieder in Berlin. Dort wartet eine gute Nachricht auf ihn. Die amerikanische ›Universal-Film‹ will mit Dr. Fanck einen Grönland-Film machen. Sein Titel: »SOS Eisberg.« Als Dr. Fanck bei Udet anfragt, sagt der sofort zu. Er ist eben ein Glücksvogel. 1929, in der Zeit der großen Wirtschaftszusammenbrüche, hat er mit Dr. Fanck in der Schweiz gefilmt. 1930 ist er nach Afrika gegangen. Ein Jahr später nach Amerika. Und jetzt, 1932, da in Deutschland an jeder Ecke Wahlplakate kleben, denkt Udet nur an die Vorbereitungen für die Grönland-Fahrt. Alle alten Freunde werden dabeisein. Der Regisseur Dr. Fanck, der Kameramann Schneeberger, Leni Riefenstahl, Udets Monteur Baier und – Laus.

Anfang Mai verläßt die Expedition mit der »Borodino« Hamburg. Elf Tage dauert die Fahrt. Hauptziel ist die Halbinsel Nugsuak an der Westküste Grönlands. Fünf Monate will man dort bleiben. Anfang Juni beginnen die Filmaufnahmen. Dr. Fanck berichtet in seinem Tagebuch:

»Udet fliegt täglich von seinem Fliegerlager herüber, um sich die Regieanweisungen zu holen.

10. Juni: Atemberaubende Flüge Udets zwischen den Eisbergen. Jeder Flug ist ein gefährliches Wagnis.

30. Juli: Udet auf der Suche nach dem seit Tagen vermißten Dr. Sorge. Nach Stunden ohne Spur zurück. Udet startet nach kurzer Pause zum zweitenmal an diesem Tag. Es ist Nacht, als er zurückkommt. Er wirft über dem Lager in einer leeren Patronenhülse eine Nachricht ab. ›Hurrah! Hurrah! Dr. Sorge gesund und munter. Rechts am Gletscherrand etwa 150 Meter hoch. Landen nicht möglich mit Flugzeug. Holt ihn mit Schiff ab. Beiliegend Karte.‹

28. August: Udet muß für den Film mit seiner ›Motte‹ ins Eismeer stürzen. Die Maschine geht so schnell unter, daß nur noch die Schwanzspitze nach oben ragt, als wir mit unserem Motorboot herankommen. Im letzten Moment können wir Udet von seinem schmalen Sitz herunterholen.

2. September: Eine Szene verlangt, daß Udet mit seiner ›Klemm‹ gegen einen Eisberg rennt. Die Maschine geht dabei in Flammen auf. Udet muß ins Wasser springen, um sich zu retten. Wir fischen ihn auf. Das Eismeer hat null Grad.

18. September: Wir kehren in unser Hauptlager zurück. Udet hat für den Film über vierhundert Landungen zwischen Eisschollen und Eisbergen gemacht.

10. Oktober: Der norwegische Dampfer ›Tordenskjöld‹ trifft zum Abholen der Expedition ein.«

Die Holzhütte des dänischen Kolonialverwalters stand ganz nahe an der Bucht. Von dem kleinen Fenster im spitzen Winkel der Hütte konnte man die »Tordenskjöld« sehen.

Udet starrte zur Bucht hinunter. Von Zeit zu Zeit hörte er, wie in dem kleinen Raum eine Seite umgeblättert wurde. Laus lag lesend auf dem flachen Lager unter der Schräge des Daches. In der Bucht waren sie schon dabei, die ersten Kisten aufs Schiff zu transportieren. Die Benzinfässer, über denen Bretter lagen, sanken tief ins Wasser, wenn die Männer über diesen Landungssteg schritten. Eine Schar Eskimos stand neugierig herum. Als Udet das Fenster aufstieß, hörte er ihr helles, aufgeregtes Lachen. Am Rande der flachen vereisten Hügel lagen ein paar Hütten.

Die Frau war jetzt neben ihn getreten. Er legte den Arm um ihre Schulter. »Es ist schnell vorbeigegangen«, sagte er. »Kannst du dir vorstellen, daß es fünf Monate waren? … Manchmal denke ich, wenn man hier bleiben könnte …«

»Du würdest es nicht lange aushalten«, sagte sie.

»Ich könnte jagen«, widersprach er. »Das ganze Jahr, und niemand würde meckern wegen der Knallerei …« Er sagte es heftig, weil er wußte, wie recht sie hatte. Er war nicht der Mann, der allein sein konnte. Er wußte, daß auch dies nur eine Station in seinem Leben war. Er war ein Zugvogel.

Von den verschneiten Hügeln herunter kam ein Hundegespann. Es waren sieben Hunde, und es kam schnell näher. Ein Eskimo stand hinten auf den Kufen. Vor ihm lag ein Bündel – dick in Felle gehüllt. Der Schlitten fuhr direkt auf die Bucht zu …

»Und es gibt hier noch Hunderte von Fjorden, über die ich nicht geflogen bin«, setzte Udet das Gespräch fort.

»Einer sieht wie der andere aus«, meinte sie. »Und du hättest keine Zuschauer.«

Er nahm den Arm von ihrer Schulter. – Es gibt Dinge, die eine Frau nie verstehen wird, dachte er. Es waren gerade die Dinge, in denen man verstanden sein wollte. »Eigentlich müßtest du mich verstehen«, sagte er. »Man braucht keine Zuschauer – genauso wenig wie bei der Liebe.«

Sie war vom Fenster zurückgetreten. Sie begann die Koffer zu packen. »Du meinst es nicht wirklich ernst«, sagte sie.

Er schüttelte den Kopf. »Nein. Aber ich wünschte, es wäre so. Ich wünschte, ich wäre ein Mann, der sich damit zufrieden geben könnte, so zu leben, wie die Menschen hier leben …« Der Schlitten hielt vor der Holzhütte. Der Eskimo sprang von den Kufen. Es war einer der Kajak-Fahrer, den Dr. Fanck engagiert hatte. Er stapfte auf das Haus zu. Udet hörte die Stimmen von unten; die helle des Eskimos und die dunkle des Dänen. Dann kam jemand die enge steile Treppe herauf. Das bärtige sonnengebräunte Gesicht des Dänen erschien in der schmalen Luke. »Können Sie einen Augenblick kommen?« fragte er. Der Eskimo stand unten vor den Vorratsfässern. Er schlug seine Fellmütze zurück und lächelte breit. Dann begann er zu sprechen.

»Er hat seinen Vater gebracht«, übersetzte der Däne. »Er fragt, ob Sie seinen Vater fliegen würden … Er möchte noch einmal den Fjord sehen, das Inlandeis …«

Udet sah wieder das Bündel Felle auf dem Schlitten vor sich. »Was ist mit seinem Vater?« fragte er.

»Er stirbt«, sagte der Däne einfach. In seinem Gesicht änderte sich nichts, und daran, wie er es sagte, merkte man, daß er sehr lange allein mit den Eskimos gelebt hatte. Udet war an die Tür getreten. Als er sie aufstieß, sah er den Alten auf dem Schlitten: Nur sein Gesicht schaute aus den Fellen.

»Er war einer der besten Jäger«, sagte der Däne. »Er möchte noch einmal sehen, wo er seine Fallen gestellt hat, und …«

»Wann?« unterbrach Udet.

»Es bleibt ihm nur noch wenig Zeit«, antwortete der Däne.

Udet nickte. Er holte seine Lederweste und zog die bunten Eskimostiefel an. Als er dann vor die Hütte trat, sah er, daß sie den Alten schon zu seiner Maschine trugen. Er wartete, bis sie ihn in den Sitz gehoben hatten. Er startete so weich und behutsam, wie er nur konnte. Es war ein seltsamer Gedanke, mit einem sterbenden Mann über das Eis zu fliegen. Er machte ihn unruhig, eine tiefe, aufwühlende Unruhe. Er starrte auf den

Mann im Sitz vor sich. Er sah nur das dichte, verfilzte Haar des Alten. Der rührte sich nicht; wie leblos saß er dort. Für eine Sekunde durchschoß Udet der Gedanke, daß er vielleicht schon tot sei … Aber dann streckte der Alte plötzlich den Arm aus. Seine gelbe lederne Hand deutete nach unten. Sie flogen jetzt über dem Fjord. Ein paar Kajaks stießen durch das grüne Wasser. Sie ließen einen weißen quirlenden Streifen hinter sich. Die Hand wies jetzt hinunter auf ein paar Hütten und dann hinüber in die Ferne des Eises. Sie war weit und weiß und voll melancholischer Ruhe. Sie ließ Udet vergessen, daß er mit einem Sterbenden flog.

Sie landeten erst, als der Betriebsstoff schon zu Ende ging. Udet blieb in seinem Sitz, als sie den Alten aus der Maschine hoben. Jetzt sah er zum erstenmal deutlich sein Gesicht. Es war, wie alle diese Gesichter hier, ledern und sonnenverbrannt, aber die Augen waren strahlend und klar wie Eis. Der eingefallene Mund des Alten bewegte sich; ein paar Laute kamen über die Lippen. Dann machte er sich von den zwei Männern, die ihn stützten, frei. Gebeugt, aber fest schritt er auf den Schlitten zu. Die Hunde vor dem Schlitten stießen hohe, spitze Laute aus.

»Was hat er gesagt?« fragte Udet.

Der Däne lächelte. »Er sagt: ›Es ist gut. Ein Leben, in dem man sich an so vieles erinnern kann.‹«

An diesem Abend gab es ein Abschiedsfest in der Bucht. Eskimos tanzten im Scheine rötlich flackernder Fackeln. Auch der Schlitten mit dem alten Eskimo war da. Er stand etwas abseits, und als Udet hinüberging, sah er das Gesicht des Alten in einem Berg von Fellen. Er beobachtete ihn die ganze Zeit. Der Widerschein der Flammen lag auf seinem Gesicht. Sein Sohn stand neben dem Schlitten. Er klatschte in die Hände und stampfte mit dem Fuß den Takt der Tanzenden. Die Eskimos tanzten und sangen. Eintönig und schwer hing der Sing-Sang ihrer Stimmen über der Bucht. Plötzlich ließ der junge Eskimo die Hände sinken. Er kniete sich vor den Schlitten in den Schnee. So verharrte er für Sekunden. Dann zog er eine Decke über das Gesicht des Alten. Er hob die Peitsche aus dem Schnee, leicht hieb er sie über die Rücken der Hunde. Sie sprangen sofort auf und zerrten den Schlitten an. Sie schienen den Weg allein zu finden. Während sie den Toten zu den Hütten an den Hügeln zogen, hatte der Sohn sich wieder den Tanzenden zugewandt. Minuten später tanzte er mit ...

Am nächsten Morgen warf die »Tordenskjöld« ihre Maschinen an. Bald schob sich ihr Bug knirschend durch das Eis ...

13.

Anfang Dezember des schicksalhaften Jahres 1932 gab Ernst Udet in seiner Wohnung in der Pommerschen Straße 4 ein Fest zur Eröffnung der »Grönland-Bar«. Es war eine richtige kleine Bar mit Theke, Barhockern und einem Vorrat an Pullen, der jeder echten Bar Konkurrenz machte. Ein Tischler hatte sie in einer Ecke des großen Arbeitszimmers eingebaut, und Udet schmückte sie mit Geschenken der Eskimos.

Dann hörten die Freunde wochenlang nichts von Udet. Jeder mußte glauben, er sei nicht mehr in Berlin. Aber Udet lag in seiner Wohnung, mit einer schweren Lungenentzündung. Er verkroch sich wie ein Tier. Grete, die Haushälterin, hatte Anweisung, niemanden hereinzulassen. Er verbot ihr auch, einen Arzt zu holen. Sie gehorchte bis einen Tag vor Weihnachten. Am Heiligabend rief sie Redakteur Walther Kleffel an. Der fand Udet in hohem Fieber, bleich und abgemagert. Aber Udet schickte ihn weg. »Gib ihm sein Weihnachtsgeschenk«, sagte er zu Grete, »dann soll er verschwinden.« Kleffel telegrafierte Udets Mutter. Sie kam von München nach Berlin. Ihr erlaubte er, einen Arzt zu holen. Mitte Januar 1933 war Udet »wieder da«. Am 22. Januar sprach er im Gloria-Palast auf dem Kurfürstendamm bei einer Veranstaltung der Deutschen Lufthansa über seine Flüge in Grönland. Am 27. Januar sah man ihn beim großen Reitturnier in den Ausstellungshallen. Am 28. Januar nahm er am Berliner Presseball teil, der an jedem letzten

Sonntagabend im Januar stattfand. In den Festsälen am Zoo saß er in der Ullstein-Loge, zusammen mit Carl Zuckmayer. Den Rest der Nacht feierten Udet und Zuckmayer und die Schauspielerin Ehmi Bessel in der Grönland-Bar in der Pommerschen Straße. – »Unter ahnungsvollen Gesprächen«, wie Zuckmayer sich heute erinnert.

Am 30. Januar vormittags drängten sich vor dem Reichspräsidentenpalais in der Wilhelmstraße Tausende von Neugierigen. Es war kurz vor elf Uhr, als Hindenburg Hitler und Göring empfing. Eine Stunde später fuhr der Wagen durch das Spalier einer jubelnden Menge ins Hotel »Kaiserhof« zurück. Im Palmenhof warteten schon die ersten Gratulanten. In wenigen Stunden wußte es die ganze Stadt: Hitler war Reichskanzler geworden.

An diesem Tag verdienten sich die Kellner des Hotels »Adlon« manches Extratrinkgeld. Am Abend würde ein großer Fackelzug stattfinden, er sollte am »Adlon« vorbeiführen.

Udet war in seiner Wohnung, als man ihn aus dem »Adlon« anrief. »Wir haben Ihnen einen guten Fensterplatz reserviert.« Bevor der Fackelzug begann, waren alle Fenster des Hotels »Adlon« besetzt. Nur Stammgäste des Hauses hatten noch Plätze bekommen. Um acht Uhr tauchten die ersten Kolonnen auf. Sie kamen vom Tiergarten, zogen durch das von Scheinwerfern hell angestrahlte Brandenburger Tor, über den Pariser Platz, am »Adlon« vorbei und schwenkten dann in die Wilhelmstraße ein.

Kolonne auf Kolonne tauchte aus dem Dunkel des Tiergartens auf. In Sechzehnerreihen, Fackeln in den Fäusten, zwischendurch Militärkapellen, so marschierten die Trupps durch das Spalier der Zuschauer. Dumpf dröhnten die Trommeln über die Weite des Platzes. Bis Mitternacht dauerte der Vorbeimarsch. Immer dichter wurden die Reihen der Zuschauer. Immer größer die Begeisterung.

Dann kam der 1. Februar. Der Aero-Club von Deutschland hatte zur Jubiläumsfeier seines fünfundzwanzigjährigen Bestehens zu einem Gesellschaftsabend mit Abendessen (4,– RM),

Ball und Tombola eingeladen. Beginn zwanzig Uhr im großen Saal der Krolloper am Platz der Republik.

Udet kam erst kurz vor neun Uhr. Er war im Frack. Er hatte schon ein Glas Sekt in der Hand, als er Angermund von seinem Tisch wegholte. Sie schritten hinüber in den kleinen Saal, in dem getanzt wurde. »Na, wie ist die Stimmung?« fragte Udet.

»Gehoben«, meinte Angermund, »durchaus gehoben. Alle sind gespannt, ob Göring sein Debüt gibt.«

An diesem Morgen hatte die außerordentliche Generalversammlung eine Entschließung angenommen, in der es hieß: »Mit großer Freude begrüßt der Aero-Club von Deutschland die Bestellung eines besonderen Reichskommissars für die Luftfahrt.«

Die beiden Männer gingen weiter. Sie blieben an Tischen stehen, begrüßten Freunde, prosteten ihnen zu. Die ganze alte Garde der Flieger war versammelt. Die Stimmung war wirklich gehoben. Die alten Fliegeroffiziere des Weltkrieges, die jungen Männer, die Flugzeugfabrikanten, die Techniker und Ingenieure – sie alle waren besessen von der Fliegerei. Und aus ihren Gesprächen hörte man heraus, daß sie sich einen neuen Aufschwung für die Fliegerei versprachen.

Es war kurz nach zehn, als der Redakteur Walther Kleffel den beiden Männern erzählte, daß Göring gekommen sei. »Er sitzt an der Haupttafel neben dem Präsidenten Kehler«, berichtete Kleffel. »Er ist mit Milch gekommen.«

»Milch?« Udet sah Angermund erstaunt an. »Ich denke, das ist einer eurer Direktoren bei der Lufthansa.«

»War er«, meinte Angermund. »Das ging ruck-zuck bei ihm. Am dreißigsten Januar gab es bei der Lufthansa gleich dienstfrei wie zu Kaisers Geburtstag. – ›Ihr werdet schauen‹, hat er uns prophezeit, ›das Regime dauert lange.‹«

Sie waren auf dem Rückweg zu Angermunds Tisch, als sie Göring und Milch und ein paar andere Männer in einer Ecke im großen Saal stehen sahen. Göring war im Frack, er trug den Pour le mérite an dem breiten Band unter der Frackschleife. Er bemerkte Udet sofort; er kam strahlend und mit ausgestreckter Hand auf ihn zu und begrüßte ihn laut und jovial. »Ich habe schon nach Ihnen gefragt, Udet.«

Sie schüttelten sich die Hände.

»Kommen Sie«, sagte er dann. »Ich muß mich mit Ihnen unterhalten. Ich bin nicht nur zum Feiern hergekommen ...«

Udet drückte Angermund sein leeres Glas in die Hand. Angermund beobachtete dann, wie die beiden Männer in einer Ecke standen. Er sah, daß er nicht der einzige war, der sie beobachtete. Man registrierte sehr genau, mit wem sich der Reichskommissar an diesem Abend unterhielt. Einmal bemerkte Angermund, wie Udet mit beiden Händen den Flug einer Maschine erklärte. – Eine Viertelstunde verging, ehe sie sich verabschiedeten.

Udet blickte sich suchend um. Als er Angermund entdeckt hatte, winkte er ihm, er möchte warten. Dann kam er mit einer Flasche Champagner und Gläsern zurück. Im Saal hatte die Tombola begonnen. Die beiden Männer traten an eines der Fenster, durch das sie auf den Platz der Republik blickten. Udet stieß das Fenster auf. Es war kalt, aber es lag kein Schnee. Der Himmel war voller niedrig hängender, schnell ziehender Wolken. Dunkel hob sich die Silhouette der Siegessäule gegen den Himmel.

»Die möchten dich wohl alsbald haben«, meinte Angermund.

»Er bläst zum Sammeln.« Udet trank sein Glas leer und sah Angermund an. Sein Gesicht war spöttisch, aber Angermund kannte ihn gut genug, um zu wissen, daß es nur eine Maske war, hinter der sich etwas anderes verbarg. – ›Wenn es feierlich wird‹, hatte er einmal zu ihm gesagt, ›dann werde ich mißtrauisch.‹ Angermund mußte jetzt daran denken.

»Er engagiert seine Leute vom Fleck«, erzählte Udet. »Er hat auch mich gefragt ...« Er drehte das Glas in seinen Händen. »Aber er hat nur Schreibtische zu vergeben, das ist nichts für mich. – Ich will weiter fliegen wo und wann es mir paßt ...« Er beugte sich aus dem Fenster. Der Lichtschein über der Stadt war wie ein purpurner Bühnenvorhang. Udet richtete sich plötzlich auf. »Ich habe dir doch von dieser Curtiss erzählt«, begann er dann.

»Nicht nur einmal«, meinte Angermund.

Udet schnippte seine Zigarette aus dem Fenster und zündete sich eine neue an. »Ich hatte gedacht, ich bekomme das Geld zusammen, bis ich wieder nach Amerika fahre in diesem Jahr ... Wir wären wieder auf Tournee gegangen ...«

»Wenn es wieder so geht wie mit dem ›Flamingo‹ damals«, erinnerte sich Angermund, »diesmal möchte ich aber die Kiste vorher sehen ...«

Udet blickte sich um; sie waren allein. »Was würdest du sagen, wenn ich aus Amerika gleich zwei Maschinen mitbringe?« sagte er dann.

»Wie? Bist du sparsam geworden?« meinte Angermund lachend.

»Sie wollen das Geld geben«, sagte Udet hastig. »Ich soll zwei Curtiss-Maschinen kaufen. Für mich privat, auf meinen Namen, und sie sollen mir auch später zur Verfügung stehen. Ich kann mit ihnen tun und lassen, was ich will – nachdem man sie in Rechlin auf Herz und Nieren untersucht hat; man ist neugierig, was diese sturzfähige Maschine wirklich kann.«

»Das nenne ich nobel«, meinte Angermund.

»Nobel ...?« wiederholte Udet. Er lachte erleichtert auf. »Du hast recht, Dicker, wie immer ... Und weißt du, vielleicht fliege ich mir das Geld doch noch vorher zusammen.«

Im März 1933 wird der Deutsche Luftsportverband gegründet. Präsident wird Bruno Loerzer, ein Pour-le-mérite-Flieger des ersten Krieges, Kommandeur des Jagdgeschwaders III, ein wagemutiger Sportflieger der Nachkriegszeit und ein Freund Ernst Udets. Als Leiter der Presse- und Werbeabteilung holt Loerzer sich von der Lufthansa – Walter Angermund. Es ist, als sollten die alten Freunde sich nicht aus den Augen verlieren. Am 25. März findet im Berliner Flugverbandhaus im Blumeshof 17 die Gründungsversammlung statt. Und schon erhalten die Männer des Luftsportverbandes eine Uniform. Auch Udet erhält eine Uniform, die eines Fliegervizekommodores. Udet ruft Angermund an: »Sag mal, Dicker, ich habe von euch ja diesen herrlichen Titel bekommen. Gibt es dazu auch Gehalt?«

»Nein«, antwortete Angermund, »das ist ein Ehrentitel.« Die Uniform kommt noch vor Ostern. Udet hängt sie in die hinterste Ecke seines Schrankes, denn er durchstöbert in diesen Tagen, in denen »Uniform« zum Zauberwort wird, die Trödlerläden. Er sucht nach engen Beinkleidern, nach einem Gehrock, nach einem altmodischen Zylinder – die Requisiten für seinen »Fliegenden Professor«, den Prof. Canaros aus Vaduzien, Verfasser des Buches »Lerne fliegen in zwei Stunden«.

Am 17. April, dem Ostermontag 1933, fliegt Udet auf dem Flugplatz Tempelhof zum erstenmal seine Luft-Clownerie vor. Die Zuschauer jubeln dem kleinen untersetzten Mann im schwarzen Gehrock und Zylinder und mit wallendem Bart begeistert zu, als er zu der Maschine schreitet:

Der Professor Canaros möchte fliegen. Er verhandelt mit der Polizei und der Flughafenleitung wegen Überlassung einer Maschine. Entsetzt winkt der Flughafendirektor ab. Canaros zückt schnell entschlossen einen Scheck. – Man läßt ihn also in den Sitz der »Klemm« klettern. Seinen Regenschirm vergißt Canaros; er bleibt an der rechten Tragfläche hängen. Bewegter Abschied. Das Fliegerlehrbuch liegt wohlverstaut im Pilotensitz. Der Propeller wird angeworfen, der Motor knallt und spuckt, Fehlzündung. Canaros fährt im Sitz hoch, blättert hastig in seinem Buch. Beim zweiten Versuch springt der Motor an. Wild dreht sich die Maschine im Kreis herum, alles läuft fassungslos herum, flüchtet. Dann macht die Maschine ein paar Sätze, steigt, fällt; Canaros verliert sein Röllchen, seinen Zylinder, sein Buch. Sanitätsautos rasen über das Feld. Ein Anblick zum Erbarmen: Die linke Tragfläche schleift auf dem Erdboden, hebt sich wieder, sackt durch. Aber Canaros winkt stolz ... er fliegt!

Nach tollen Kapriolen setzt er zur Landung an. Die Luftpolizei schießt Leuchtkugeln: Alle Flugzeuge bitte ausweichen. Mit einer Bumslandung haut die Maschine auf den Boden. Rauch steigt auf. Canaros springt heraus, läuft fort, ergreift die Flucht, das Sanitätsauto saust hinter ihm her.

Noch nie hat das Tempelhofer Feld eine solche Begeisterung gesehen wie an diesem Tag. Es ist, als habe ein Clown den Menschen gezeigt, daß man auch jetzt noch lachen kann. Und die Berliner scheinen Udet zu verstehen. Hunderttausend sind an diesem Tag gekommen, um Udet zu sehen. –

Am 21. April findet anläßlich des fünfzehnten Todestages Manfred von Richthofens auf dem Invalidenfriedhof eine Trauerfeier statt. Die meisten erscheinen in den neuen Uniformen. Udet kommt im schwarzen Ulster und in Streifenhosen. Am Tag darauf erhält er einen Anruf. Es ist Loerzer. Er hat eine Bitte. »Erni – laß dich ruhig mal in Uniform sehen.«

Aber Udet fliegt weiter in Zivil. Er zeigt den Professor Canaros in München, und Pfingsten in Hamburg. Am 6. und 7. Juni werden in Tempelhof noch einige Nahaufnahmen für den Film »SOS Eisberg« abgedreht. Zwei Tage darauf landet Udet mit seiner neuen Kabinen-»Klemm« auf dem Pier, an dem die »Europa« liegt. Stunden später sind die abmontierten Flächen der »Klemm« und die des »Flamingo«, der mit der Bahn gereist ist, in der Goldkammer der »Europa« verstaut. Die Flugzeugrümpfe stehen fest verzurrt auf dem Deck in einer geschützten Ecke.

Um elf Uhr fünfzehn am 9. Juni 1933 verläßt die »Europa« Bremerhaven.

14.

Der Himmel über New York war wolkenlos und wie eine erdrückende Haube aus heißem Metall. Das kleine Hotel, in dem Udet abgestiegen war, hieß »St. Moritz« – aber an diesem Julitag erinnerte es wenig an Berge und Schnee. Im Zimmer 73 war es heiß und stickig. Selbst der kleine Ventilator, den Udet vor sich auf den Stuhl gestellt hatte und der sich langsam hin und her drehte, hatte einen heißen Atem. Im Bad lief das Wasser über eine Flasche Bier; das leise Geräusch gab ein wenig die Illusion der Kühle.

Seit einer Viertelstunde wartete Udet auf das Gespräch aus Buffalo. Er hatte versucht, den Chef-Einflieger der Curtiss-Werke zu erreichen, aber Doolittle war auf einem Werkstattflug gewesen.

Udet erhob sich langsam aus seinem Stuhl. Er holte die Karte. Dann kehrte er in den heißen Atem des Ventilators zurück. Morgen würde er nicht mehr in diesem Zimmer sein. Es war sein letzter Tag in New York. Der deutsche Konsul in New York hielt das Geld für den Kauf der beiden Curtiss bereit. Es war alles von Berlin arrangiert worden – das Geld und die Verträge für den Kauf der zwei Maschinen auf seinen Namen. Aber er würde das Geld nicht brauchen! Er hatte in den letzten Monaten gut verdient, und mit dem, was er noch in Amerika kassieren würde, konnte er die Hawk selbst bezahlen …

Eine Sekunde starrte er auf den weißen Telefonapparat. Er beugte sich vor und griff nach dem Hörer. Er hob ihn ab. Erst als er das Zeichen hörte, legte er ihn beruhigt wieder auf die Gabel. Dann war im Raum wieder nur die Hitze, das Schweigen und das leichte Geräusch des fließenden Wassers.

Morgen würde er mit der »Klemm« dieser Hitze entfliehen. – Baier, sein Monteur, war draußen auf dem Floyd Bennet Field und überwachte das richtige Einbauen des Zusatztanks. Sie würden quer über den ganzen Kontinent fliegen. Udet hatte die Route auf der Karte aufgezeichnet: Pittsburgh, Indianapolis, Kansas City, über die Indianer-Reservate … In zehn Tagen begannen in Los Angeles die »National Air Races«.

Er wollte gerade das Bier holen, als das Telefon schellte. Er wußte nicht weshalb, aber seine Hand zitterte, als er den heißen Hörer abhob. Ich wollte, ich hätte vorher etwas getrunken, dachte er. »Curtiss-Wright Corporation,« meldete sich eine Stimme. Es war die Stimme einer Frau, und sie klang, als ob es in Buffalo nicht sehr heiß sei. »Herr Udet? … Einen Moment.«

Er mußte eine Unendlichkeit warten, so wenigstens erschien es ihm. Er konnte ein paar Stimmen am anderen Ende der Leitung hören. Er starrte auf die Wand, dorthin, wo das Gemälde mit dem schneebedeckten Piz Nair hinter den Häusern von St. Moritz hing. Er war oft dort geflogen … »Hallo!«

»Einen Moment, bitte! Ich versuche immer noch, Mister Doolittle zu bekommen …«

Endlich war die Stimme des Mannes da. »Hallo! Udet …? Willkommen in Amerika … Ich gratuliere. Fein, daß Sie Wort gehalten haben … Ich wußte es ja. Ich habe schon damals gesagt – unsere Hawk, die hat Sie becirct. Na, ich freue mich. Wir haben alles schon bereitgemacht … Wann kommen Sie denn selbst?«

»Langsam, langsam«, meinte Udet. »Von hier aus fliege ich nach Los Angeles. Dann bin ich in Chikago … Das wird Ende September. Das Geld …«

Ein helles, kehliges Lachen unterbrach ihn. Es ging fast unmittelbar in Worte über. – Es war, als sei das Lachen im Hintergrund der Stimme, als Doolittle sagte: »Sie sind verrückt … So verrückt wie Sie fliegen. Wir haben den Anruf Ihres Konsuls aus New York schon bekommen, daß Geld bereitliegt. – Sie müssen wirklich großes Vertrauen zu der Maschine haben.« Es brauchte eine ganze Weile, bis das Gesagte in Udets Bewußtsein eindrang. Der Atem des Ventilators warf ihm die Hitze entgegen. »Hallo«, hörte er Doolittles Stimme. »Ist etwas nicht in Ordnung?«

»Doch … natürlich!« antwortete er automatisch. Es war, als seien es nicht seine eigenen Worte.

Der Boy des Hotels »St. Moritz«, der in diesem Augenblick klopfte, trug trotz der Hitze seine Livree hochgeschlossen.

Ernst Udet beendete sein Telefongespräch mit Doolittle, als der Boy noch einmal klopfte, eintrat und ihm die Visitenkarte überreichte.

»Der Herr wartet unten«, sagte er.

Udet nahm die schmale Karte von dem Tablett. Während alles in diesem Raum zu glühen schien, lag die Karte schneeweiß und kühl in seiner Hand. »Der ist hier?« entfuhr es Udet, als er die winzigen Buchstaben las: »Raven von Barnekow, 114 E 52 The Gladstone N.Y.«

Noch ehe er etwas sagen konnte, ging die Tür auf. Der große, schlanke Mann mit dem gewellten blonden Haar trat lachend ins Zimmer und blieb aufrecht stehen. Er trug sein Jackett leger unter dem Arm. Sein Hemd war schneeweiß wie seine Karte, und die Krawatte saß so korrekt, als würde ihm die Hitze nichts ausmachen. »Hallo, Udlinger. Sie wollten mich wirklich unten warten lassen«, sagte er. Sie schüttelten sich die Hände.

»Barnekow … Das ist eine Überraschung! Du – in New York?« Er merkte gar nicht, daß sie sich duzten.

Das Leben ist sonst zu ernst für Zufälle – aber an diesem 20. Juni 1933 schien es Roulette zu spielen. Schon einmal war es so gewesen. Vor acht Jahren im November 1925. Damals hatten sich die beiden Flieger aus dem Jagdgeschwader Richthofen im Hotel »Adlon« ganz überraschend wiedergesehen, zum erstenmal nach dem Kriege. Barnekow wollte gerade nach Lipezk in Rußland gehen, wo die Reichswehr ein geheimes Fliegerzentrum unterhielt. Jetzt hatte das Roulette des Lebens, der Zufall, sie wieder zusammengeführt, und es schien zu sagen: Faites votre jeu! – Macht euer Spiel!

Barnekow lebte seit zwei Jahren in New York. Er arbeitete bei General Motors. Was er dort machte, davon sprach er nicht. Er erzählte auch nichts davon, wie mühsam er sich diese zwei Jahre durchgeschlagen hatte, ehe er diesen Job bei der amerikanischen Autofirma gefunden hatte. Er wollte nur von Deutschland hören. »Erzähl doch«, bat er. »Du kannst dir vorstellen, daß ich neugierig bin. – Das ging ja alles toll schnell …«

Udet winkte mit einer Handbewegung ab. Er rührte sich nicht aus dem Kreis des surrenden Ventilators. »Hast du auch solch einen Durst?«

Udet hatte in dem kleinen Bad die Wanne halb vollaufen lassen. Der Boy hatte einen Kübel mit Eisstückchen gebracht, aus dem die schlanken Bierflaschen und zwei bauchige Flaschen französischen Kognaks hervorschauten. Er ging hinüber, holte eine Flasche.

»Der Dicke ist jetzt der große Mann«, sagte er dann.

»Der Dicke?«

»Göring. Er ist jetzt der Mann, den man kennen muß. Er sammelt seine alten Freunde. – Sie haben alle mit ihm Frieden geschlossen. Als Abgeordneter, da war der Dicke noch nicht interessant. – Aber als er Präsident des Deutschen Reichstags wurde, vor einem Jahr ...«

»Mensch«, unterbrach von Barnekow. »Ich kann mich erinnern, wie Wolfram von Richthofen getobt hat, weil Göring mit dem Namen Richthofen für sich Reklame gemacht hat. Als Zirkusflieger in Dänemark und bei Schauflügen in Schweden. Dann war ich in Berlin, als damals überall die Plakate hingen: ›Für die NSDAP spricht heute abend der Hauptmann Göring, letzter Kommandeur des ruhmreichen Jagdgeschwaders Freiherr von Richthofen.‹ Wolfram ärgerte das so, daß er Göring aus der Traditionsvereinigung des Geschwaders ausgeschlossen hat.«

»Göring hat alle alten Mitglieder des Geschwaders von Richthofen zu sich ins Reichspräsidentenpalais geladen«, sagte Udet. »Und alle, alle kamen! Wolfram an der Spitze. Der Dicke hat sich inmitten seiner Männer fotografieren lassen, und der Ausschluß war vergessen ...«

»Und du, warst du dabei?« fragte von Barnekow.

»... ich wäre auch gekommen. Schon aus Neugier, weißt du, aber ich war damals in Grönland.«

»Ich würde gern mal wieder in Deutschland sein«, sagte von Barnekow. »Und wenn es nur für ein paar Wochen wäre. Die Briefe, die ich bekomme ... Die Menschen scheinen alle aufzuatmen.«

»Warum fährst du nicht mit? Ich bleibe einige Monate. Vielleicht könnten wir dann zusammen ...«

Von Barnekow winkte ab. Sein Gesicht war plötzlich düster. »Es wird mit der Zeit nicht gehen.« Er blickte zur Seite ... »Wissen Sie, Udlinger, ich habe kein Geld.«

Udet reichte ihm ein gefülltes Glas. Auch er war aufgestanden. Wieder dachte er an das Gespräch mit Doolittle. Er hatte plötzlich den Wunsch, sich dem anderen anzuvertrauen, und gleichzeitig wehrte er sich dagegen. »Ich bin gerade gut bei Kasse«, sagte er. »Ich wollte mir hier eine amerikanische Rennmaschine kaufen, aber der Dicke hat mir angeboten, den Vogel für mich zu bezahlen. Hätte ich stolz sein sollen? Ich habe nicht mehr Stolz als jeder andere, wenn es ums Fliegen geht. – Ich besorge Ihnen eine Passage auf dem Schiff«, meinte er dann. »Jetzt sagen Sie bloß nicht, Sie könnten das nicht annehmen.«

Udet hatte wieder eine Flasche aus dem Bad geholt. Er trat ans Fenster. Der farblose Himmel war jetzt grau, und die Häuser trugen ihre bunte Reklame wie ein Talmikleid. Udet öffnete den Kleiderschrank, er suchte etwas. Er hielt ein Abzeichen in der Hand, als er zu Barnekow trat. Er steckte das runde Abzeichen mit dem roten Rand und dem schwarzen Hakenkreuz auf weißem Feld an Barnekows Krawatte.

»Aufstehen«, kommandierte er. Von Barnekow erhob sich aus dem Sessel. »Heb die rechte Hand – so!« Udet machte ihm den Gruß vor. Er brachte von Barnekows Hand in die richtige Stellung, ausgestreckt, die Finger zusammengepreßt in Augenhöhe. »Hiermit nehme ich Sie in unsere Reihen auf«, deklamierte er. »Das Parteibuch wird Ihnen später zugeschickt. – Rühren!«

Sie tranken den Kognak jetzt aus den hohen Zahnputzgläsern.

»Du bist in der Partei …?« fragte Barnekow.

»Ich kann es nicht leugnen«, meinte Udet lachend.

»Im Ernst?« wollte von Barnekow wissen.

»Ein teurer Spaß«, antwortete Udet. »Ich zahle im Monat hundertfünfzig Mark Beitrag.« Dann bekam sein Gesicht einen ernsten Ausdruck. »Warum sind Sie hier? – Machen Sie mir nichts vor, Sie sind doch auch weggelaufen, weil Sie keinen Boden unter die Füße bekommen haben. Aber jetzt … Mensch, Barnekow, die tun doch was für die Fliegerei. Da habe ich mir gesagt, da mache ich auch mit …«

Mit den gleichen Worten war Udet ein paar Wochen vor seiner Amerikareise bei dem Oberregierungsrat Franz Hermann Dahlmann im Kommissariat für die Luftfahrt in der Behrendstraße in Berlin erschienen. Dahlmann war ein alter Kriegsflieger, dann Chef der Luftüberwachung auf dem Flughafen Tempelhof. Seit 1927 saß er im Luftfahrtministerium, stellte unter anderem Pilotenscheine aus und ließ Flugzeuge zu.

»Dahlmann arrangiert alles«, erzählte Udet jetzt. »Dahlmann war schon Mitglied. – Es ist gar nicht so einfach, sofort aufgenommen zu werden ... Man braucht dazu schon einen guten Freund.« Dahlmann hatte für Udet mit dem für seinen Wohnbezirk zuständigen Parteibüro telefoniert. Noch am gleichen Tage, kurz nach achtzehn Uhr, fuhren er und Udet im Horch vor der NSDAP-Dienststelle am Kurfürstendamm vor.

»Da war ein langer Gang« erzählte Udet, »da standen sie Schlange.« Er blinzelte von Barnekow zu. »Es gibt eben noch mehr Schlauberger ... Die Leute waren alle schrecklich ernst. Ich dachte, die mußt du aufheitern. Als wir also vorbeimarschierten, habe ich feste den Parteigruß geübt. Dahlmännchen ist es angst und bange geworden ... Dann standen wir vor einem Tisch. Das Mädchen dahinter – oh, Barnekow, fast wäre ich umgekehrt. So ein Mädchen, aber auch gar nichts dran – man hätte an der Partei irre werden können ... War aber ein Gemüt von Mädchen. ›Ihr Name?‹ fragte sie. – ›Udet‹, sage ich. Da kriegt sie große Augen: ›Sind Sie der berühmte ...?‹ Stell dir vor, ich war's. Der Bleistift fiel ihr aus der Hand, und sie rannte los. Der Ortsgruppenleiter ließ gleich bitten. Große Begrüßung in seinem Zimmer.

Dann fragte er mich: ›Wieviel Beitrag wollen Sie denn zahlen ...?‹

Ich habe gesagt: ›Hundertfünfzig Mark im Monat!‹«

»Sind Sie verrückt?« meinte von Barnekow.

»Genau das hat Dahlmann auch gesagt. Aber die Leute waren so nett zu mir – sollen sie das Geld haben. Der Ortsgruppenleiter schenkte mir gleich sein eigenes Abzeichen. Das wird sonst erst nach Monaten ausgegeben ... Am Abend haben wir die Parteiaufnahme im Künstlereck mächtig gefeiert.«

»Na«, sagte von Barnekow, »wenn Sie Ihre Beiträge so pünktlich zahlen wie bei der Traditionsgemeinschaft ... Ihr Name stand regelmäßig in der Rubrik ›Ausstehende Beiträge‹.«

»Darauf müssen wir trinken.« Udet hob die Flasche. »Auf die ausstehenden Beträge«, sagte er.

In der Badewanne schwammen bald nur noch die leeren Flaschen. Später sahen einige Nachtbummler, wie zwei singende Männer von einem Fenster des Hotels »St. Moritz« Papierflugzeuge auf die Straße hinuntersegeln ließen.

Nach einem fünftägigen Flug quer über den Kontinent landen Ernst Udet und sein Monteur Baier am 26. Juni mit der »Klemm«-Reisemaschine in Los Angeles. Der deutsche Konsul ist mit einer Abordnung der deutschen Kolonie zum Empfang erschienen. Die Männer tragen in aller Eile braun eingefärbte Hemden mit schwarzen Schlipsen. Am 1. Juli 1933 beginnen die Flugveranstaltungen. Wieder, wie bei seinem ersten Start in Amerika, feiert das Publikum Udet mit Enthusiasmus. Nach den Flugtagen erfolgt Einladung auf Einladung. Ende August fliegen Udet und Baier mit ihrer »Klemm« nach Chikago. Der »Flamingo« reist mit der Bahn. In Chikago wiederholt sich Udets Erfolg. Aber er denkt nur noch an den Tag, da er zum erstenmal die »Hawk« fliegen wird. Jede Woche telefoniert er mit Doolittle, dem Chef-Einflieger der Curtiss-Werke. Denn immer noch fürchtet Udet, daß man im letzten Augenblick Schwierigkeiten machen wird. Aber die Curtiss-Werke haben die Genehmigung zum Verkauf der Maschinen erhalten, alle Formalitäten sind erledigt. Das amerikanische Kriegsministerium hatte außerdem erlaubt, daß sich der deutsche Monteur in Buffalo bei den Curtiss-Flugzeugwerken und bei den Wright-Motorenwerken in New York in die Geheimnisse der »Hawk« einführen läßt. Baier fährt nach Buffalo voraus.

Am 27. September fliegt Udet nach Buffalo. In Anwesenheit der Direktoren führt Doolittle die Curtiss-Hawk vor; dann rollt Udet zum erstenmal mit dem »Falken« zum Start.

Danach werden die Maschinen auseinandergebaut und die Einzelteile in Kisten verpackt. Sie werden auf den Namen Ernst Udet an eine Schiffsmaklerfirma in Bremerhaven geschickt.

Anfang Oktober fliegt Udet auf dem Roosevelt-Flugplatz bei New York noch einmal anläßlich einer Wohltätigkeitsveranstaltung. Als er mit seinem Gast, Raven von Barnekow, am 12. Oktober Amerika mit der »Bremen« verläßt, sind die Kisten der Curtiss-Teile mit einem Frachter schon auf hoher See.

Am 19. Oktober legt die »Bremen« in Bremerhaven an. In einem Lagerschuppen am Hafen werden noch an diesem Abend die Adressen auf den Kisten, die die Teile der zwei amerikanischen Curtiss-Hawks enthalten, überklebt. Die neue Anschrift lautet nun: Erprobungsstelle der Luftwaffe, Rechlin.

Ende Oktober begann Baier in Rechlin mit der Montage der Curtiss-Hawk. Es war Mitte Dezember, als Udet zum erstenmal die Hawk vorflog. Ein kalter, klarer Wintertag. Von der Halle aus beobachtete Udet die Männer, die aus den Autos stiegen. Sie waren in Zivil. Es waren die Männer, die in Görings Reichsluftfahrtministerium den noch getarnten Aufbau der neuen Luftwaffe vorbereiteten, an der Spitze Staatssekretär Erhard Milch.

Diese Vorführung war nur deshalb zustande gekommen, weil man wußte, daß die Maschinen aus dem Etat des Reichskommissariats gekauft worden waren. Man hatte es als eine augenblickliche Laune von Göring hingenommen, als eine Marotte. Niemand versprach sich etwas von den ausländischen Vögeln. Die Militärs hatten es abgelehnt, die Maschine in der offiziellen Erprobungsanstalt vorfliegen zu lassen. Es waren alles »durchgediente« Offiziere, die aus der Reichswehr kamen; der Gedanke, sich von einem »Amateur« belehren lassen zu müssen, war ihnen schrecklich. Schon einmal, vor

1933, hatten sie die Bitte Udets, in Rechlin als Fluglehrer zu arbeiten, eisig abgelehnt. Mochte das Volk ihn als einen Volkshelden feiern. Ihnen war dieser Mann suspekt und zu unseriös. Sie hielten damit nicht hinter dem Berg. – Ein Mann, der fliegen kann, na schön. Aber ein fliegender Clown, ein »Filmfatzke«!

Unter sich flüsterten sie: Ein Mann, der im Künstlereck seinen Freund Joachim Ringelnatz beim Witzerzählen noch überbieten wollte; ein Mann, mit dem man sich in der vornehmsten Gesellschaft jeden Augenblick blamieren konnte; ein Mann, der Verhältnisse mit Frauen hatte, die in ihren Augen haut goût waren; ein Mann, der sogar in Ämtern sein Erscheinen durch seinen französischen Bulli ankündigte, den er mit einer Pfeife oder einer Zigarre in der Schnauze wie seinen Kammerdiener vorausschickte; ein Mann, bei dem man riskieren mußte, daß einem, wenn man seine Telefonnummer wählte, zur Begrüßung als erstes des Jaulen einer Siamkatze, der Udet den Schwanz umdrehte, entgegenscholl. – Allenfalls ein netter Junge, der vergessen hatte, daß er inzwischen achtunddreißig Jahre alt geworden war. – Aber solch einen Mann konnte man nicht ernst nehmen!

Die Gesichter der Besucher wurden vollends eisig, als Udet mit der Curtiss gleich von der Halle mit Vollgas zum Start rollte; sie sahen sich nur an. Dieser Udet verstieß aber gegen alle Vorschriften!

Die Beobachter traten auf der Stelle, um sich zu wärmen. In dem trüben Himmel hatten sie die Curtiss für ein paar Augenblicke aus den Augen verloren … Dann streckte plötzlich einer der Männer den Arm aus: Die Maschine schraubte sich immer noch empor. Sie stieg kerzengerade, bis sie nur noch ein schimmerndes doppelflügeliges Insekt war.

Die Monteure waren vor die Halle getreten. Der Fahrer des Sanitätsautos hing weit aus seinem Fenster und reckte den Kopf nach oben. Der Motor seines Wagens lief. Dann hing das harte Geräusch des Curtiss-Motors schwer über dem Platz. Die Maschine stürzte. Fast senkrecht fiel sie mit immer rasenderer Geschwindigkeit gegen die Erde ... Es war schon kein Fliegen mehr ... Es war, als stürze sich ein Selbstmörder auf die Erde ... Es schien unmöglich, daß der Sturz der Hawk aufhören könnte, ehe sie nicht am Boden zerschellte. Aber in achthundert Meter Höhe begann sie sich aufzubäumen. Es war, als kämpfe sie gegen das Gesetz des Falles ...

Die Beobachter auf der Erde atmeten auf, als die Maschine wieder in der Waagrechten lag. Viermal führte Udet diesen Sturzflug mit der Hawk vor. Als er dann landete, senkte sich eine tiefe Ruhe über den Platz ...

Die Monteure halfen Udet aus dem Sitz. Langsam, wie ein Mensch, der das Gehen verlernt hat, kam er über das Feld auf die Männer zu ... Als er vor ihnen stand, starrten sie auf ein Gesicht, das sie nicht wiedererkannten. Es war grau, gealtert und zermürbt von tiefen Falten, die vorher nicht dagewesen waren ... Es dauerte Minuten, bis es das alte Gesicht war ...

Die Curtiss, die Udet an diesem Dezembertag 1933 in Staaken flog, war das erste voll sturzfähige Flugzeug der Welt. – Aber niemand erfaßte an diesem Tag das revolutionär Neue dieser Maschine. Vielleicht dachten die Beobachter auch, daß sich nie genug Männer finden würden, die je solche Maschinen fliegen wollten.

Ihr Bericht war nüchtern und ohne jeden Enthusiasmus. Es ging der »Hawk« in Deutschland wie in Amerika: Niemand hielt die Sturzflugzeuge für wert, sie weiter zu entwickeln. Die beiden Maschinen wurden freigegeben und als Privatmaschinen auf den Namen Ernst Udet zugelassen. Sie bekamen die Kennzeichen »Iris« und Irtis«. Sie wurden nach Tempelhof in die Halle überführt, die Udet dort gemietet hatte und in der auch seine anderen Flugzeuge standen.

Etwas wurmte ihn die Ablehnung. Der Widerstand reizte ihn, gerade jetzt zu zeigen, was wirklich in der Maschine steckte – aber warum eigentlich? Jetzt gehörte die Curtiss ihm ganz allein!

15.

Zu Beginn des Jahres 1934 war Udet wieder mit seinem »Flamingo« unterwegs. Garmisch, St. Moritz, Zürich, Pontresina – er machte seine Schauflugtage, um Geld zu verdienen. In Berlin probte er mit der Curtiss. Immer noch zögerte er, sie in sein Programm aufzunehmen, ehe er sie nicht vollkommen beherrschte. Es wurde Ostern, bis er sie zum erstenmal bei einem Flugtag in Berlin vorflog.

Der Gedanke, jetzt noch einmal auf eine große Tournee zu gehen, ließ ihn nicht los. Immer wieder sprach er zu Angermund von seiner Idee. Am 20. Juli, gegen achtzehn Uhr, erhielt Walter Angermund Udets Anruf, der den alten Freund nach Tempelhof rief. Bis zu diesem Tag hatte Angermund die Curtiss noch nie fliegen gesehen. Etwas verspätet traf Angermund auf dem Flugfeld ein. Vor dem Hauptgebäude drängten sich die Menschen. Plötzlich hörte er jemanden den Namen Udets nennen. Der Platz war abgesperrt. Auch als er seinen Ausweis zeigte, schüttelte der Polizist den Kopf. »Ich habe Anweisung, niemanden durchzulassen. Keine Presse!«

Angermund rannte zurück durch einen Nebengang, auf das Feld zu den Hallen, in denen Udets Maschinen standen. Der Horch parkte mit herabgelassenem Verdeck vor der Halle auf der Betonpiste. Der Mann, der auf dem Trittbrett gesessen hatte, erhob sich. »Udet?« fragte Angermund.

Der Mann zeigte schweigend über den Platz. Dort, genau am Rand des Flugfeldes, sah er ein paar Menschen um eine lodernde Feuerfackel stehen.

»Herr Udet hatte noch auf Sie gewartet«, sagte er. »Er hat uns Witze erzählt, während wir die ›Iris‹ fertigmachten.« Er schwieg eine Weile. »Die anderen sind drüben«, sagte er dann. »Es passierte gleich beim ersten Sturzflug. Er muß noch – tausend Meter wird er hoch gewesen sein. Ich denke noch, verflixt, jetzt muß er die Maschine aber langsam abfangen – sie fing sich auch, dann drehte sie auf den Rücken … Dauerte eine Ewigkeit, bis er sprang … Und dann öffnete sich der Fallschirm nicht gleich … Er ging erst ein paar hundert Meter über dem Boden auf.«

Angermund rannte über das Feld durch das Gras, das von der Sonne grau verbrannt war. Dann drängte er sich durch die Menschenmenge zum Feuer durch. Der schwere Stern-Motor hatte sich tief in die Erde gewühlt. Das Gestänge der Maschine sackte immer mehr im Feuer zusammen. Angermund spürte die Hitze und die kleinen Rußteilchen, die der Wind herbeitrug, auf seinem Gesicht.

Er hatte vielleicht ein paar Sekunden dort gestanden, als die Sirene des Sanitätswagens an sein Ohr gellte. Er rannte winkend dem Wagen entgegen. Als der Wagen stoppte, kurbelte der Fahrer das Fenster herunter.

»Angermund«, sagte da eine bekannte Stimme. Es war der Flughafenarzt. »Nichts Schlimmes«, kam er Angermunds Frage zuvor. »Keine Brüche, wie es aussieht. Aber er muß ins Krankenhaus. Er ist ohne Bewußtsein.«

»Kann ich mitfahren?« fragte Angermund.

Sie gingen um den Wagen herum. Der Arzt öffnete die Tür. Neben der Bahre auf dem Notsitz saß ein Sanitäter. Der Arzt winkte. Der Mann sprang auf den Boden, und Angermund kroch gebückt in den Wagen. Die Tür schlug hinter ihm zu. Aus dem kleinen, grün getönten Fenster fiel nur wenig Licht herein. Der Körper auf der Bahre schaukelte mit den Bewegungen des Wagens. Dann wurde er ruhiger. Sie mußten jetzt auf einer asphaltierten Straße sein. Plötzlich kam Leben in das graue, angespannte Gesicht Udets. Angermund beugte sich zu ihm nieder. Sie hatten ihn angeschnallt, und Udet riß an den Gurten. Angermund löste sie.

Die Hände Udets griffen an den Kopf in die wirren, feuchten Haare. Angermund schob seine Hand unter den Kopf. Als Udet die Augen öffnete, war sein Blick leer, aber dann schien er den Mann zu sehen, der sich über ihn neigte … Er sank aufatmend zurück.

Die Spannung wich von Angermund. »Du wirst dich eines Tages noch umbringen, wenn du nicht vorsichtiger bist. Muß denn das sein! – Hol der Teufel die Maschine. Du hast es doch gar nicht nötig, diese gefährlichen Stürze zu machen. Die Leute kommen doch auch so …« Udet hatte die Stoppuhr, die an einer Schlüsselkette hing, aus seiner rechten Hosentasche genommen. Er hielt sie ans Ohr, und dann hob er sie so, daß das Licht aus dem schmalen Fenster auf sie fiel. »Sie läuft noch …« Das Lächeln, das er sich abzwang, bewegte kaum die zusammengepreßten Lippen. Aber die hellen blauen Augen in dem grauen Gesicht leuchteten schon wieder in ihrem ungebrochenen Mut. »Ich habe eben einen guten Stern«, sagte er leise. »Und das an einem Freitag!« Er bewegte seinen Arm, die Beine. »Die Hawk wollte unbedingt mit mir zu Boden. Das Steuer klemmte.«

»Dein Falke ist hin«, meinte Angermund. »Er ist am Ostrand in die Erde gerumst.«

»Hör zu!« sagte Udet mühsam. »Wenn wir wieder auf die Walze gehen wollen, dann mußt du dich jetzt entscheiden.«

»Wir können ja gelegentlich darüber sprechen«, meinte Angermund. »Aber jetzt liegst du mir erst mal auf der Nase.«

»Keine Sorge, ich halte es lange aus. Ich hänge am Leben …« Er lag jetzt still. Er hatte die Augen geschlossen. Angermund war nicht sicher, ob er zu ihm sprach. »Wir könnten von hier aus nach Indien gehen«, sagte Udet. »Ja, da könnten wir anfangen. Australien, Neuseeland, Südamerika – du mußt einen genauen Plan ausarbeiten.«

»Du hast dir viel vorgenommen.«

»In den USA machen wir nicht viel. Da kennen sie die Curtiss.«

Er richtete sich heftig auf. »Kannst du dir vorstellen, daß ich eines Tages mal zu klapprig werde, um mir eine Maschine unter den Hintern zu klemmen …?«

Angermund konnte es sich nicht vorstellen, aber er sagte: »Bis dahin ist noch viel Zeit.«

»Ich habe als Junge damit angefangen. Damals geschah es, ohne zu überlegen. Es war ein Abenteuer … Es war so gut wie alles andere, was man als Junge träumt … Aber dann habe ich gemerkt, daß ich es nicht lassen kann … Ich kann mir nicht vorstellen, daß es einmal anders sein wird. Mehr weiß ich nicht …« Er zögerte. Dann blickte er auf: »Kannst du mich verstehen?«

Angermund nickte. Der Wagen hielt.

»Sprich nicht darüber«, sagte Udet.

Noch am gleichen Abend wurde er aus dem Krankenhaus entlassen. Von seiner großen Tournee spricht Udet jetzt nicht mehr, aber er fliegt wie besessen. Noch nie so viel wie in den Jahren 1934 und 1935. Die Flugsportvereine wachsen. Überall entstehen Klubs, Segelflugschulen, Werkstätten. Tausende junger Menschen drängen zur Fliegerei, und Udet ist in diesen Jahren ihr Ideal. Jede Stadt will ihn zu ihren Flugtagen haben. Kein Tag vergeht, da nicht das Telefon in Udets Wohnung schellt oder eine der Landesgruppen in der Propagandastelle des deutschen Luftsportverbandes bei Angermund anruft. Auf Monate hinaus ist Udets Terminkalender belegt.

Er spielt auf »drei Klavieren«, wie er selbst sagt. – Mit dem treuen »Flamingo« macht er Bodenakrobatik, mit der Curtiss Sturzflüge, mit einem Rhönsperber tollkühne Segelflüge. Er verdient wieder viel Geld. Schon Angermund sorgt dafür. Er verkauft seinen Udlinger nicht billig. Er handelt für ihn, als sei er wieder sein alter Manager: »Wenn der Udet euch bei eurem Ringelpietz den Platz bombenvoll macht, dann könnt ihr auch zahlen. Der Mann hat auch seine Unkosten: Steuern zahlen, seine Maschinen und Monteure, die dicken Spesen – übrigens, die Rosen zu seiner Begrüßung schreibt ihr das nächste Mal nicht auf seine Abrechnung.«

Jeden Freitag, Samstag und Sonntag fliegt Udet. Am Montag sitzen die Monteure schon wieder auf der Bahn mit den Flugzeugen. Er führt ein Leben, das jeden anderen Mann umbringen würde. Er ist jetzt neununddreißig, ein Alter, in dem die meisten schon zu fliegen aufgehört haben. Er ißt unregelmäßig, raucht bis zu achtzig Zigaretten am Tag, trinkt. Und doch scheint es ihm nichts anzuhaben. Es ist, als lebe er von dieser Unruhe, von der Begeisterung der Menschen.

Das Erstaunlichste von allem aber bleibt, daß er, der schon 1918 ein Volksheld war, der in den Jahren danach zum populärsten deutschen Flieger aufstieg, der von den Frauen angehimmelt und von der Jugend bewundert wurde, der, wohin er auch kommt, seinen Ruhm wie einen Schatten mit sich trägt – doch so geblieben ist, wie er immer war: ohne Pathos und Pose und mit dem Mut, so zu sein, wie er nun einmal war: ein Mann.

Ein Mann, der nicht an die Kette zu legen ist.

Am 5. März 1935, vier Tage, nachdem durch eine Volksabstimmung die Saar wieder deutsch geworden war, wird als dritter Wehrmachtsteil die deutsche Luftwaffe offiziell gegründet. Generalmajor Wever wird Generalstabschef. Das technische Amt übernimmt der Oberst Wimmer, die Verwaltung der Generalmajor Kesselring, das Personalamt Oberst Stumpf. Generalmajor Rüdel ist Chef der Flak, Oberst Christiansen Inspekteur der Fliegerschulen, das Nachschubamt hat Oberst Kitzinger. In Berlin beginnt man an der Ecke Wilhelm- und Leipziger Straße mit dem Neubau des Reichsluftfahrtministeriums. Göring hat Mühe, Leute für alle Posten zu finden. Man hilft sich mit Nichtfliegern, Offizieren, die von Reichswehr und Marine übernommen werden.

Udets alte Freunde tragen nun bald alle Uniform. Bei jeder Gelegenheit heißt es: »Jetzt ist es Zeit, Udlinger.« Udet winkt ab. Im Adressenverzeichnis von Udets Notizbuch aus diesem Jahr ist immer wieder ein Offiziersrang vor die Namen seiner alten Freunde geschrieben. Aber die persönlichen Eintragungen Udets auf den Tagesblättern bleiben sich gleich:

»Abflug nach St. Moritz – Flugtag in Pontresina – Zehn Luftgewehre gekauft – Mit Hochdecker Schleppschrift für Maggi – Erste Aufnahmen Terra-Film ›Wunder des Fliegens‹ – Internationale Segelflugwettbewerbe auf dem Jungfraujoch.«

Und seit über einem Jahr hat eine Frau vor jedem Flugtag die gleichen Worte auf das Kalenderblatt geschrieben: »Hals- und Beinbruch, Inge.«

Unter dem Datum des 21. Dezember 1935 findet sich in Udets persönlichem Notizbuch folgende Eintragung: »Telegramm Hotel Alpenhof, Garmisch-Horatius ab 30. Dezember.« – Horatius bedeutet im Internationalen Hotelcode: »Reserviert Wohnzimmer, Doppelschlafzimmer und Bad.«

Der Mann im Frack erhob sich und führte die blonde elegante Frau zur Tanzfläche. Sie tanzten einen Walzer. Wenn sie ganz nahe an den Tischen vorübertanzten, flackerten die Kerzen in den silbernen Leuchtern.

»Ich weiß nicht, was du hast, Udlinger«, sagte die Frau. »Du tanzt wunderbar ... Jedenfalls tanze ich viel lieber mit dir, als daß ich zu dir ins Flugzeug steige.«

»Die Musik in diesem Hotel war noch nie so gut wie heute, Inge«, sagte Udet.

Sie neigte einen Augenblick ihren Kopf an seine Schulter. »Danke.«

»Ich glaube, ich werde langsam alt«, sagte er. »Stell dir vor, jetzt kennen wir uns schon über ein Jahr – so lange hat es sonst nie gedauert.« Sie tanzten noch, als die Musik schon aufgehört hatte zu spielen. Die anderen Gäste an den Tischen hatten sich erhoben.

»Ist es schon so weit?« fragte sie.

Er blickte auf die Uhr. »Wirklich, gleich zwölf.«

Sie gingen an ihren Tisch. Udet goß die beiden hohen Sektkelche voll. Die Gläser in der Hand, traten sie mit den anderen Paaren hinaus ins Freie vor das Hotel ... Der Himmel war weit und klar. Dann setzten die Glocken ein, und aus der Dunkelheit stiegen die ersten Raketen zischend zum Himmel. Sie stießen an und tranken. – Um sie herum waren fröhliche Gesichter, Lachen, Gläserklirren und Stimmen, die sich ein gutes neues Jahr wünschten. Am Himmel hingen die bunten Sträuße des Feuerwerks.

Als sie wieder ins Haus treten wollten, rief ein Mann Udet an. Er trug einen Uniformmantel; die Uniform eines Obersten der Luftwaffe. Er verbeugte sich vor der Frau. Udet stellte vor:

»Ritter von Greim – Frau Bleier.« Dann sagte er zu der Frau: »Ich habe dir doch erzählt – unser Ritter Robi war der Mann, der Hitler beim Kapp-Putsch nach Berlin geflogen hat. Er hat dem guten Greim die ganze Maschine voll …« Er lachte, als er ihre entsetzten Gesichter sah. »Na, ist doch keine Schande«, meinte er.

»Wenn Sie gestatten«, sagte von Greim, »daß der Udlinger einen Augenblick auf die Erde niedersteigt?«

»Ich muß dich sprechen«, sagte er zu Udet, als die Frau gegangen war.

»Jawohl, Herr Oberst«, ulkte Udet. »Zu Diensten, mein Oberst.« Er hakte ihn unter. »So feierlich! – Gehen wir an die Bar?«

»Laß uns lieber etwas laufen«, schlug von Greim vor.

»Wenn es sein muß …«

Sie holten Udets Mantel. Die Glocken hatten aufgehört zu läuten, aber die Menschen standen an den offenen Fenstern.

»Wohnst du im Hotel?« fragte Udet.

Greim zeigte auf das dem Alpenhof fast gegenüberliegende Hotel.

»Auch ein bißchen Speck abtrainieren?« fragte Udet. »Wirst du zur Winterolympiade hier sein? Ich habe eine Sondergenehmigung zum Fliegen erhalten.«

»Solltest du nicht allmählich Schluß machen mit der edlen Sportelei … Das gibt's doch einfach nicht … Eine neue Fliegerei, und der Udlinger ist nicht dabei …«

Udet stieß einen Pfiff aus. »Herr Oberst rühren die Werbetrommel? – Mensch, Robert, mir geht's doch gut. Ich fahre zwei Autos. Die Leute reißen sich um mich. Soll ich das aufgeben?«

Immer noch stiegen ein paar vereinzelte Raketen auf. »Wenn das deine ganzen Gründe sind«, sagte der Freund.

»Das sind sie nun einmal«, sagte Udet einfach. »Ausreden sind mir zu anstrengend …«

»Das sind aber doch Ausreden, Erni. Ich bin nun gerade auch nicht für Hurra und Druff! Aber sieh dich doch mal um, was die Leute geleistet haben. Alles ist doch richtig gelaufen. Man kann seinen Kopf wieder hoch tragen – und mit dem Gefühl, auf der richtigen Seite zu stehen ...«

»Wenn ich überzeugt wäre, Robi«, sagte Udet.

»Bist du es nicht?«

Sie wichen ein paar Jungen aus, die Knallfrösche auf die Straße schmissen. »Nein ...«, sagte Udet. »Ich bin ein Einzelgänger. Muß ich dir das sagen? Ich bin es immer gewesen. Wie war es denn im Krieg – ich war einfach ein Draufgänger ... Wenn mich die Jagdlust packte, dann vergaß ich meine Staffel, alles ... Ich bin wirklich ein Einzelgänger.«

Greim blieb stehen. Er stellte sich vor ihn hin. »Hör zu, Erni ... Man braucht Leute wie dich. Es klappt nicht alles so, wie es nach außen hin den Anschein hat. Die ganze Fliegerei steckt in den Kinderschuhen. Schwierigkeiten über Schwierigkeiten ... Die Maschinen machen Bruch. Wir haben keine Leute, die die Jungen ausbilden. In den Schulen fallen sie haufenweise auf den Pinsel ... Wir haben eine Quote von Toten ...« Er sah ihn an. »Wir haben doch früher oft zusammengesessen und auf diesen Augenblick gewartet. Wir waren doch alle besessen von der Idee, eines Tages ...«

»Meine Idee ist es, von dem zu leben und an dem zu sterben, was ich am meisten liebe ... und das ist nun einmal das Fliegen«, sagte Udet heftig.

»Noch ein paar Jahre die Sturzflüge mit der Curtiss ... du wirst ja sehen! Du machst dich kaputt.«

Udet lachte nur.

»Und deine Sturzflugidee?« von Greim hatte sich in Eifer geredet. »Es wurmt dich immer noch, daß nicmand darauf eingegangen ist – ich kenn' dich doch! – Aber es gibt nicht nur Leute, die dagegen sind. Wever ist dafür, Wimmer, eine ganze Reihe Ingenieure im Technischen Amt. – Sie werden alle hinter dir stehen, wenn es darum geht, den Sturzfluggedanken zu verwirklichen.«

»Sie haben mir das Kommando einer Jagdgruppe in Kitzingen angeboten ...«, sagte Udet. »Oberleutnant der Reserve Udlinger meldet sich zur Stelle! Mit ein paar Hanseln und ein paar alten Mühlen Sturzflüge machen, wie?« Sie waren umgekehrt. Udet suchte in seinen Taschen nach Zigaretten. Er warf die leere Packung weg. Greim reichte ihm seine Schachtel.

»Weil in der letzten Zeit so viel passierte«, sagte von Greim, »hat man jetzt einen neuen Posten geschaffen: Die Inspektion für Flugsicherheit und Gerät … Der neue Boß bin ich, und mein alter Posten wird frei.« Dann fügte er hinzu: »Inspekteur der Jagdflieger, – der Name ließe sich leicht in ›Inspekteur der Jagd- und Sturzkampfflieger‹ ändern.« Udet sagte noch immer nichts. Die Stadt war jetzt still geworden.

»Am zwölften Januar hat der Dicke Geburtstag«, meinte von Greim. »Bist du in Berlin?«

»Den guten Eintopf und den Dicken in der Tracht der deutschen Edelinge – das laß ich mir nicht entgehen!« Udet blieb abrupt stehen. »Nun heraus mit der Sprache: Hast du den Auftrag, mir auf den Zahn zu fühlen?« Die Laternen warfen ihr schwaches Licht in die dunklen Schatten der Nacht. »Du hast mir noch nicht geantwortet«, sagte Udet. Aber er kannte die Antwort. Er kannte sie, und er war plötzlich nicht sicher, ob er wirklich noch die Wahl hatte, nein oder ja zu sagen.

DRITTER TEIL

DER GENERAL

1.

Ein heftiger Wind trieb den Schnee über die vereiste Straße, als der Horch in die Pommersche Straße einbog. Ernst Udet parkte genau hinter seinem Sportwagen, der eingeschneit am Rande der Straße stand. Die Scheinwerfer erloschen. Im Dunkel des Wagens flammte ein Streichholz auf. Als Udet dann mit der Zigarette in der Hand ausstieg und den Wagen abschloß, sah er, daß in seiner Wohnung im ersten Stock Licht brannte. Er brauchte nicht zu schellen; die blonde, elegante Inge Bleier erwartete ihn im Halbdunkel des Treppenhauses. »Laß mich raten«, sagte sie, als er seinen Mantel abgelegt hatte. »Du hast beim Dicken ›ja‹ gesagt …« Sie reichte ihm die Zigarette zurück, die sie gehalten hatte. Er wich ihrem Blick aus. Er schob sie sanft zur Seite und ging schnell in sein Arbeitszimmer.

Er saß an der Bar. Sie glitt auf den niedrigen Hocker neben ihm. Sie tranken schweigend. Udet schob das Glas auf der Theke hin und her. Er vermied es noch immer, die Frau anzusehen, als er sagte: »Warum warst du so sicher, daß ich ›ja‹ sagen würde?« Er stützte sich breit auf und ließ den Kopf auf die Arme sinken.

Wie immer zu Görings Geburtstag, so hatten sich auch an diesem 12. Januar 1936 in seiner Dienstwohnung im schloßartig ausgebauten Haus des früheren preußischen Handelsministeriums am Leipziger Platz die Gratulanten eingefunden. Später war der engere Kreis alter Jagdfliegerkameraden zurückgeblieben, unter ihnen Ernst Udet. Die Frau zögerte immer noch mit ihrer Antwort. Als er den Kopf hob, begegnete sie seinem Blick offen. Dann sagte sie: »Ach, Udlinger, ich kenne euch Männer doch. Eher sagt ihr zu einer Frau nein als zu einem Mann, der an euer Ehrgefühl appelliert. Ich kann es mir so gut vorstellen … Was, der Udet will immer noch beiseite stehen? Der denkt nur an sich, während wir …«

Er war aufgestanden und stieß den Hocker heftig zurück. Er trat an den Gewehrschrank. Seine Hand fuhr über die blanken schwarzen Läufe, ehe er eine Waffe nahm. Sie stopfte die Zeigefinger in die Ohren, als er schoß. Dann kam er zu ihr und zeigte ihr die Scheibe. Langsam hellten sich seine Züge auf.

»Sehr gut!« sagte sie schnell. Aber sie schüttelte den Kopf, als er ihr das Gewehr hinhielt. »Hoffnungslos, ich will es, erst gar nicht versuchen. Dafür tauge ich nicht.«

Er ging im Zimmer auf und ab, zwischen den Wänden, die voller Erinnerungen an sein buntes, abenteuerliches Leben waren. Es enthielt seine ganze Vergangenheit. Da waren die ausgeschnittenen Kokarden und Erkennungszeichen der im Krieg abgeschossenen Feinde; die unzähligen Pokale, Silberbecher und Schalen; die Preise, die er als Sportflieger bekommen hatte. Da waren die Dinge, die er von seinen Reisen nach Afrika, Amerika und Grönland mitgebracht hatte. Er hielt inne und kam zur Bar zurück. Er griff nach ihrem Arm. Ein Schatten glitt über sein Gesicht, und mit tonloser Stimme sagte er:

»Hör zu, Inge! Es gibt etwas, einen Gedanken, der mich krank macht … Daß ich eines Tages in diesem Museum sitzen könnte, inmitten dieser alten verstaubten Dinge, die einen dazu verführen, Leute mit Erinnerungen zu belästigen, die darüber nur lächeln. Das wird nie geschehen«, sagte er hart. »Und wenn mir einmal etwas passiert … Ich will nicht, daß das hier ein Museum wird. Behalte, was du willst, und alles andere – weg, verschenken.«

Unvermittelt schlug seine Stimmung um, er war wieder der alte, ausgelassene Udet. Der Übergang geschah so unerwartet und plötzlich, als sei er ein anderer Mensch. Er zog sie mit sich in die Mitte des Zimmers, stand vor ihr stramm, salutierte und sagte mit erhobener Stimme: »Vor dir steht der Garant für die deutsche Überlegenheit in der Luft … Der Oberst der Luftwaffe Udet, der Inspekteur der Jagd- und Sturzkampfflieger. – Ich bitte um Ihr Beileid, Madame.«

Als sie an die Bar zurückkehrten und sie die Gläser vollgießen wollte, nahm er ihr die Flasche aus der Hand. Er korkte sie zu und schlug mit der Handfläche den Korken fest ein. »Aber!« sagte er mit gespieltem Entsetzen. »Du scheinst nicht zu wissen, was ein Oberst verdient? Jetzt mal im Ernst – ich habe mich sogleich bei Greim erkundigt. Ich bekomme als Oberst zwölftausendsechshundert Mark Gehalt, zweitausendsechzehn Mark Wohnungsgeld und eintausendachthundert Mark Fliegerzulage im Jahr. Das sind … Rechne du es bitte aus.«

»Im Monat etwa eintausenddreihundert Mark«, sagte sie.

Udet blickte die Flasche in seinen Händen an, zögerte und setzte sich dann. Er seufzte. »Das macht gerade meine Monatsrechnung bei Horcher aus!« Wieder sah er sich im Zimmer um. »Komm«, sagte er dann. »Heute gehn wir noch einmal groß aus … Wir müssen schnell machen. In einer Stunde kommen die anderen; sie wollen mit uns den Herrn Oberst feiern.« Als er in seinem Zimmer an den Kleiderschrank trat, schlug er sich lachend an die Stirn. Ihm war eine Idee gekommen.

Als die Haushälterin Grete Udets Freunde eine Stunde später in die Wohnung einließ und sie gleich an die Bar stürmten – blieben sie wie angewurzelt stehen: In einem Klubsessel lehnte eine lebensgroße Stoffpuppe, der »Fliegende Professor«. In seinen gestreiften Beinkleidern, im altmodischen Gehrock, die gestärkte Hemdbrust über ein Kissen gewölbt, mit dem hohen Zylinder und dem wallenden Bart hatte Udet ihn dort in den Sessel gesetzt. Und auf dem Schoß, zwischen den weißen Röllchen an seinen ausgestopften Armen, lag der mexikanische Colt aus Udets Waffensammlung. An der Spitze des Laufes hing ein Zettel. Sie nahmen ihn ab und lasen:

»Herr Oberst bedauern, mir nicht mehr Arbeit und Brot geben zu können. Ich suche einen neuen Herrn. – Sonst bleibt mir nur die Kugel.«

Ende Januar 1936 erhält Ernst Udet seine Ernennung zum Oberst und zum Inspekteur der Jagd- und Sturzkampfflieger. Nur wenige Wochen, bevor am 7. März 1936 deutsche Truppen in die entmilitarisierte Zone des Rheinlands einmarschieren.

Mit vierzig Jahren ist aus dem populärsten deutschen Flieger, ist aus dem Mann, der sein freies Leben über alles liebte, aus dem Mann, der im Jahr bis zu zweihunderttausend Mark verdiente, der Oberst Ernst Udet mit eintausenddreihundert Mark Monatsgehalt geworden. Udet verkauft seinen alten treuen »Flamingo«, er verkauft seinen Horch und seinen Sportwagen. Ein ehemaliger Angehöriger des Richthofen-Geschwaders, Willi Gabriel, übernimmt von Udet den »Fliegenden Professor« und führt ihn weiter an vielen Flugtagen innerhalb Deutschlands vor ... Noch später entsteht mit der Udet-Maschine der Heinz-Rühmann-Film, »Quax, der Bruchpilot«.

Nur vier Monate bleibt Ernst Udet Inspekteur der Jagd- und Sturzkampfflieger. Und in diesen vier Monaten sieht man ihn in seinem Amtszimmer nicht viel. In Bremen, in den Fokke-Wulf-Werken, hat der Chefkonstrukteur Curt Tank ein sturzflugfähiges Flugzeug entwickelt, den »Stößer«. Udet fliegt die Maschine von Bremen nach Rechlin zur Forschungsanstalt der Luftwaffe. Und wie schon im Jahre 1933, als er mit seiner Curtiss aus Amerika zurückkam, führt er den maßgeblichen Offizieren die Maschine vor. Mit untergehängten Zementbomben stürzt er auf das markierte Ziel. Die »Bomben« treffen zu fünfzig Prozent; aber der Mann, der im Technischen Amt die Flugzeugentwicklung leitet, Wolfram von Richthofen, beharrt auf seinem alten Standpunkt: Er hält nichts vom Sturzflug als taktischer Neuerung.

Aber es gibt Leute, die weitsichtiger sind. Da ist der Generalmajor Wever, der Generalstabschef der Luftwaffe. Da ist Oberst Wimmer, der dem Technischen Amt vorsteht. Da sind viele Ingenieure, die Udet unterstützen. Udet fliegt von Werk zu Werk, um zu sehen, was die Konstrukteure der Flugzeugwerke auf ihren Reißbrettern haben. Er sucht den Stuka.

Am 3. Juni 1936 geschieht dann ein Unglück, das der Luftwaffe ihren fähigsten und besonnensten Offizier raubt. Wever, der erste Generalstabschef der Luftwaffe, stürzt über dem Flugplatz Dresden mit einer Heinkel-Blitz ab. Er hatte vergessen, vor dem Start die Feststellungsvorrichtung des Querruders zu lösen. Er ist sofort tot. – Wever, der erst 1933 von der Reichswehr zur »getarnten« Luftwaffe kam, hatte sehr spät noch das Fliegen gelernt.

Nach Wevers Tod folgt im Reichsluftfahrtministerium ein großer Personalwechsel. Bei der Neubesetzung der Posten soll Udet von dem Oberst Wimmer das Technische Amt übernehmen. Udet zögert, anzunehmen. Aber der Gedanke, jetzt seine Sturzflugidee verwirklichen zu können, läßt ihn zusagen.

Das Technische Amt, das sogenannte C-Amt, besteht aus drei Abteilungen: Forschung, Entwicklung, Beschaffung. Es liegt im südlichen Flügel des riesigen Neubaues des Reichsluftfahrtministeriums, Ecke Wilhelm-, Leipziger- und Prinz-Albrecht-Straße. Udet zieht in das Eckzimmer 201 im dritten Stock. Ein Zimmer mit drei Fenstern, denn im RLM geht es bürokratisch und pedantisch zu. Die Zahl der Fenster und Quadratmeter werden streng dienstgradmäßig verteilt. Einem Amtschef stehen drei und einem Abteilungschef zwei Fenster zu. Ein Referent muß mit einem zufrieden sein. Udet sitzt nicht viele Stunden hinter seinem Schreibtisch. Er hatte Wimmers alten Adjutanten, den Hauptmann Max Pendele, übernommen. Er hat Wimmer gebeten: »Laß mir den Pendele – ich bin froh, jemanden zu haben, der von dem Kram hier was versteht.«

Seinen Mitarbeitern hält der Oberst Udet eine sehr kurze Antrittsrede: »Das will ich euch Brüdern gleich sagen, fürs Büro könnt ihr nicht viel von mir erwarten.«

In seiner knallroten Siebel-Kuriermaschine fliegt Udet von Werk zu Werk. Mehrere, darunter Junkers in Dessau, Heinkel in Marienefe und die Arado-Werke in Warnemünde, haben einen Entwicklungsauftrag für Sturzflugtypen erhalten. Die beste Maschine soll bei einem Vergleichsfliegen ausgewählt werden.

Ein Jahr, nachdem Udet das Technische Amt übernommen hat, sind die ersten Versuchsmaschinen fertig. Drei dieser Typen kommen in die engere Wahl: die Heinkel He 118, die Arado Ar 8 I und die Junkers Ju 87. Bevor die endgültige Entscheidung fällt, fliegt Udet jede dieser Maschinen selbst. Mit einer, der He 118, stürzt er am 27. Juli 1937 ab. Er kann sich mit dem Fallschirm retten. Ein Sanitätswagen bringt den Bewußtlosen ins Rostocker Krankenhaus. Nach zwei Tagen flieht er schon vor den Ärzten. Kurze Zeit später erhalten die Junkerswerke den Auftrag für den Serienbau der Ju 87. Der Stuka war geboren.

Trotz seiner Erfolge bleibt Udet im RLM ein Außenseiter. Manchen Militärs paßt seine ganz und gar zivile Art nicht. Wenige Tage vor seinem einundvierzigsten Geburtstag, am 26. April 1937, wird Udet Generalmajor. Es ist bezeichnend für seine zwanglose Art, wie er diese Beförderung feiert. Am gleichen Abend erscheint er mit den weißen Streifen an der Hose bei Freunden. In der Wohnung des Automobilhändlers Rolf-Werner von Blumenthal werden zwanzig Personen, darunter der italienische Rennfahrer Nuvolari, Bernd Rosemeyer, seine Frau Elly Beinhorn, der Automobilhändler Eduard Winter, Zeuge, wie der Herr Generalmajor auf einen Tisch springt, sich die Spitzendecke um die Hüften schlingt und einen wirbelnden Can-Can tanzt.

Walter Angermund, Udets alter Freund und Manager, fuhr zu dieser Zeit noch jeden Tag mit dem Limonadenomnibus in sein Büro als Propagandachef des Deutschen Luftsportverbandes. Es war wenige Wochen nach jenem Can-Can, von dem man im RLM bald ausführlich erzählte, als an der Bushaltestelle, an der er immer einstieg, ein Wagen mit offenem Verdeck hielt. Auf dem Rücksitz saß ein Mann in goldbetreßter Uniform. Er winkte, als Angermund gerade auf die hintere Plattform des Linienbusses springen wollte.

Angermund erkannte Ritter von Greim; auch der war inzwischen Generalmajor geworden. »Herr General«, sagte Angermund etwas steif, als er zu dem Wagen trat.

Von Greim hob beschwörend die Hände. »Laß den General, Angermund … Hast du etwas Zeit?« Von Greim stieß den Wagenschlag auf. Er erhob sich aus dem schwarzen Leder des Rücksitzes und gab dem Chauffeur einen Befehl. Dann nahm er Angermund beim Arm. »Du bist immer noch treu und brav Pressemann?« fragte er.

Angermund schien seine Befangenheit verloren zu haben. Er lächelte und zwinkerte von Greim zu: »Ein eleganter Wagen und ein eleganter General – da kommen wir armen Zivilisten nicht mehr mit! Der Udlinger ist′ ja auch befördert worden … Wie geht's ihm denn? Der läßt sich überhaupt nicht mehr sehen.«

»Deswegen wollte ich dich sprechen«, sagte von Greim. Der Wagen fuhr im Schrittempo auf der breiten Straße vor ihnen her. Es hatte am Morgen geregnet, und die Reifen ließen eine deutliche Spur in der Nässe zurück. Am Himmel hingen noch ein paar Wolken – es würde ein heißer Tag werden. Um sie war die Geräuschkulisse der großen erwachenden Stadt.

»Udet hat mich gebeten, mit dir zu sprechen«, sagte von Greim. »Du sollst weggehen von deinem Verein.«

»Der Udlinger läßt mich einfach nicht aus«, meinte Angermund.

»Ich weiß nicht genau, was du da tun sollst. Jedenfalls will er dich in seinem Stab haben.« Nach einer Sekunde des Zögerns fügte von Greim hinzu: »Es wäre vielleicht ganz gut, wenn du dich entschließen könntest. – Er braucht jemand, der ein bißchen auf ihn aufpaßt.«

»Aufpassen?« Mit einer heftigen Bewegung schob Angermund den Hut ins Genick.

Von Greim blickte auf. »Na, du weißt ja, was für ein salopper Hund er ist … Manchem liegt das nicht … Der Udlinger kommt morgens in sein Büro … und wenn Adjutant Pendele mit einem Stoß Akten unter dem Arm erscheint, dann wird er schon tückisch. Pendele muß ihm in Stichworten berichten. Aber schnell muß es gehen, zehn Worte – fertig! ›Irgendwo Stunk?‹ – ›Nein‹. – ›Irgend etwas Unangenehmes?‹ –

›Nein‹. – Schon saust er ab zu irgendeiner Erprobungsstelle, zu einem Werk …«

»Das war immer so«, erinnert sich Angermund. »Papierkram mochte er nie.«

»Weißt du, Pendele war verwöhnt von Wimmer. Der lud sich abends immer drei Zentner Akten ins Auto.« Eine Weile schritten die beiden Männer schweigend nebeneinander her. »Du bist doch ein alter Bürohase«, sagte von Greim dann. »Du könntest ihm sicher viel abnehmen … Der Udlinger ist darin ein Kind. Ein Beispiel nur: er muß bei vielen Dingen andere Abteilungen mit unterzeichnen lassen. Aber jede hat eine andere Meinung; er kriegt sie nicht unter einen Hut … Dann reißt ihm die Geduld, und er macht es einfach auf eigene Verantwortung. Ich sehe da etwas heraufziehen. Er gibt zu vielen Leuten Gelegenheit, ihm ein Bein zu stellen. Und darum braucht er jemand, der ihn ein wenig abschirmt. Er ist kein Mann, der mit dem Rücken zur Wand kämpft. – Also, überleg's dir mal.«

»Wenn der Udet mich haben will«, sagte Angermund, »da brauch' ich nicht lange zu überlegen.« Sie schritten schneller aus und überholten den Wagen. Von Greim winkte dem Fahrer. Die Reifen streiften mit einem quietschenden Geräusch den Bordstein, als der Wagen hielt. »Hast du deine Übung schon gemacht?« fragte von Greim.

Angermund nickte. »Ja, als Hauptmann der Reserve beim Luftzeugpark in Stendal.«

»Dann ist es ja gut. Um alles weitere brauchst du dich nicht zu kümmern. Wir machen das ganz unbürokratisch. Ich bin ja jetzt der Personalchef.«

Ende des Jahres 1937 wurde Angermund reaktiviert. Auf Bitten Udets hin arbeitete er zuerst einige Zeit in der Inspektion für Flugsicherheit und Gerät. Anfang 1938 trat er dann als Major in Udets Stab ein. Er wurde der Chef der Produktionsverfolgung, der Flugbereitschaft und der Abteilung Bild und Funk.

2

Der Aufbau der deutschen Luftwaffe in den Jahren 1936 bis 1938 ist von dem Namen Ernst Udet nicht zu trennen. Und es gibt in diesen Jahren für den General Udet ebensowenig Grenzen, wie es sie zuvor für den Privatmann und Flieger Ernst Udet gegeben hatte. Im Juli 1937 nimmt Deutschland an dem vierten internationalen Flugmeeting in Zürich teil. Alle Nationen haben ihre besten Flieger und Flugzeuge geschickt. Auch die deutsche Luftwaffe erscheint mit ihren neuesten Typen. Die Leistungen der deutschen Maschinen erregen in der ganzen Welt Aufsehen. Udet selbst fliegt auf dem Militärflughafen Zürich-Dübendorf die ersten Muster der Me 109 vor. Mit einer muß er notlanden. Er beteiligt sich an der internationalen Geschwindigkeitskonkurrenz über eine Rundstrecke und am internationalen Alpenrundflug für Militärflugzeuge. In der Klasse der Mehrsitzer wird von den Deutschen zum erstenmal die Do 17, »der fliegende Bleistift«, gezeigt. Die Do 17 ist in ihrer Klasse schneller als der schnellste ausländische Jagdeinsitzer.

Im Oktober 1937 fliegt Udet nach Paris zur Weltausstellung und trifft sich mit seinen französischen Fliegerkameraden aus dem Ersten Weltkrieg. Anfang 1938 wird Udet von der Royal Air Force nach England zum Empire-Flugtag eingeladen. In Farnborough zeigen die Briten ihre neuesten Maschinen.

Ein paar Wochen später steht Udets Name in allen Zeitungen der Welt, über einem Bild, das ihn in zerbeulter Flanellhose, Fliegerweste und mit Fliege vor einer He 100 zeigt. Am Pfingstsonntag, dem 5. Juni 1938, hatte Ernst Udet den bisherigen italienischen Geschwindigkeitsweltrekord über hundert Kilometer mit der Heinkel-Maschine gebrochen. Udet brauchte für die Strecke neun Minuten, siebenundzwanzigzweifünftel Sekunden. Das entsprach einer Geschwindigkeit von 634 Kilometern in der Stunde.

Udet besucht in diesen Jahren nicht nur seine ausländischen Fliegerkameraden. Die Flieger aller anderen Nationen kommen nach Deutschland. Im Juli 1938 begrüßt Ernst Udet den Mann, der als Amerikas bester Pilot gilt, Al Williams.

Al Williams, der Udet in den Jahren 1931 und 1933 nach Amerika geholt hatte, kam mit dem damals besten amerikanischen Jagdflugzeug nach Deutschland, der »Gulfhawk«. Es ist die Zeit nach dem Anschluß Österreichs, die Zeit der beginnenden »Sudetenkrise«, aber unter Fliegern gibt es keine Geheimnisse. Der Deutsche Udet fliegt das amerikanische Jagdflugzeug, das bisher kein Ausländer gesteuert hat; dem Amerikaner Al Williams wird erlaubt, die damals gerade in den Serienbau aufgenommene Me 109 zu fliegen. Ende 1938 erscheint in mehreren bedeutenden amerikanischen Zeitungen dieser Bericht von Al Williams:

Kassel, Deutschland, am 15. Juli 1938
Ich flog heute die Me 109. Ich kenne die Höchstgeschwindigkeit dieser Maschine, aber ich werde das Geheimnis nicht preisgeben. Ich kann jedoch sagen, daß ich die Me 109 für den schnellsten Serienjagdflieger der Welt und gleichzeitig für den wendigsten bei allen Geschwindigkeiten halte. Ich flog die Me 109 im Steigflug, machte Rollen, Sturzflug, kurvte und jagte sie durch den ganzen Himmel.

Die Me 109 hat Geschwindigkeit, wenn man sie braucht, und dabei die Behendigkeit einer Spitzentänzerin. Die Sichtverhältnisse zum Visieren und Schießen sind vollkommen. Ich phantasiere nicht. Ich berichte nur die Leistung ... Nach vielen Jahren des Einfliegens und Fliegens von Jagdeinsitzern ist die Me 109 das einzige Flugzeug, das ich für meine »Gulfhawk« eintauschen würde. Und ich täte es sofort. Aber die Deutschen würden sich nicht darauf einlassen. Es ist das Flugzeug, in dem ich gern kämpfen möchte, wenn ich kämpfen müßte. Ich habe die englischen Hurricane und Spitfire gesehen, aber ich würde jeden Tag die Me 109 wählen. Sie ist der Traum eines jeden Jagdfliegers.

Im August 1938 kommt der Generalstabschef der französischen Luftwaffe, General Vuillemin, nach Deutschland. Der französische Botschafter in Berlin, François Ponçet, begleitet ihn, als Udet mit den Gästen verschiedene deutsche Flugzeugwerke besichtigt. Der erste Besuch der Ausländer gilt den Messerschmitt-Werken in Augsburg. Auf dem Flugplatz des Werkes stehen vierhundert Me 109; die Gäste können nicht wissen, daß das die gesamte damalige Produktion von Messerschmitt ist, die man hier schnell zusammengezogen hat. Die Franzosen sind betroffen.

Diese Besuche zeigen den Ausländern nicht nur, daß in Deutschland eine schlagkräftige deutsche Luftwaffe entstanden war. Aus der persönlichen Begegnung mit Udet in diesen Jahren nahmen sie auch die Überzeugung mit sich, daß ein Ernst Udet der beste Beweis sei, daß man in Deutschland nicht an einen Krieg denke.

Als Udet am 1. November 1938 zum Generalleutnant befördert wird, ist er auf der Höhe seines Ruhmes. Er ahnt nicht, daß er ihn von diesem Augenblick an schon überschritten hat. Viele kleine Anzeichen hätten ihn warnen können. Im Sommer 1938 hat der Inspekteur der Fliegerschulen, General Alfred Mahncke, ein Verbot erlassen, das Udet-Buch »Mein Fliegerleben« in die Luftwaffenbüchereien aufzunehmen. Die Begründung: es sei unseriös und enthalte zu viele unsoldatische Bemerkungen. Auf Anordnung Görings wird das Verbot später wieder aufgehoben. Dann gibt es viele, die es empört, daß Udet in seiner Wohnung in der Pommerschen Straße noch immer ausländische Freunde bewirtet. Typisch für die Haltung vieler ist es, daß man im RLM jetzt schon nicht mehr von dem »General« Udet spricht, sondern nur noch vom »Herrn Udet«. Vor allen Dingen ist es ein Mann, der den ungewöhnlich schnellen Aufstieg Udets im Reichsluftfahrtministerium mit Unbehagen betrachtet – der Staatssekretär Görings, Generaloberst Erhard Milch.

Milch ist das ganze Gegenteil von Udet. Er ist hart, schlau, ein blendender Organisator. Ein Bulle von Mann, von dem der

Staatssekretär »Pilli« Körner einmal sagte: »Der Milch, der pißt Eis.« – Milch ist zu klug, um Feindseligkeit offen zu zeigen; augenscheinlich wird sie erst, als Udet im RLM eine Stellung bekommt, die ihn in seinen Entscheidungen von dem vorgesetzten Staatssekretär weitgehend unabhängig macht.

Es war an einem Freitagabend, wenige Tage nach Udets Ernennung zum Generalleutnant. Udet hatte sich in seinem Büro umgezogen; dort hingen immer ein paar Zivilanzüge. Seine Sekretärin, Sabine von der Groeben, öffnete die Tür.

»Jetzt machen Sie endlich Schluß«, sagte Udet. »Schönes Wochenende.«

»Danke. – Und der Fahrer?«

»Soll schon vorfahren.« Udet hörte, wie die Sekretärin aus ihrem offenen Fenster in die Hände klatschte, das Zeichen für Schwandke, mit dem BMW vorzufahren. Er war schon am Weggehen, als er noch einmal kehrtmachte. Er schloß den Schreibtisch auf und nahm eine Flasche Kognak aus dem Seitenfach. Wenige Minuten später trat er in das Zimmer im vierten Stock, in dem der Ministerialrat und Generalmajor Dahlmann saß.

»Ich habe bei dir noch Licht gesehen.« Udet zog einen Stuhl heran und setzte sich rittlings darauf.

»Daß du die Zivilklamotten immer noch tragen kannst«, sagte Dahlmann, »mir paßt nichts mehr.«

Udet streckte die Hand aus. Er wartete, bis Dahlmann ihm den Korkenzieher reichte. »Ich fliege übers Wochenende zur Jagd. Mit der Inge.« Udet entkorkte die Flasche und goß dann ein. »Paß mal auf, Dahlmännchen, du hast mir schon so viele gute Tips gegeben … Und du hast mir doch mal gesagt, als Chef des Technischen Amtes könnte ich nie mehr als Generalleutnant werden. Das bin ich jetzt … Aber ich möchte doch gern noch mal ein bißchen mehr verdienen.«

Dahlmann schob die Akten aus dem Lichtschein der Tischlampe: »Ein Amtschef kann nun mal nicht höher steigen. Du mußt aber auch alle Welt freihalten.« Dahlmann richtete sich auf. Er zeigte plötzlich ein verschmitztes Gesicht. »Hör mal,

Udlinger«, sagte er, »da hat es doch früher, schon vor Anno vierzehn, die Stelle eines Generalfeldzeugmeisters gegeben. Der hatte die Fabrikation von Waffen, die Lagerung und Verteilung unter sich … Man könnte da doch so etwas Ähnliches in der Luftwaffe aufziehen. Einen – Generalluftzeugmeister.«

»Generalluftzeugmeister? Klingt nicht schlecht«, murmelte Udet. »Jetzt brauchen wir nur noch einen, der mich dazu ernennt.«

»Der Dicke«, schlug Dahlmann vor. »Du hast doch eine so gute Nummer bei Göring.«

Udet brach eine neue Packung R 6 an. »Und wie begründe ich das?«

»Darüber zerbrich du dir nur nicht den Kopf«, meinte Dahlmann. »Sieh zu, daß dir deine Sachbearbeiter einen Geschäftsverteilungsplan aufstellen.«

»Noch mehr Papierkram!« wehrte Udet ab.

»Das überlaß ihnen nur. Die zaubern dir ein herrliches Plänchen. Sie werden die Notwendigkeit eines Generalluftzeugmeisters bis ins kleinste nachweisen.« Dahlmann machte eine Pause. Dann sagte er: »Und vor allen Dingen, dann brauchst du nicht mehr wegen jeder Kleinigkeit den Milch zu fragen …«

»Dann haben wir uns ja verstanden«, lachte Udet.

Dahlmann hatte das Gespräch schon vergessen, als Udet einige Wochen später wieder in seinem Büro auftauchte. »Ich komme eben vom Dicken«, meldete er. »Er hat zugestimmt: Stell dir vor, ich werde wirklich Generalluftzeugmeister. Und … vielen Dank für den Tip.«

Udet hatte mehr Freiheit für sich gewollt. Er ahnte nicht, daß er sich an eine Kette hatte legen lassen. Er ahnte nicht, weshalb Göring seinem Vorschlag so begeistert zugestimmt hatte. Der Staatssekretär Milch war Göring schon lange zu groß geworden; und so etwas vertrug der Chef nicht. – Besucher, die zu Göring wollten, fertigte Milch gern mit den Worten ab: »Der Minister, das bin ich!« Mit keinem Wort ließ sich Göring, dem man diese Redewendung sofort hinterbracht hatte, etwas anmerken. Doch vergaß er diese Bemerkung nie. – So hatte er Udets Plan nur zu gern zugestimmt.

Göring wußte, was er tat, als er diese beiden Männer zu Rivalen machte. Sie würden sich aneinander aufreiben – und ihm nicht mehr gefährlich werden können. So begann das Spiel, das der optimistische, vertrauensselige Udet einfach verlieren mußte.

3.

Das Schicksal geht manchmal seltsame Wege. Im Leben Ernst Udets war es ein Flugzeug, das Schicksal spielte, das Sturzkampfflugzeug. – Es hatte ihn verführt, ihn auf die Höhe seines Ruhms getragen, aber es kündigte auch das Ende an. Im Jahre 1933 hatte Görings großzügige Geste, ihm das Geld für zwei amerikanische Curtiss-Hawk-Maschinen zu geben, Udet mit der Idee des Sturzkampffluges in Verbindung gebracht. Im Jahre 1936 war es die Aufgabe, diese Idee zu verwirklichen, die den letzten Anstoß dazu gab, daß Udet zur Luftwaffe ging. Und im Jahre 1939 war es wiederum der Stuka, der ihn daran erinnerte, daß um ihn die Mauern zu wanken begannen.

Über dem Fliegerhorst Cottbus zogen im Nordosten des Nachthimmels die ersten grauen Streifen der Morgendämmerung auf. Es war gegen fünf Uhr, in der zweiten Augustwoche des Jahres 1939. Die letzten Sterne verloschen. Nur aus dem Wachgebäude und aus ein paar Zimmern der Unterkünfte fiel ein schwacher Lichtschein nach draußen. Um die großen Hangars patrouillierten fröstelnde Soldaten mit umgehängtem Gewehr. In einem Winkel des weiten Flugplatzes sprangen dröhnend Motoren an. Zwei Kübelwagen fuhren über das Feld, vor ihnen knatterte ein Krad. Sie hielten vor dem Stabsgebäude des Fliegerhorsts, und fünf Offiziere stiegen aus. Um ihre Schultern hingen Kartentaschen.

Wenige Minuten später hallten ihre Schritte durch den langen Korridor. Sie rückten noch einmal ihre Mützen und Blusen zurecht, ehe sie an das Zimmer des Geschwaderchefs, des Oberstleutnants Beier, klopften.

Der Kommandeur stand am Fenster, als sein Adjutant, der Oberleutnant Schäfer, ihm die Gruppenkommandeure und Staffelkapitäne meldete. Aber der Oberstleutnant mit den schwarzen Haaren und grauen Schläfen schien nicht gehört zu haben. Er starrte noch immer hinaus durch das Fenster auf das Rollfeld, wo sich eben eine Do 17 mit einem langen, flachen Start in den Morgenhimmel hob. Dann wandte sich der Kommandeur seinen Männern zu. Auf seiner Bluse trug er das Flugzeugführerabzeichen und das EK I des Ersten Weltkrieges.

Er schüttelte ihnen die Hände und ging voraus ins Kartenzimmer. »Dann können wir ja losschießen.« Sein langer, scharf gespitzter Bleistift tippte auf die Karte. »Stichwort Neuhammer.«

Während der Kommandeur die Einzelheiten der Übung bekanntgab, dachten die Männer zurück: In der letzten Woche waren die Staffeln zusammengezogen worden. Die Bewegungen waren nur nachts erfolgt. Hier hatten sie sich gesammelt, die Männer des späteren Sturzkampfgeschwaders I. Zu der auf dem Fliegerhorst Cottbus schon stationierten Gruppe kamen die des steirischen Fliegerhorstes Graz. Heute sollten sie zum erstenmal mit scharfen Bomben fliegen. Das Ziel lag auf dem Truppenübungsplatz Neuhammer am Queis in der Saganer Heide.

Der Kommandeur unterbrach seinen Vortrag, als das Motorengeräusch in den Raum drang. Durch das Fenster sahen sie draußen wieder die Aufklärungsmaschine landen. Minuten später schlug an der Tür ein Gefreiter die Hacken zusammen: »Die Wettermeldung, Herr Oberstleutnant.« Während der Kommandeur sie vorlas, notierten sich die Offiziere die Angaben. Bedeckung drei Zehntel, flache Wolkenbank in zweitausend Meter Höhe, leichter Dunst, windstill.

Das Gesicht des Kommandeurs entspannte sich. »Ausgezeichnet«, sagte er. »Sie können das Ziel also ohne Bodensicht anfliegen.« Dann entschied er: »Als erste stürzt die Grazer Gruppe. Die Cottbusser Gruppe startet mit drei Minuten Abstand. Sie bewirft die unzerstörten Ziele.« Er blickte auf seine Fliegeruhr. Auch die anderen Männer schoben ihre Uniformärmel zurück.

»Es ist jetzt fünf Uhr zwanzig«, sagte der Kommandeur. »Die Zeit X wird auf sechs Uhr festgesetzt.« Er blickte lächelnd von einem zum andern. »Hals- und Beinbruch, meine Herren.«

Hundert Kilometer entfernt lag der große Truppenübungsplatz Neuhammer im diesigen Morgennebel. Auf der weiten Heidefläche, am Rande des Hochwaldes, war ein Bombenplatz markiert worden. Man hatte Bunker errichtet, Feldbefestigungen ausgehoben, taktische Militärziele im natürlichen Grundriß eingezeichnet. Am Rande des Platzes lag eine kleine Bodenerhebung. Dort fuhren jetzt ein paar Autos vor. Offiziere in dicken Mänteln und mit Ferngläsern um den Hals stiegen aus. Sie schritten zu dem Beobachtungshügel. Die Männer unterhielten sich leise.

Die Stuka-Piloten auf dem Fliegerhorst in Cottbus wußten nicht, was sich da an Prominenz versammelt hatte: von Rundstedt, der spätere Oberbefehlshaber Süd gegen Polen; Wolfram von Richthofen, jener von Richthofen, der sich einst so sehr gegen die Stukas gesträubt hatte und sie jetzt selbst vom Boden aus führte. Der General der Flieger Löhr, Chef der IV. Luftflotte Wien, der General der Flieger Sperrle, Chef der Luftflotte III, München, und Generalmajor Bruno Loerzer, Kommandeur der zweiten Fliegerdivision Dresden.

In Cottbus rollten jetzt die Stukas zur Startbahn. Ihre Motoren pfiffen hell. Hochbeinig rumpelten die Maschinen über die Grasnarbe. Zwischen dem Fahrgestell hingen die Fünfhundert-Kilo-Bomben, kleinere unter den Tragflächen.

In kurzen Abständen heulten die Motoren auf. Dann stieg Kette um Kette in den sich rötenden Himmel hinauf. Im weiten Kreis über dem Flugfeld formierten sich die Staffeln. Dann gingen die Formationen auf den befohlenen Kurs, Süd-Ost. Die Sonne schien den Männern ins Gesicht. Nach einer halben Stunde hatten die Maschinen die riesigen Wälder beim Zielgebiet erreicht. Dicht und schwer lag die Wolkenbank darüber. Sie schien sich noch weiter ausgedehnt zu haben. Plötzlich war die Stimme des Kommandeurs in den Kopfhörern der Flieger. »Angriffsformation einnehmen.«

Die zweite und dritte Staffel setzte sich hinter die erste. Als die Männer das Wort des Kommandeurs »Angriff« hörten, war es für sie wie eine Erlösung. Automatisch griffen Hände zum Bombenschaltkasten, automatisch wurde die Sturzflugbremse ausgefahren. Noch ein Blick, ob man die Schlachtordnung eingehalten hatte, dann stürzten die erste und zweite Staffel. Vierzehn Maschinen jagten mit heulenden Sirenen wie ein fliegender Pfeil auf die Wolkenbank zu.

Der Kommandeur wollte mit der dritten Staffel stürzen, um den Gesamterfolg des Angriffs zu überwachen. Die ersten Maschinen müßten in zehn Sekunden die Wolkenschicht erreicht haben … Da wurde das Gesicht des Kommandeurs starr vor Entsetzen, als er auf den Sekundenzeiger seiner Uhr blickte. Fünfzehn Sekunden waren vergangen, und die Maschinen stürzten noch immer auf die Wolkenbank zu … Zwanzig Sekunden … Dreißig Sekunden … »Abfangen!« schrie der Kommandeur über die Bordverständigung. Es war ein Schrei der Verzweiflung. Er kam zu spät. Es hörte ihn nur noch die dritte Staffel. Die vierzehn Maschinen der anderen Staffel rasten mit fast fünfhundert Stundenkilometern dem Tod entgegen.

Was dann geschah – darüber soll ein Augenzeuge berichten: »Der Wetteraufklärer hatte eine dichte Wolkenbank in zweitausend Meter Höhe gemeldet. Sie löste sich mit Sonnenaufgang mehr und mehr auf. Über dem Ziel bildete sich ein Wassersack, Bodennebel. Er hatte die Flieger getäuscht. So waren die Maschinen nur noch tausend Meter über dem Boden, als sie in den Nebel tauchten, von dem sie glauben mußten, daß er zweitausend Meter hoch lag. Die Piloten beachteten nicht den

Höhenmesser. Das war nicht üblich, da sie ja Bodensicht am Ziel erwarten konnten.

Wir standen weit weg von unserem Beobachtungshügel und warteten auf die Maschinen. Sie kamen nicht. Dafür raste ein Melder heran. Er stammelte seine Nachricht. Das Entsetzen stand ihm noch im Gesicht: Mit nervenaufreibendem Heulen der Sirenen waren die Maschinen in den Wald geschlagen. Nur einer von vierzehn Maschinen war es gelungen, noch rechtzeitig abzufangen. Sie sägte eine flache Bahn in den Wald, nachdem sie vorher ihre Bomben gelöst hatte ...

Wir fuhren mit dem Auto hin ... Es war ein schauerlicher Anblick. Ich werde das nie vergessen ... Die dreizehn Stukas hatten tiefe Schneisen gerissen. Ihre Motore hatten sich senkrecht in den Boden gebohrt. Wald und Heide brannten, und die Maschinen lagen so formiert auf dem Boden, wie sie geflogen waren ... in mustergültiger Schlachtordnung. Die Flugzeuge hatten ihre Toten von sich geschleudert. Sie lagen neben den zerschmetterten Maschinen ... Sechsundzwanzig Tote ...«

Als der Generalmajor Bruno Loerzer Ernst Udet mit diesen Worten von der Tragödie berichtete, glaubte der, das Heulen der stürzenden Maschinen in seinen Ohren gellen zu hören. – Er war es gewesen, der diese Sirenen erfunden hatte. Er war es gewesen, der ihr den Namen gegeben hatte: die Jericho-Trompete.

Vierzehn Tage später begann der Zweite Weltkrieg. Vierzehn Tage später begannen die Mauern einer ganzen Welt einzustürzen.

Zwei Tage nach der Fliegertragödie auf dem Truppenübungsplatz Neuhammer in der Saganer Heide tagt das Feldgericht unter dem Vorsitz des Chefs der Luftflotte III, General der Flieger Sperrle. Das Gericht kommt zu keinem Schuldspruch. Sechsundzwanzig Tote hatte es bei dem Massenabsturz der Stukas in der zweiten Augustwoche gegeben – aber der Zweite Weltkrieg beginnt, und die Toten von Neuhammer werden auf sein großes Konto gebucht.

Die Nacht vom 31. August zum 1. September, die Nacht vom trügerischen Frieden zum Krieg, hatten Ernst Udet und Inge Bleier mit dem Ehepaar Heinkel bei Horcher verbracht. Ganz Berlin schien diese Nacht noch einmal feiern zu wollen. Die Stadt war voller farbiger Lichtreklamen, die Geschäfte und Schaufenster hell erleuchtet. Die Menschen auf den Straßen waren fröhlich und ausgelassen, als ahnten sie, daß die Stadt schon morgen für lange Jahre in ein schwarzes und schweres Dunkel versinken würde.

Am Morgen des 1. September saßen die vier Menschen in Udets Wohnung in der Pommerschen Straße beim Frühstück zusammen. Die Fenster standen weit offen, und der Tag draußen war voller Sommer und Sonne. Udet war in seinem Schlafzimmer verschwunden. Als er zurückkam, trug er einen Indianerschmuck mit flatternden, bunten Federn auf dem Kopf. In jeder Hand hielt er eine Pistole. Er schlich gebückt ins Zimmer. Noch im Gehen feuerte er. Scheppernd schlug das Blei gegen den Kugelfang. »Macht doch nicht solche Gesichter!« munterte Udet die anderen auf. Er stellte das Radio an. Musik klang auf.

Es war eine krampfhafte Fröhlichkeit. Keiner schien zugeben zu wollen, daß er ängstlich auf die Musik im Radio hörte. Keiner sprach aus, was er wirklich dachte. Am 26. August war der für die Zeit vom 2. bis 12. September angesetzte Reichsparteitag abgeblasen worden. Einen Tag später gab man die Bewirtschaftung der Lebensmittel, Hausbrandkohle, Seife, Spinnstoffe und Haushaltwaren bekannt. Seit vier Tagen war der gesamte Luftverkehr über deutschem Hoheitsgebiet verboten. Über Heer und Luftwaffe war eine zehntägige Postsperre verhängt worden.

Die vier Menschen sahen sich an, als die Musik im Lautsprecher plötzlich abbrach. Die wenigen Geräusche der Straße erklangen plötzlich überlaut. Udet hatte die Pistolen beiseite gelegt. Sie warteten. Dann war plötzlich die Stimme des Sprechers im Raum, getragen und feierlich: »Deutsche Truppen haben fünf Uhr fünfundvierzig die polnische Grenze überschritten. Der Krieg mit Polen ist ausgebrochen.«

Udet war aufgesprungen. Mit einer hastigen Bewegung hatte er den Apparat ausgeschaltet, so, als könne er etwas ungeschehen machen. Durch die offenen Fenster klang dumpf aus der Ferne noch immer die Stimme des Sprechers. Die vier Menschen im Zimmer sahen sich nicht an. Es schien ihnen ganz unwahrscheinlich, daß irgend etwas geschehen sein konnte. Der Tag war immer noch voller Sonne und Sommer, der Himmel hell und wolkenlos. Das lähmende Schweigen im Raum schien sich aufzutürmen. Mit einer verlegenen und gleichzeitig entschuldigenden Bewegung streifte Udet den Kopfschmuck herunter ... Er wandte sich ab. Er machte ein paar schnelle Schritte zur Bar. »Ihr müßt was trinken«, sagte er überlaut und kletterte auf den Hocker.

Als sie dann auf die Straße traten, klang aus den Häusern eine harte, fanatische Stimme. Die Radios standen in den offenen Fenstern. – Um zehn Uhr hatte Hitler im Reichstag seine Rede begonnen, die mit den Worten endete: »Ich werde meinen grauen Waffenrock erst wieder ablegen, wenn ich diesen Krieg gewonnen habe. Sollte das Schicksal gegen mich entscheiden, so werde ich meine Niederlage nicht überleben.«

Schon an diesem Abend glich Berlin einer toten Stadt. Die totale Verdunklung war befohlen worden. Udet brachte Inge Bleier nach Hause. Sie gingen zu Fuß. Es war ein eigenartiges Gefühl, durch diese dunkle Stadt zu gehen. Die Häuser waren Schatten, und der Asphalt der Straße war grau und ohne den Widerschein der Lichter. Jeder ihrer Schritte war tastend, als gingen sie auf einem unsicheren Untergrund. Ein paar Menschen hasteten vorbei. Es war windig, und der Wind hatte einen Geruch von Regen und nassen Kleidern.

»Was ist denn, Erni?« fragte die Frau. Sie kannte ihn jetzt so lange, und immer wieder mußte sie sich gestehen, daß sie doch nicht alles über ihn wußte. Er war ein Mann mit vielen Stimmungen.

»Weiß du«, sagte er, »ich kann mir nicht helfen – wir können den Krieg nicht gewinnen ...« Udet spürte ihr Erschrecken. Er spürte es, als sei plötzlich eine trennende Wand zwischen ihnen. Er ahnte plötzlich, daß sie Vertrauen und Stärke bei ihm suchte – aber er wußte auch, daß er ihr beides vorspielen mußte. Er starrte durch die Dunkelheit auf ihr Gesicht.

»Du hast deinen schwarzen Tag«, sagte sie. »Sieh mal, du hast doch wirklich alles erreicht, was du wolltest. Denk doch nur, vor vier Jahren warst du noch ein kleiner Oberst.«

Er berührte leicht ihren Arm. Er sagte nichts. – Vor vier Jahren, dachte er, war ich noch ein freier Mann. Oder hatte sie vielleicht recht? – Es war doch gut gegangen ... Nach außen hin sah alles glänzend aus. Die Geschichte schien sich zu wiederholen: Geradeso wie wenige Wochen vor Ausbruch des Krieges 1914 deutsche Piloten die Weltrekorde im Höhen- und Langflug aufgestellt hatten, so hatte erst in diesem Jahr ein deutscher Pilot zum erstenmal den Geschwindigkeitsweltrekord für Deutschland gewonnen. Siebenhundertfünfundfünfzig Kilometerstunden war der Messerschmitt-Pilot Wendel mit einer Me 109 geflogen: das schnellste Flugzeug der Welt! Udet hatte mitgeholfen, diese Luftwaffe aufzubauen. Er war stolz auf die Erfolge, die neuen Rekordleistungen. Er war stolz auf seinen Rang, auf das Ansehen, das er genoß. – Und jetzt mußte er sehen, daß dies, was sie alle aufgebaut hatten, in den Händen derer, die die Macht hatten, eine drohende Gefahr geworden war.

»Wenn alles falsch war«, sagte er, »weißt du, was dies für mich heißen würde? ...«

Sie lachte unsicher. »Was redest du wieder für Unsinn. Vergißt du denn, was du warst? Udlinger! Du könntest ihnen heute doch alles vor die Füße schmeißen ... Du könntest überall anfangen ... Sie nehmen dich mit offenen Armen auf.«

»Nein«, sagte er. »Ich kann nicht noch einmal Anfang spielen ...«

4

Der Krieg mit Polen wird mit einer absoluten deutschen Luftüberlegenheit gewonnen. Die Me 109 zeigt sich allen feindlichen Jagdfliegern überlegen. Die Ju 87, der Stuka, wird zum Schrecken der feindlichen Armeen. In wenigen Wochen ist die polnische Wehrmacht besiegt. Am 20. September 1939 hält Hitler im Artushof der Hansestadt Danzig seine große Rede: »Mit Mann und Roß und Wagen hat sie der Herr geschlagen.« In den Augen seiner Generäle ist Hitler jetzt der große Feldherr, der Mann mit der glücklichen Hand, dem alles gelingt. Und Göring strahlt, »seine« Luftwaffe ist eben doch die beste der Welt.

Sechs Tage später, am 26. September 1939, trat der Major Walter Angermund zu seinem Chef Udet ins Zimmer. Udet blickte von seinem Schreibtisch auf. »Was ist denn los?« Auf seinem Gesicht lag ein Ausdruck, als wolle er sagen, schon wieder Ärger?

»Da ist eine tolle Sache«, berichtete Angermund. Er konnte seine Aufregung nur mühsam beherrschen. »Ich bekomme eben einen Anruf aus Rechlin. Sie bitten um Freigabe eines der dort stehenden Versuchsmuster der Ju 88. In der Nordsee soll sich ein englischer Flottenverband herumtreiben, und den wollen sie aufs Korn nehmen.«

»Jetzt macht jeder auch noch seinen Privatkrieg, wie?«

»Du kennst doch Francke«, meinte Angermund. »Dieser verrückte Gefreite hat das ausgebrütet. Es soll ein Mords-Flugzeugträger dabei sein.«

Die zweimotorige Ju 88 war das augenblickliche Sorgenkind in der Produktion. Schon vor einem Jahr, Ende 1938, war dieser zweimotorige Sturzkampfbomber als Standardbomber der Luftwaffe bei den Junkers-Werken in Dessau in Auftrag gegeben worden, weil der Chef von Junkers, Koppenberg, Produktionszahlen von außerordentlicher Höhe garantiert hatte. Aber jetzt, nach einem Jahr, standen erst sechzig Maschinen bereit, und die hatten auch noch zahllose Kinderkrankheiten.

»Also schön«, entschied Udet. »Der Francke soll sein Vergnügen haben.«

An diesem Morgen war folgendes geschehen: Drei britische Kriegsschiffe, die Schlachtschiffe »Nelson« und »Rodney« sowie der Flugzeugträger »Ark Royal« stampften durch eine leichte Brise westwärts durch die Nordsee. Wie ein Rudel Wachhunde umkreisten ein paar kleinere Zerstörer die Schiffe. Der englische Verband hatte ein beschädigtes U-Boot in seine Mitte genommen und war jetzt auf dem Wege zum Heimathafen. Kurz vor elf Uhr sichtete der Pilot eines englischen Jagdeinsitzers, der über dem Verband kreiste, etwa zwanzig Kilometer südöstlich drei deutsche Flugboote. Über Funk gab der Pilot die Meldung an die »Ark Royal«. Die Sirenen schrillten über die Lautsprecher. Minuten später surrten die Fahrstühle nach oben; sie brachten neun »Skuas«, die vollgetankt und bewaffnet in den Flugzeughallen unter Deck standen, nach oben. Ein Offizier auf der Kommandobrücke schwenkte die grüne Flagge. Die Warte rissen die Bremsklötze von den Rädern. Der erste »Skua« rollte zur Abflugfläche und startete.

Die drei deutschen Flugboote »Do 18« mit ihrem dunkelblauen und grünen Tarnanstrich kamen niedrig über das Wasser geschlichen, als die neun Maschinen, die von der »Ark Royal« gestartet waren, aus der Wolkendecke stießen. Es gelang den Engländern, eines der Flugboote abzuschießen. Die vierköpfige Besatzung der »Do 18« konnte sich in ihr Schlauchboot retten. Einer der Zerstörer fischte sie auf. Sie waren die ersten Gefangenen, und ihre »Do 18« war das erste Flugzeug, das im Krieg mit England zerstört worden war. Den zwei anderen deutschen Maschinen gelang es, zu entkommen. Sie waren es, die den Standort des britischen Verbandes gemeldet hatten.

Zwei Stunden später, kurz vor dreizehn Uhr, startete von der Erprobungsstelle der Luftwaffe, Rechlin, der Chef der Typenflieger und Gefreite Adolf Francke mit der zweimotorigen Ju 88. Der Anflug dauerte anderthalb Stunden. Als Francke den Verband sichtete, zog er die Maschine hoch über die dichte

Wolkendecke. Aus dreitausend Meter Höhe flog er den ersten Angriff. Als die Ju 88 durch die Wolkendecke stieß, hämmerten ihr die Flakgeschosse so dicht entgegen, daß Franckes Maschine abdrehen mußte. Zwei Uhr zwanzig zeigten die Uhren, als Francke zum zweiten Angriff ansetzte. Als er diesmal durch die Wolkendecke stieß, sah er den Flugzeugträger direkt unter sich liegen ... In fünfhundert Meter Höhe löste er die Tausend-Kilo-Bombe. Sie taumelte durch die Luft, während Francke die Maschine im rasenden Flakfeuer wieder hochzog. Die Bombe hatte nicht getroffen. Zwanzig Meter neben der »Ark Royal« schlug sie ins Wasser. Eine dichte Wasserwand stieg an dem Schiff hoch und stürzte über das Vordeck. Das Schiff schüttelte sich, richtete sich auf und tauchte dann mit dem Bug wieder ins Meer.

In Berlin berichtete Francke persönlich: »Ich selbst habe den Treffer nicht bemerkt, aber meine Besatzung erzählte mir, daß sie steuerbords des Flugzeugträgers eine dichte schwarze Rauchwolke und Feuerschein gesehen hätte. Es besteht die Möglichkeit, daß der Treffer saß und der Flugzeugträger untergegangen ist.«

Francke war nicht ganz sicher gewesen. Aber das Propagandaministerium hatte seine eigenen Ideen: Es versenkte einfach die »Ark Royal«! Schon der Wehrmachtsbericht des nächsten Tages brachte die erste Meldung vom Untergang des Flugzeugträgers. Die Zeitungen im ganzen Reich folgten mit großen Schlagzeilen. Göring ernannte den Gefreiten Francke zum Leutnant und verlieh ihm das Eiserne Kreuz I. und II. Klasse.

Niemand wußte, daß nach Franckes Beförderung in Berchtesgaden ein seltsames Telegramm eingegangen war. Es lautete: »Herrn Leutnant Francke, per Adresse S. H. Herrn Adolf Hitler, Berghof, Berchtesgaden. – Die Offiziere des Flugzeugträgers ›Ark Royal‹ ernennen den Leutnant Francke hiermit zum Ehrenmitglied ihrer Offiziersmesse.« Der Mann, der einige Zeit danach Ernst Udet endgültig den Beweis brachte, daß die »Ark Royal«, die dann am 13. September 1941 durch ein

deutsches U-Boot torpediert wurde, nicht versenkt worden
war, hieß Raven von Barnekow.

Gleich nach Kriegsausbruch war von Barnekow auf abenteuerliche Weise mit einem Frachter von Amerika nach Deutschland zurückgekehrt.

Immer wieder begegneten sich beider Wege. Damals, 1925,
im »Adlon«, 1933 in New York, und jetzt stand er an einem
Sonntag im Januar, als Udet von einer Sendung des Wunsch-
konzertes kam, braun-, aber auch »abgebrannt« auf der Straße
und begrüßte den alten Freund, als ob sie sich nur ein paar
Wochen nicht gesehen hätten. Barnekow fragte Udet, ob er
nicht einen Job für ihn habe. Udet sagte nicht nein. Er konnte
nie etwas abschlagen. Er holte Barnekow in sein Amt. »Mein
Frühstücksdirektor«, titulierte Udet ihn vor Freunden. Und
weil eigentlich kein Posten frei war, erfand er einen »Ordon-
nanzoffizier«.

Außerdem hatte von Barnekow die Aufgabe, alle ausländi-
schen Zeitungen, die auf dem schwarzen Markt in Lissabon
beschafft wurden, zu lesen, um sie auf interessante technische
Neuheiten hin zu überwachen. Eines der ersten Dinge, die
Barnekow entdeckte, waren Bilder der angeblich versenkten
»Ark Royal« im Hafen von Rio de Janeiro.

Im April 1940 wurden Norwegen und Dänemark besetzt.
Innerhalb von drei Wochen waren beide Länder in deutscher
Hand. Dann erfolgte der Angriff im Westen. Sondermeldung
folgte auf Sondermeldung. In sechs Wochen war alles zu Ende.
Am 14. Juni fiel Paris. Abermals hatte die »Intuition« Hitlers
gesiegt. Seine Unfehlbarkeit schien bewiesen. Zweifler und
Warner verstummen. Als Triumphator zieht Hitler in Berlin
ein. Am 19. Juli hält er seine große Rede vor dem Reichstag.
Auszeichnungen und Beförderungen über Beförderungen
schüttet er über seine Generäle aus. Zwölf Feldmarschälle
werden ernannt. Göring wird Reichsmarschall.

Der Blitzkrieg im Westen gegen Holland, Belgien und
Frankreich brachte erneut den Beweis für die Überlegenheit

der deutschen Luftwaffe. Gut geschulte Besatzungen in schnellen Maschinen hatten die Luftherrschaft in wenigen Wochen errungen. Aber in diesem Augenblick befiehlt Hitler ein neues Programm für die Rüstung. An erster Stelle haben Panzer zu stehen, an zweiter U-Boote, an dritter Stelle Waffen und Munition – an letzter Stelle rangierte die Luftwaffe mit ihren Neubauten. Forschung und Entwicklung werden gestoppt, und alles, was nicht innerhalb eines halben Jahres – denn länger wird der Krieg nach Hitlers Meinung nicht dauern – entscheidend zum Sieg beitragen kann, wird zurückgestellt.

»Udet tobt im Amt«, trägt der erste Adjutant Pendele in sein Notizbuch ein. – Udet meldet sich bei Göring. Aber Göring weicht wie immer aus; er wendet sich nicht gegen die unsinnigen Befehle. Niemand tut das. Warum auch? Hitler hat doch recht behalten! Keiner will in Ungnade fallen. Jeder ist nur bestrebt, sich persönlich ins gute Licht zu setzen. In diesem Augenblick fällt eine zweite verhängnisvolle Entscheidung: Die Luftschlacht um England beginnt. Wieder erscheint Udet bei Göring. Er rechnet ihm vor: In der Flugzeugindustrie fehlen fast viertausend Spezialarbeiter, es fehlt an Aluminium, Kupfer, Zinn, Chrom. Aber Göring wischt solche Zweifel mit einer Handbewegung beiseite. Er hat Hitler gemeldet: »Meine Luftwaffe wird ohne Hilfe anderer Wehrmachtsteile England in wenigen Monaten zerschlagen.« Am 8. August 1940 beginnt für die kaum erholten Verbände der Luftwaffe der große Aderlaß. Während der Rundfunk Sieg um Sieg verkündet, verliert die Luftwaffe bis zum 6. September allein siebenhundertsechsundachtzig Jäger und achthundertelf Bomber.

Nach außen hin scheint Udet jetzt auf der Höhe seines Ruhms zu stehen. Am 13. Juli ist ihm das Ritterkreuz verliehen worden, und sechs Tage später wird er zum Generaloberst befördert. Göring ist es, der nun verlangt, daß sein Generalluftzeugmeister nicht weiterhin in einer kleinen Vierzimmerwohnung in der Pommerschen Straße wohnt. Udet wehrt ab. Die Wohnung in der Pommerschen Straße mit der Grönlandbar – das ist jetzt für ihn die einzige Erinnerung an sein freies Leben. Aber sein Adjutant, der Major Pendele, geht auf Wohnungssuche. Er findet ein Haus im Grunewald; ein Architekt wird beauftragt, es einzurichten. Auch beim Umzug ist Udet selbst nicht dabei. Frau Bleier, Angermund, Udets Chauffeur und das Haushälterehepaar Peters machen den Umzug. Am Abend erst rufen sie an, daß alles in Ordnung sei. Am 19. Oktober 1940 zieht Udet in die »Reichsvilla« in der Stallupöner Allee 11.

5.

Udet und von Barnekow hatten auf ihrem Weg zur Stallupöner Allee Inge Bleier aus ihrer Wohnung am Reichskanzlerplatz abgeholt. Udet steuerte das schwarze BMW-Kabriolett. Von der Heerstraße bogen sie in den Grunewald ab. Das Tor vor der einstöckigen Villa stand offen. Ein älterer Mann in dunklen Kleidern hielt es auf: Peters, der Hausmeister. Der Wagen war schon halb durch das Tor, als Udet hart bremste. Inge Bleier beugte sich vor. Udets linke Hand glitt vom Lenkrad und wies aus dem Fenster. Ihr Blick folgte seiner Hand. Und plötzlich entdeckte auch sie das kleine schwarze schmiedeeiserne Kreuz.

»Ich hätte doch in der Pommerschen Straße bleiben sollen«, sagte er mit tonloser Stimme.

»Mit deiner Hellseherei kannst du einem wirklich einen Schreck einjagen!« Sie fiel in den Sitz zurück, als der Wagen scharf anfuhr. Dann wandte sie sich von Barnekow zu. »Hätten Sie das gedacht?« fragte sie. »Ein Mann wie er – und abergläubisch?«

Als der Wagen unter der überdachten Anfahrt hielt, war Udet nichts mehr anzumerken. »Jetzt müssen wir die Dame wohl über die Schwelle tragen«, sagte er plötzlich ausgelassen. Er war an die Tür getreten. Der Schlüssel steckte. Er drehte ihn um und stieß die Tür mit dem Fuß auf. Dann zertrat er die Zigarette am Boden. »Kommen Sie, Barnekow.« Sie faßten sich an den Händen und trugen Inge Bleier ins Haus. Die Schuhe der Frau machten ein hartes Geräusch auf dem Boden der Halle, als die beiden Männer sie absetzten.

Udet sah sich um. Im Treppenhaus hingen die Jagdtrophäen vieler Reisen. In einem oberen Raum waren die Wände mit Fliegererinnerungen, Flugzeugmodellen, Bildern und Fotografien tapeziert.

Später aßen sie im großen Eßzimmer. Dann gingen sie an die glasverkleidete Bar im Herrenzimmer. Kurz vor elf Uhr verabschiedete sich Frau Bleier, von Barnekow blieb. Das Paar war ins Freie getreten. Der Wagen stand noch unten an der Auffahrt. Plötzlich griff Udet heftig nach ihrer Hand. »Hast du das Kreuz am Torgitter gesehen?« fragte er. Sie erschrak durch die plötzliche Berührung. »Mein Gott, Udlinger, du solltest mal ausspannen.«

Er erwiderte nichts. Der Schmerz in seinen Ohren war plötzlich wieder da, ein schrilles Geräusch ... »Entschuldige.« Er zog den Schlag des Wagens auf. »Komm, ich fahre dich heim!«

Er war froh, daß er nicht allein war, als er zurückkam. Das Haus war still und leblos, und um die Stille zu übertönen, schossen sie. Kurz vor ein Uhr kam der Anruf. Udet starrte lange auf den Apparat, ehe er abhob. Als er wieder an die Bar kam, war sein Gesicht fahl.

»Was ist denn los?« fragte von Barnekow.

»Der Dicke war am anderen Ende«, sagte Udet. »Ich muß zu ihm.«

»Um diese Zeit?«

»Das ist noch früh für ihn ...« Er machte eine Handbewegung zur Bar. »Warte auf mich.« Er sah Barnekow an. »Ich atme auf, wenn Göring nicht in Berlin ist. Sonst ruft er ständig an. Das geht immer so. – ›Komm mit den und den Vorgängen zu mir‹, heißt es dann. Ich muß ins Ministerium, habe meine Leute nicht zur Hand und muß mir die Unterlagen erst mühsam im Panzerschrank zusammensuchen ... – Ich träume schon davon.«

Drei Stunden später fuhr der BMW wieder vor. Das Haus lag im Dunkeln. Udet parkte den Wagen vor der Garage. Erst als er durch die kleine eiserne Pforte in der Mauer neben der Garage auf die Terrasse trat, sah er das bunte, nicht verdunkelte Glasfenster bei der Bar. Er blieb stehen. Es war kalt. Grau und kahl ragten die Bäume auf dem Waldgrundstück um das Haus in den nächtlichen Himmel. Die Flügeltür zur Halle war nur angelehnt. Im Kamin lag trockenes Holz aufgeschichtet. Udet sah es erst jetzt. Erschöpft lehnte er sich einen Augenblick lang gegen das Sims. Sein Kopf dröhnte … Das Ohrensausen, eine alte Weltkriegsverletzung, wurde immer schlimmer.

Er hatte nie darauf geachtet. Sein Körper hatte ihm zu gehorchen wie eine Maschine – und jetzt war es, als zeige er nun plötzlich all die Wunden und Narben, die er immer achtlos abgetan hatte. Aus dem Herrenzimmer hörte er ein seltsames Geräusch. Ein leichtes Rollen und Klirren von Glas. Als er in den Raum trat, sah er von Barnekow leicht schwankend an der Bar stehen – immer wieder drückte er auf den Knopf, und dann lief die Theke elektrisch vor oder zurück. Leise vor sich hinlachend wich er ihr aus. Udet ging auf von Barnekow zu. Erst jetzt wurde ihm bewußt, daß er noch immer das kleine Päckchen mit dem französischen Parfüm in seinen Händen hielt. Er stellte es auf die Bar. Ohne weiter auf von Barnekow zu achten, griff er nach einer Flasche. Das bunte Licht des Fensters brach sich in den Gläsern.

Barnekow hatte das Päckchen aufgenommen. Er blickte Udet fragend an.

»Mach auf!« forderte Udet. Es klang wie ein Befehl.

Dann hielt von Barnekow das Flakon mit dem teuren französischen Parfüm in der Hand. Er löste den Verschluß. Er lachte und schüttete ein paar Tropfen auf seine Hände. »Woher kriegt man heute noch so etwas?« fragte er.

»Vom Dicken … Ohne Geschenke geht man nicht aus seinem Tigerkäfig.« Udet starrte vor sich hin. Dann packte er von Barnekow plötzlich an den Armen. »Bis jetzt sind wir immer in Länder gegangen, in denen es Beute gab«, sagte er,

»jetzt, Barnekow – jetzt sollen wir in ein Land ohne Beute gehen …«

Barnekows Augen blickten verständnislos. Udet ließ ihn los. Mit steifen Bewegungen trat er zu dem Gewehrständer. Seine Hand fuhr über die glänzenden Läufe.

Barnekow folgte ihm schwankend. Sein Gesicht war grau, und plötzlich schrie er: »Du – was willst du eigentlich! Dir hat doch das Leben immer nur die Schokoladenseite gezeigt … Du, du hast doch alles: eine Villa auf Staatskosten, eine Generaluniform … Aber ich, ich bin der kleine Mann geblieben … Ich höre doch, was sie hinter meinem Rücken reden – der hat alles dem Herrn General zu verdanken, der protegiert ihn! – Aber du, du bist das Goldene Kalb – um dich tanzt alles herum …«

Die Stimme klang schrill in Udets Ohren. Er preßte die Hände gegen den Kopf. Barnekow blickte verstört auf. Seine Augen suchten nach einem Halt. Er stolperte aus dem Raum. Sein Haar glänzte feucht, als er wiederkam.

Udet war ans Fenster getreten. »Sie haben die Absicht, Rußland anzugreifen«, sagte er ruhig, als sei nichts geschehen. Er fuhr sich mit dem Zeigefinger unter den Uniformkragen. »In sechs Wochen wollen sie nach Moskau spazieren … So glauben sie. Wenn das geschieht, Barnekow … Aber was rede ich – den Strick habe ich mir ja selbst um den Hals gelegt, damals, als ich wieder die Uniform anzog.«

Sie gingen vom Fenster weg zurück ins Zimmer. Udet nahm ein paar Gewehre in die Hand. Schließlich wählte er eines, lud durch. Dann hob er es und zielte sehr langsam. Er ließ das Gewehr sinken. »Ich bin schön heruntergekommen«, sagte er, »daß mich jetzt schon ein paar Gläser umwerfen.«

»Was ich vorhin sagte«, begann von Barnekow, »ist mir so herausgerutscht, ich …«

Udet schnitt ihm das Wort ab. »Das vertrage ich noch«, sagte er. »Die Wahrheit kann ich noch hören …« Wieder hob er das Gewehr. Die Ringe der Scheibe verschwammen vor seinen Augen. Der Schuß zerbrach die Stille des Morgens.

Das alles geschah am Morgen des 20. Oktober. Einen Tag darauf, in der Nacht vom 21. zum 22., wird Ernst Udet in Berlin in das Franziskus-Krankenhaus in der Budapester Straße eingeliefert. In der Stadt heulen die Luftschutzsirenen, als man ihn in sein Zimmer bringt. Kurz zuvor hatte er einen Blutsturz erlitten.

Wieder einen Tag später wird im Hauptquartier Görings folgendes Telegramm aufgegeben:

KR GF – ROBINSON Nr. 0356 22.1
21.45 DSZ

GEHEIM

An
Generaloberst Udet
Mein lieber Udet!
Mit außerordentlicher Sorge habe ich den Bericht von Körner betreffend Ihren Zustand empfangen. Mein erster und heißester Wunsch ist der, daß Sie mir gründlichst wiederhergestellt werden. Über allen technischen Problemen und Sorgen steht weit darüber die Sorge um Ihre dem Vaterlande unersetzliche Gesundheit. Ich bitte Sie daher innig, ich als Ihr Oberbefehlshaber ebenso wie als Ihr treuer Freund, alles daranzusetzen, die volle Gesundheit wiederzuerlangen. Dazu ist notwendig, daß Sie sich voll und ganz dem behandelnden Arzt unterstellen und wirklich alle seine Weisungen peinlichst genau befolgen. Machen Sie sich keinerlei Sorgen um Ihr Amt, hier werden Ihre vortrefflichen Mitarbeiter, vor allem General Ploch, schon das Notwendige erledigen. Außerdem habe ich Milch gebeten, sich ebenfalls der Dinge anzunehmen. Entscheidend ist und bleibt jetzt nur Ihre Gesundheit. Es ist besser, Sie erholen sich einen Monat länger, als daß Sie einen Tag zu früh wieder die Arbeit aufnehmen. Noch einmal bitte ich Sie von ganzem Herzen, Ihren gesamten täglichen Lebenslauf nach den Weisungen des Arztes neu zu regeln, damit Sie gesund werden und vor allem gesund bleiben. Sie wissen, daß Sie der Luftwaffe unersetzlich sind und wie kostbar daher Ihre Gesundheit ist,

aber auch, welch große Verantwortung Ihnen damit auferlegt wird. Damit in Zukunft Ihre Gesundheit dauernd bewacht werden kann, werde ich dafür Sorge tragen, daß Ihnen als zweiter Adjutant ein jugendlicher, aber erfahrener Arzt zugeteilt wird, so wie bei mir das auch durch Dr. von Ondarza der Fall ist. Um Ihrer Gesundheit willen müssen Sie sich schon einen solchen ständigen Aufpasser gefallen lassen. Der einzige Lichtblick momentan ist die Tatsache, daß der Arzt, Professor Kalk, erklärt, daß Sie wieder völlig gesund werden können, wenn Sie seine Weisungen befolgen und Ihr Leben völlig neu umstellen. Denken Sie daran, lieber Freund, daß nicht nur ich, sondern die ganze Luftwaffe für Ihre Gesundheit zittert. Mit allen meinen Wünschen für schöne, baldige und restlose Besserung bin ich bei Ihnen.

Stets Ihr getreuer
Hermann Göring

Auch Udets Chef des Stabes, der General Ploch, erhält am gleichen Tag ein Telegramm Görings. Es hat den Wortlaut:

KR – GF – G – ROBINSON Nr. 0357 22.10
21.45 DSZ

GEHEIM

An
General Ploch/Berlin RLM

Die Wiederherstellung der Gesundheit des Generaloberst Udet ist jetzt das Allerwichtigste. Es kommt vor allem darauf an, daß der Generaloberst sich allen Weisungen des behandelnden Arztes fügt und sie peinlichst befolgt. Damit wird Generaloberst Udet für die nächsten 5–6 Wochen der absoluten und völligen Ruhe bedürfen. Ich ordne daher an, daß Sie den Generaloberst bis auf weiteres vertreten. Sie haben dafür Sorge zu tragen, daß der Generaloberst völlig von jeder dienstlichen Tätigkeit abgeschaltet wird und daß keinerlei Stellen der Luftwaffe und der

Industrie sich in dieser Zeit an den Generaloberst wenden können. Vor allem schärfen Sie dieses den führenden Männern der
Industrie nachdrücklich ein. In besonders wichtigen Fällen
haben Sie sich an den Generalfeldmarschall Milch zu wenden
und dessen Entscheidung herbeizuführen. Er übernimmt die
Aufgaben des Generalobersten in allen grundsätzlichen und
wichtigen Dingen.

Im übrigen muß die Arbeit weitergehen, als ob der General-
oberst an der Spitze stände. Vor allem hat die Bereisung der
Luftflotten 2 und 3, so wie sie der Generaloberst beabsichtigt
hat, stattzufinden, und zwar am besten zusammen mit Lucht.
Lucht vertritt den Generaloberst auf seinen Spezialgebieten.
Ich erwarte, daß Sie, Lucht und Cejka, in kameradschaftlicher
Zusammenarbeit die Aufgaben des Werkes Ihres Chefs bis zu
seiner Rückkehr fortführen werden. Ich betone noch einmal,
entscheidend ist und bleibt, daß Generaloberst Udet von
Stund an völlig von jeglicher Arbeit, Unterrichtung und Entscheidung befreit werden muß. Nur so ist seine Wiederherstellung in kurzer Frist gewährleistet. Im übrigen soll von der Tatsache, daß der Generaloberst zur Zeit krank ist und deshalb
arbeitsunfähig bleibt, keinerlei Aufsehen gemacht werden.
Nach außen hin ist zu betonen, daß der Generaloberst einen
mehrwöchigen Erholungsurlaub angetreten hat, wie er jedem
von uns schließlich zusteht, daß ich aber grundsätzlich befohlen habe, daß die führenden Herren während ihres Erholungs-
urlaubs von niemanden belästigt werden dürfen. Sagen Sie
das besonders Herrn Koppenberg.

Göring
Reichsmarschall

Am 29. Oktober 1940 fliegt Udet mit den Ärzten Dr. Kalk und
Dr. Brühl von Berlin nach Baden-Baden. Von dort geht es im
Auto in das Sanatorium Bühlerhöhe. Udet, der nie in seinem
Leben freiwillig einen Arzt zu sich gerufen hatte, wird jetzt auf
Schritt und Tritt gleich von zweien überwacht. Aber Udet

bleibt nur zehn Tage auf Bühlerhöhe. Dann kommt ein Anruf seines Stabschefs, des Generals Ploch, den Göring mit Udets Vertretung beauftragt hat. Ploch berichtet Udet von dem Telegramm, das er erhalten hat. Udet ist jetzt nicht mehr zu halten. Er fliegt sofort nach Berlin zurück. Am Sonnabend, dem 9. November, landet er in Berlin-Rangsdorf.

Ein Jahr hat er noch zu leben. Ein Jahr, in dem er sich gegen das Unabänderliche aufbäumt.

6.

Der Wagen mit dem weißen »WL« auf den Kotflügeln parkte mit laufendem Motor vor dem Hotel. Das Licht der abgeblendeten Scheinwerfer prallte gegen den Nebel, der an diesem Märzmorgen des Jahres 1941 dicht und schwer über Amsterdam hing. Der Wagen hielt schon ein paar Minuten, als die frostbeschlagene Scheibe der hinteren Tür heruntergedreht wurde. Ein lächelndes Gesicht zeigte sich. »Kommt mal her!« rief der Mann mit den blonden gewellten Haaren die Posten an, die vor dem Hotel »Amstel« auf und ab patrouillierten. »Ja, ihr!«

Die beiden Männer in den überlangen feldgrauen Mänteln und Stahlhelmen blickten sich an. Dann traten sie zögernd zu dem Wagen. Der Mann im Wagen, Raven von Barnekow, streckte den Posten eine Kiste mit Zigarren entgegen. »Los, nehmt euch schon«, forderte er sie auf. Die Posten stopften ihre Wollhandschuhe unter das Koppel. Sie nahmen jeder eine Zigarre. Aber der Mann griff in die Kiste und steckte jedem eine ganze Handvoll zu. Sie ließen sie vorsichtig in den Taschen ihrer Mäntel verschwinden. »Danke, Herr Hauptmann.« Der eine der beiden Posten, der den gelben Spiegel an der Luftwaffen-Uniform des Mannes erkannt hatte, nahm Haltung an. Als sie wieder vor das Hotel zurücktraten, flüsterte er dem anderen ins Ohr: »Diese Luftwaffenheinis – wo's was zu organisieren gibt, da sind sie dabei.« Der andere hielt ihm eine der Zigarren hin. Er deutete auf die rotgoldene Bauchbinde. »Mensch, kennst du den?«

»Das ist doch ...« Der andere starrte auf die Bauchbinde, die mit einem Bild geschmückt war. »Das ist doch der Udet!«

In diesem Augenblick traten die beiden Generäle aus dem Hotel auf die Straße. Die Posten salutierten, aber die beiden Männer waren schnell zu dem Wagen getreten. Udet streckte die Hand aus. »Also dann Hals- und Beinbruch.« Bruno Loerzer ergriff die Hand nicht. Er nahm den Freund beim Arm. »Mach keinen Quatsch, Udlinger. Bei dem Nebel kannst du nicht starten.« Sie gingen die Straße hinunter. Das Auto folgte im Schritt.

»Ich muß jetzt los. Wenn ich immer auf gutes Wetter warten wollte ...« Udet blickte auf. Seine Stimme hatte einen wegwerfenden, spöttischen Unterton, der dem Freund fremd war. »Tät' mir leid um die ganzen herrlichen Sachen in der eingebauten Bar. Aber sonst – ich mache es sowieso nicht mehr lange.«

Loerzer schwieg. Eine Weile schritten sie weiter durch den Nebel. Er schien getränkt mit dem Rauch aus den Schornsteinen der Häuser, die schemenhaft aus dem Dunst aufragten. »Ob du nun einen Tag früher oder später fliegst ...« begann Loerzer. »Du sitzt noch früh genug wieder hinter deinem Schreibtisch.« Er schlug ihm auf die Schulter. »Bleib doch! Wir setzen uns mit ein paar Fliegern gemütlich in eine Ecke.«

Udet blieb stehen. Die Straße führte jetzt am Ufer einer Gracht entlang. Ein paar plumpe Kähne ankerten im Nebel. »Nett von dir ...« Er ergriff schnell die Hand Loerzers und drückte sie. Es war eine verlegene Geste, und sie ließ Loerzer mit Entsetzen fühlen, wie allein der Mann neben ihm war.

»Man kann die Männer nicht immer anlügen«, sagte Udet rauh. »Bei Gott, du weißt, ich hab' nichts gegen Alkohol; ein paar Männer, die zusammen trinken, die gewinnen viele Schlachten. Aber so viel kann ich gar nicht trinken, daß ich nicht immer daran denken muß ... Es hat doch keinen Zweck, der Karren läuft. Du hast es ja in diesen drei Tagen gehört.

›Reichsmarschall-Besprechung!‹ Ausweichen! Hinhalten! Schöne Reden.«

Im Nebel vor ihnen klang langgezogen und klagend das Horn eines Schiffes auf. »Wie soll es denn weitergehen?« fuhr Udet fort. »Die Luftschlacht um England – wir haben Maschinen und Piloten geopfert – das ist alles. Jetzt schlagen sie zurück. Der Bombenangriff auf Düsseldorf, das war nur der Anfang. Wenn erst die Amerikaner ... Ich bin oft genug drüben gewesen, Bruno. Ich weiß, was die amerikanische Industrie leisten kann ... Aber ich kann mich nicht mehr durchsetzen. Sie wollen Bomber bauen. Sie wollen angreifen. Es wäre auch zu schrecklich, zugeben zu müssen, daß wir uns langsam zu verteidigen haben. Wenn wir keine Jäger bauen – sie zerschmeißen uns unsere Städte und Rüstungsindustrien ...«

»Siehst du nicht zu schwarz?«

Ein paar fröstelnde Menschen schritten an ihnen vorüber. Die beiden Offiziere gingen jetzt weiter. »Ich würde zu keinem der Männer, die jeden Tag in ihre Kisten steigen und nicht wissen, ob sie zurückkommen, auch nur ein Wort sagen«, meinte Udet. »Aber soll ich dir etwas vormachen oder mir selbst? ... Ich bin der Wirklichkeit schon zu lange ausgewichen. Ich bin der falsche Mann, der falsche Mann am falschen Platz. Ich kann nicht strammstehen und ›jawoll‹ schreien. – Bruno, die schaffen es noch, mich fertigzumachen! Jetzt braucht man einen Sündenbock – und man wird ihn finden. Der Milch verfolgt mich, wo er kann. Wenn was schiefgeht, kommt er hämisch lächelnd an: ›Das hätte ich euch schon vor Jahren sagen können, daß das mit dem Udet nicht klappt‹ ...« Plötzlich blickte er auf, als habe er zuviel gesagt. Er machte ein Zeichen. Der Wagen fuhr an den Rand der Straße und hielt. Wieder streckte Udet die Hand aus. Diesmal ergriff Loerzer sie.

»Willst du es dir nicht doch noch einmal überlegen? Bei dem Nebel ...« Udet lachte. »Vielleicht könnte mir nichts Besseres geschehen«, sagte er. »Aber mach dir keine Sorgen. Noch gebe ich nicht auf. Ich bin nur manchmal des Spiels müde. Sollte es einmal heißen ›der Udet, der ist mit seiner Maschine abgestürzt‹, glaub das nicht, Bruno. In einem Flugzeug, da bin ich so sicher wie in Abrahams Schoß. Wenn man mal von mir sagt –, er war ja eigentlich ein verrückter Kerl, dieser Udet, und getaugt hat er auch nicht viel, aber fliegen, fliegen, das konnte er. – Dann will ich zufrieden sein.« Er war schnell um den Wagen herumgegangen. Dann fiel der Schlag hinter ihm zu. Sekunden später verschwanden die Rücklichter des Wagens.

Über dem Flugplatz lag dichter Nebel. »Du kannst es dir ja noch überlegen«, sagte Udet zu dem Hauptmann von Barnekow. »Wenn's dir zu gefährlich ist …« Barnekow hatte das Gepäck aus dem Wagen geholt und neben der zweimotorigen Siebel abgestellt. Im Arm trug er einen ganzen Stapel Kisten mit Zigarren. Das Kinn auf die oberste gestützt, grinste er Udet an. »Ich folge dem Herrn Generaloberst getreu bis in den Tod.«

Udet nahm ihm eine der Kisten ab. Er öffnete sie, nahm eine Zigarre heraus. Er blickte erstaunt auf sein Bild auf der Bauchbinde.

»Ein Geschenk für den Herrn Generaloberst«, meldete von Barnekow. »Von der Firma de Huifkar, v. Hamers & Co. Mit Bildnis des Herrn Generaloberst.«

Wenige Minuten später startete die Maschine. Der Dunst über der Rollbahn war rötlich gefärbt von den Nebellampen. Die Maschine stieg schnell. Als der Höhenzeiger auf viertausend Meter geklettert war, ließ Udet plötzlich den Steuerknüppel los. Er zwängte sich aus seinem Sitz und kam nach hinten an die kleine Bar, wo von Barnekow saß. Barnekow war bleich geworden. Udet lachte schallend. »Beruhige dich«, sagte er. »Alles in Ordnung. Ich hab' den Steuerknüppel festgestellt. Komm, gib mir ein Glas.«

7

Anfang April 1941, wenige Wochen vor Udets fünfundvierzig-
stem Geburtstag, erhielt der Oberstleutnant Walter Angermund, der auch Leiter der Flugbereitschaft des Generalluftzeugmeisters war, einen Anruf vom Flughafen Rangsdorf.

Im ersten Augenblick erkannte Angermund die Stimme des
Flugleiters nicht, so aufgeregt war der Ingenieur Dick. »Herr
Oberstleutnant! Hallo … Sind Sie's … Hören Sie, bei uns fliegt
der Minister Heß mit einer Me 108 im tollsten Stile Kunstflug. – Vor einigen Minuten ist er hier mit seinem Flugzeugführer Doldi gelandet. Er hat mit ihm den Sitz gewechselt und
sich selbst ans Steuer gesetzt …« Aus dem Hintergrund drang
das scharfe Geräusch eines Flugzeugmotors. »Ich kann ihn
von meinem Fenster aus beobachten«, kam die verzweifelte
Stimme. »Jetzt wieder! Er fliegt wie wild – Loopings und Rollen. Der schüttelt seinen Doldi gehörig durch – und die Me ist
doch für Kunstflug gar nicht zugelassen. Ich wollte es nur melden …«

»Ihr habt doch Flugpolizei!« schrie Angermund in den Apparat. »Los! Schießt ›rot‹, was rausgeht, damit er landet.«

»Wir schießen ja schon!« klagte die Stimme am anderen
Ende der Leitung. »Aber der schert sich keinen Deut drum.«
Ein helles pfeifendes Geräusch übertönte die Stimme. »Ich
wollte es nur gemeldet haben«, vernahm Angermund dann
wieder die Stimme.

»Bleiben Sie am Apparat!« Angermund stürmte über den
Flur in Udets Zimmer. »Der Heß macht in Rangsdorf Mätz-
chen«, sprudelte er hervor. Dann erzählte er ruhiger, was geschehen war.

»Die sollen den Kerl beschimpfen, wenn er runterkommt.
Sie sollen ihn einsperren«, sagte Udet. »Und der Doldi soll
sich sofort hier melden.«

Noch am gleichen Tag hatte sich der Flugzeugführer Doldi
im RLM gemeldet.

»Wie kannst du so was dulden?« herrschte Udet den alten

Freund an. »Du weißt doch, daß die Me 108 für so was nicht tauglich ist. Das mache ich nicht einmal.« Doldi zuckte die Achseln. »Wer hält ihn fest?« wagte er zu entgegnen. »Ich konnte doch nicht ahnen, was er vorhatte.«

Einen Augenblick überlegte Udet. Dann wandte er sich an die beiden Männer. »So«, sagte er. »Jetzt setzt euch auf den Hintern und entwerft mir einen Brief. Höflich, aber in der Sache hart. ›Mir wird da gemeldet‹ und so weiter, und so weiter. – ›Wenn Sie schon kunstfliegen wollen, dann mache ich jederzeit den Fluglehrer. Aber der Generalluftzeugmeister wird Ihnen keine Maschine mehr zur Verfügung stellen.‹«

Vier Wochen später flog Heg nach England. Er hatte diesen Flug sehr sorgfältig vorbereitet. Von Hitlers Leibpiloten Hansl Baur hatte er sich eine Karte der Sperrgebiete beschafft, ohne die es ihm nicht möglich gewesen wäre, aus Deutschland herauszufliegen. Er hatte sich bei den Messerschmitt-Werken genau in die Funkpeilung der neuen zweimotorigen Me 110 einweisen lassen. Er hatte mit der Maschine auf dem Werkgelände Probeflüge gemacht. Am 10. Mai gegen achtzehn Uhr war er von dem Werkflugplatz der Messerschmitt-Werke in Augsburg gestartet. Er hatte sein Bordbuch abgegeben und bei der Flugpolizei »Verlängerten Platzflug« eingetragen. Die Me 110 war von der deutschen Luftüberwachung bis in den Raum von Amsterdam verfolgt worden. Fünf Stunden nach dem Start in Augsburg erschien Heß' persönlicher Adjutant bei Hitler und überreichte diesem einen Brief, den Heß vor seinem Abflug geschrieben hatte, und in dem er seine Motive schilderte.

Der 10. Mai 1941 war ein Samstag. Am Sonntagmorgen erhielt Udet den Anruf, der ihn sofort nach Berlin ins RLM zurückholte. Er war an jenem Samstag mit Frau Bleier zu einem Besuch ins Jagdhaus Speck an der Müritz gefahren.

»Der Heß ist weg«, berichtete Angermund. »Tolles Stück! – Die toben alle. Du sollst morgen zum Rapport zum Adolf fliegen. Übrigens, ich habe gleich die Maschine festgestellt. Eine

Me 110, aber keine von uns. Sie war von den Messerschmitt-Leuten eingeflogen, aber von unserer Bauaufsicht noch nicht abgenommen. Ich habe diesen Brief herausgesucht. Wenn sie dir ein Bein stellen wollen …«

»Welchen Brief?«

»Den Brief, den du vor ein paar Wochen an Heß geschrieben hast, als er in Rangsdorf seine Kapriolen machte … Sie haben seinen ganzen Mitarbeiterstab, vom Kraftfahrer bis zum Adjutanten, und seine ganzen Hellseher verhaftet.«

»Heß!« sagte Udet. »Ein schneidiger Flieger war er immer. Weißt du noch, er hat uns mal beim Zugspitzflug, Vierunddreißig, den ersten Preis weggeschnappt.«

»Er hat das Ding auf jeden Fall schlau vorbereitet«, meinte Angermund. »Ich glaube, niemand hat damit gerechnet, daß er es schaffen würde. Zuerst hat man geglaubt, er sei über der Nordsee von englischen Jägern abgeschossen worden. Aber er hat die Kiste bis nach Schottland geflogen, auf den Rücken gedreht und sich rausfallen lassen. Dann ist er runter mit dem Fallschirm.«

Am Montag, dem 12. Mai, fliegt Udet zu Hitler nach Berchtesgaden. Auch Göring, Milch und Messerschmitt sind zitiert worden. Zwei Tage später ist Udet wieder in Berlin. Er erzählt Angermund, wie Hitler getobt hat, aber sonst ist er sehr schweigsam. »Der Brief«, sagte er nur einmal, »war eine gute Idee von dir. Als ich ihn präsentierte, wurden sie still.«

»Und warum? Warum ist Heß nun nach England?«

»Er ist verrückt«, erwiderte Udet lächelnd.« Das ist jedenfalls die offizielle Version.«

Fünf Wochen später, am 22. Juni 1941, beginnt der Krieg mit Rußland. Die Freunde erkennen Udet nicht wieder. Er ist zerschlagen. Dann wieder tobt er. Er schleppt sich von Besprechung zu Besprechung. Er fliegt zu den Flugzeugwerken, streitet sich mit der Industrie, die ihre Produktionszahlen nicht einhält. Der Arzt, Dr. Brühl, weicht nicht von seiner Seite, aber er ist machtlos. So wird es Ende August.

Es war ein heißer, schwüler Nachmittag, als Udet mit seinem Wagen vor der Wohnung Inge Bleiers am Karolinger Platz 4 hielt. Er war in Zivil. Als er an der Wohnung im fünften Stock schellte, öffnete das Mädchen. Frau Bleier war nicht zu Hause. Er wartete im Wagen. Es dauerte fast eine halbe Stunde, bis sie die Straße entlangkam. Er saß hinter dem Steuer. Das schwarze Verdeck des BMW war zurückgeschlagen. »Steig ein«, sagte er grob, als sie an den Wagen trat. »Wo warst du denn die ganze Zeit?«

Sie stieg ein. »Ich war beim Pediküren«, meinte sie.

Er warf einen schnellen Blick zu ihr hinüber. Seine Augen blickten ruhelos. »Das Pediküren wird dir noch vergehen. Die anderen Frauen arbeiten in den Munitionsfabriken, bei dir höre ich immer nur pediküren und maniküren.« Der Wagen schoß scharf von der Bordsteinkante in die Mitte der Straße.

»Du Bolschewik!« sagte sie nur. – Sie hatten sich in letzter Zeit oft gezankt. »Wohin fahren wir eigentlich?«

Er antwortete nicht. Er fuhr sehr schnell. Als sie aus der Stadt heraus waren, glaubte sie den Weg zu kennen. »Nach Karinhall?« fragte sie. Er nickte. Plötzlich hielt er am Rand des Weges. »Ich mach Schluß«, sagte er. »Ich kann nicht mehr. Und ich will nicht mehr. Soweit haben sie es gebracht, daß ein Udlinger resigniert.«

»Was willst du tun?« Sie hatte manchmal richtig Angst vor ihm. Sie wollte es sich nicht eingestehen, aber oft war sie ratlos seiner Unruhe gegenüber. Und es plagte sie, daß es ihr nicht möglich war, ihn all das Düstere vergessen zu lassen.

Er legte den Arm auf die Lehne ihres Sitzes. Ein seltsamer Ausdruck lag auf seinem Gesicht, eine Art Zärtlichkeit, die er sonst nicht zeigte. Er blinzelte ihr zu. »Vielleicht hätten wir doch heiraten sollen ...« sagte er. »Wie ist es damit? Du hast mir einmal gesagt, du könntest ihnen doch heute alles vor die Füße schmeißen und neu anfangen ... Erinnerst du dich?« Er schwieg einen Augenblick. »Das ist vorbei«, sagte er. »Uns irgendwo verkriechen? Von meinen Erfolgen zehren? Ein

Geist in Uniform? – Es gibt keine Inseln mehr ... Ich muß mich jetzt entscheiden.«

»Du solltest dir ein dickeres Fell anschaffen«, sagte sie. Jetzt müßtest du dich eigentlich freuen, dachte sie. Immer hast du dir gewünscht, daß du ihn ganz für dich allein hast. Aber sie spürte nur Unruhe und Angst. Er hatte den Wagen wieder gestartet. »Ich werde Göring bitten, mich von meinem Amt zu entbinden«, sagte er. »Und wenn es vielleicht auch zu spät ist, ich habe nicht mehr viel zu verlieren. Nur noch eines. – Einmal konnte ich auf meinen Namen stolz sein.« Vor ihnen lag jetzt der See. Minuten später hielt der Wagen vor dem langgestreckten Bau, der mit Tarnnetzen behängt war.

Die Unterredung zwischen Göring und Udet dauerte drei Stunden. Immer, wenn Frau Bleier in die große Halle trat, sah sie die beiden Männer im Gespräch. Im Lederwams, einer Bluse mit weiten weißen Puffärmeln und Schnallenschuhen, so schritt der massige Mann vor Udet auf und ab. Dann begleitete Göring sie hinaus zum Wagen. »Er soll die Flinte nicht ins Korn werfen«, sagte Göring jovial zu Frau Bleier. »Sie müssen ihm dabei helfen. Er ist wie immer zu empfindlich. Er soll ein paar Wochen ausspannen, dann sieht alles wieder ganz anders aus.« Sie fragte ihn nicht, als sie dann anfuhren. Sein fahles Gesicht sagte ihr genug. Er blickte nicht auf, als er mit tonloser Stimme sagte: »Ich war naiv. Ich dachte, es ginge nur um mich ... Es geht längst nicht mehr um mich ... Er hat mir offen gesagt: ›Wenn ich Sie gehen lasse‹, hat er gesagt, ›dann können wir's drehen, wie wir wollen, das Volk wird seine Schlüsse ziehen.‹ Die schöne Fassade könnte einstürzen ... Das Volk könnte merken, daß unsere Luftwaffe doch nicht mehr die beste und stärkste der Welt ist. Er würde mich gern opfern, aber ... Ich soll nach außen hin mein Amt behalten, und ausgerechnet Milch soll mir ein bißchen unter die Arme greifen.«

»Und was soll jetzt werden?« Wieder spürte sie die Angst.

Er blickte sie lächelnd an. »Ich habe niemand mehr zu fürchten«, sagte er. »Jetzt nicht mehr.«

Am nächsten Tag verlassen Ernst Udet und Frau Bleier Berlin. Sie fahren auf das Dreißigtausend-Morgen-Gut des Staatsrates Dr. Hermann Speck an der Müritz. In dem Jagdhaus liegt Udet wochenlang schwer krank. Frau Bleier versucht, alle Nachrichten von ihm fernzuhalten. Aber dann erfährt Udet von seinen Freunden doch, was sich in seiner Abwesenheit im RLM tut. Drei Tage nach seiner Abreise, am 28. August, kündigt der Staatssekretär und Generalfeldmarschall Milch an, daß er in Udets Amt »aufräumen« wird.

Am 9. September wirft Milch Udets Chef der Planungsabteilung, den Generalingenieur Tschersich, aus dem Amt. Als Udet wieder in sein Amt kommt, steht er in einem fremden Haus. Am 30. September wird auch Generalmajor Ploch, Udets Chef des Stabes, versetzt. Er verläßt Berlin und übernimmt das Kommando einer Luftwaffeneinheit in Rußland.

Noch einmal versucht Udet, den Kampf aufzunehmen. Fast jede Nacht heulen jetzt die Luftschutzsirenen in Berlin. Die ersten Bomben fallen. Udet ahnt, daß dies erst der Anfang ist. Er weiß aber von der Übermacht des Gegners; er beharrt auf seinem Standpunkt: Man soll Jäger bauen! Jäger und nochmals Jäger, um den deutschen Luftraum vor den gegnerischen Angriffen zu schützen. Aber es ist ein aussichtsloser Kampf.

Am 7. November 1941 notiert der Adjutant Pendele in sein Tagebuch: Freitag: 11.30 Uhr bis 14.30 Uhr und 15.30 Uhr bis 19.30 Uhr. Große Sitzung beim Reichsmarschall.

In den nächsten Tagen erscheint Udet nicht im RLM. Am 8. November, nachts um zwölf Uhr, steht er plötzlich in der Wohnung seiner Mutter in München in der Mauerkircher Straße. Er sagt, er sei auf der Durchreise, er wolle ihr nur guten Abend sagen. Er bleibt nur wenige Minuten. Dann fährt er wieder davon. Am 13. November, einem Donnerstag, besucht Udet noch einmal seinen alten Freund Walter Angermund abends im Krankenhaus. Angermund liegt seit Montag in der Klinik Professor Kempkes in der Augsburger Straße.

Das Haus in der Stallupöner Allee 11 lag im Dunkeln. Es war eine kalte, neblige Nacht, als der Wagen vor dem Tor hielt und der Mann in Uniform ausstieg. Ploch wartete, bis der Wagen angefahren war, dann schritt er auf das Haus zu. Er schellte. Es dauerte eine ganze Weile, bis jemand öffnete. Udet stand in der erleuchteten Halle; das Licht fiel hell nach draußen.

In diesem Augenblick war unvermittelt das Dröhnen von Flugzeugmotoren über dem Haus im Nebel. Udet trat schnell unter die überdachte Anfahrt. Das Flugzeug konnte nur wenige hundert Meter hoch sein. Der ohrenbetäubende Lärm der Motoren schien für Sekunden den ganzen Himmel auszufüllen. Dann verschluckte der Nebel den Lärm. »Die hätten mir bald das Dach über dem Kopf abgedeckt.« Er reichte dem Besucher die Hand. »Kommen Sie. Ich habe mich über Ihren Anruf gefreut«, sagte er. Sie traten in die Halle.

Der Generalmajor zog seinen Mantel aus. Udet ging voraus. Im Kamin brannte ein Feuer. Udet wies auf einen Sessel. »Sie entschuldigen«, sagte er. »Ich muß mal Tempelhof anrufen, ob die Jungs ihre Maschine in dem dichten Nebel auch heil heruntergebracht haben.« Als er zurückkam, berichtete er: »Sie sind heil gelandet.« Er holte ein neues Glas. Er hob fragend die Kognakflasche. Als Ploch nickte, goß er die Schwenker voll.

»Ich freue mich, wieder einmal hier zu sein«, sagte Ploch etwas steif. Udet lächelte. »Und ich bin froh, daß Sie es mir nicht übelgenommen haben.«

»Übelgenommen?«

»Ich habe Ihre Entlassung schließlich mitgemacht. Wenn ich auf den Tisch gehauen hätte …« Er stand am Kamin. Er hob sein Glas und prostete Ploch zu. »Aber es war richtig so«, meinte er. »Sie werden sehen, es war richtig, daß Sie aus Berlin weggekommen sind. Sagen Sie mir – wie steht es draußen?«

»Na, es geht weiter«, sagte Ploch zögernd. Udet nickte. »Ja, es geht weiter, unaufhaltsam.« Plötzlich war seine Stimme hart. »Machen Sie mir nichts vor, Ploch. Wollen Sie mich etwa schonen? Ich weiß, Sie waren immer sehr taktvoll ... Sie kannten meine Schwächen, meine gefährlichen Stellen. Sie wußten, wo man mich treffen konnte ... Sie haben versucht, mir zu helfen. Es ist gut, jetzt daran zu denken. Aber nun reden Sie ... Wochenschauen – ich kann sie nicht mehr sehen.« Er war ans Fenster getreten. Im dunklen Nachthimmel am Rande der Stadt waren ein paar suchende Scheinwerfer. Die Strahlenfinger verloschen, flammten wieder auf. Sie jagten zusammen und überschnitten sich in einem Kreuz.

»Wir hatten einen frühen Winter«, begann Ploch. »Er kam ganz überraschend, und die Truppen waren nur für den Sommer ausgerüstet. Die Verluste waren sehr groß. Bei dem schnellen Vormarsch von Flughafen zu Flughafen. – Unsere Geschwader sind am Ende ihrer Kräfte.« Er schwieg eine Weile. »Die ganze Offensive ist zum Stillstand gekommen. Die Truppen liegen vor Moskau in Schlamm und Schnee. Moskau – wir werden niemals hineinkommen. Aber der Vormarsch soll nicht abgebrochen werden. Hitler soll die Winteroffensive befohlen haben. Es ist niemand da, der ihm in den Arm fällt.«

In heftiger Erregung begann Udet, im Zimmer auf und ab zu gehen. Plötzlich blieb er abrupt stehen. Er blickte Ploch offen an. »Hier«, sagte er dann, »ist das Rennen für mich zu Ende. Hier hört niemand mehr auf mich. Hier bin ich nur noch im Weg.« Er sagte das alles ruhig und lächelnd. »Ich suche nur noch einen Weg – das ist der einzige Gedanke, mit dem ich aufstehen und einschlafen kann. Was meinen Sie ... Ich habe schon daran gedacht, irgendein Kommando ...«

»Hören Sie«, sagte Ploch mühsam, »tun Sie das nicht. Ich weiß, was Sie denken. Aber den Krieg, den Sie einmal geführt haben, den gibt es nicht mehr. – Ich wollte nicht darüber sprechen, aber ich muß es Ihnen sagen. Ich muß es los sein.« Er sprach immer eindringlicher. »Hören Sie. Es war ein paar Tage vor meinem Abflug. In Minsk ...« Ehe er weitersprechen konnte, schellte es draußen an der Tür. Udet rührte sich nicht.

»Soll ich zur Tür gehen?« fragte Ploch. Udet nickte. Es war Oberstleutnant Pendele, Udets Adjutant.

Am anderen Morgen notierte der Oberst in sein Tagebuch: »Sonnabend, 15. November. Bei Udet in der Stallupöner Allee. General Ploch ist zu einem Besuch von seinem Luftgau aus dem Osten gekommen. Plötzlich spricht Ploch von Erschießungen der SS in Rußland. Udet hört mit bleichem Gesicht zu. Ich versuche, Ploch zu stoppen. Aber Ploch wird sehr ausführlich und spricht von Massengräbern der Juden. Gegen 23.00 Uhr verlasse ich das Haus.«

Udet fährt ihn nach Hause.

Es war kurz nach Mitternacht, als Udet am Karolinger Platz 4 parkte. Er schloß die Haustür auf. Er machte kein Licht. Er tastete sich zum Fahrstuhl, schloß ihn auf und fuhr dann in den fünften Stock. Er mußte lange läuten, bis Inge Bleier öffnete.

»Mein Gott, was willst du denn um diese Zeit?« sagte sie erschrocken.

Er blieb zögernd an der Tür stehen. »Gibt es einen Aquavit für mich?« fragte er.

»Komm schon herein.« Sie ging voraus. Dann zündete sie die dicke Kerze neben dem burgunderroten Barocksessel, seinem Lieblingsplatz, an. Er setzte sich. Er sagte nichts und wartete, bis sie das Glas Aquavit auf das Tischchen vor ihn hinstellte. Er lächelte, als sie die Flasche wieder wegnahm. Sie setzte sich zu ihm. Er hatte sich eine Seite der Zeitung genommen. Seine Hände falteten ein kleines Flugzeug. »Weißt du was«, sagte er, »du kannst mir wieder einmal die Karten legen.«

Sie nahm die Karten aus dem Etui. »Das ist doch Unsinn«, sagte sie zögernd. »Wahrsagen wird streng bestraft.« Sie legte eine erste Karte aus, dann schnell eine zweite und dritte. »Neulich stand von einem Urteil in der Zeitung«, sagte sie unruhig. »Eine Frau. Man hat sie für Zukunftsdeutung über Kriegsereignisse zu sechs Monaten Haft verurteilt.«

»Nichts über den Krieg«, er hob abwehrend die Hände. »Über den Krieg brauchst du mir nichts zu sagen.« Er trank sein Glas leer. Er beugte sich weit über den Tisch und sah ihr zu. Sie legte zögernd zwei weitere Karten auf, aber dann fuhr sie schnell mit der Hand über die Blätter und mischte sie.

»Heute nicht«, sagte sie. »Ich kann heute nicht …«

Er war aufgestanden. Er trat zu dem kleinen Barockspiegel. »Morgen«, begann er, »morgen brauche ich es vielleicht nicht mehr zu wissen.«

»Bitte«, flehte sie, »ich kann es nicht hören. Wenn du wieder so anfängst … Sprich nicht so, bitte! Du bist undankbar, Erni! Muß ich dich daran erinnern? – Wie gut ist dein ganzes Leben doch verlaufen. Den Pour le mérite als ganz junger Mensch, deine Erfolge als Flieger. Immer bist du aufwärtsgestiegen. Und jetzt die große Karriere …«

Er hielt das kleine Papierflugzeug noch immer in den Händen. Er hob den Arm, als wollte er es in die Luft werfen, aber dann ließ er es plötzlich herabsinken.

»Das ist jetzt zu Ende.« Er beugte sich vor und starrte in den Spiegel. Dann wandte er sich schnell um und trat zu ihr. Seine Stimme war ganz ruhig, ja fast mit einem Unterton des Lächelns, als er sagte: »Wenn ich morgens in den Spiegel schaue und sehe mein Gesicht – dann strecke ich mir die Zunge raus … Bah! – Bah! sage ich mir. Udlinger, du wirst alt!« Er nahm sich die Flasche und goß ein.

»Man kann doch nicht immer in der Sonne stehen«, sagte sie. Er sah sie an und schüttelte den Kopf. »Ein Udlinger ohne Sonne?« sagte er bestimmt. »Der kann nicht existieren!« Er trank sein Glas leer, goß es wieder voll.

Sie nahm ihm die Flasche aus der Hand. »Trink nicht so viel Aquavit.«

»Du –«, sagte er. »Das hat seinen Grund. Ich habe immer Angst gehabt vor einem schwierigen Flug.«

Sie suchte in seinem Gesicht. Sie wehrte sich dagegen, ihn verstanden zu haben.

Er hob wieder den Arm. Das Flugzeug aus Papier glitt aus

seiner Hand. Es segelte durch den Rundbogen hinüber in das andere Zimmer. »Ich glaube«, sagte er, »er wird gar nicht so schwierig sein, dieser Flug.«

8.

Das »Forschungsamt«, eine Zentrale zum Abhören von Telefongesprächen, stand direkt unter Görings Leitung. Einer der Anschlüsse, der seit Ende des Jahres 1940 überwacht wurde, hatte die Nummer 99 59 11. Es war der Apparat der »Reichsvilla« in der Stalluponer Allee 11.

Vom Sonntag, dem 16. November 1941, bis in die frühen Morgenstunden des 17. November registrierten Beamte des »Forschungsamtes« in ihrem Haus am Lietzensee in Berlin-Westend auf der Nummer 99 59 11 fünf Gespräche. Sie hielten keines für wert, es wörtlich aufzuzeichnen. Sie trugen in ihre Berichtsformulare lediglich die Zeit, die Dauer und die Namen der Gesprächspartner ein. Das erste dieser Gespräche war für die Zeit von elf Uhr sieben registriert.

Es war wenige Minuten nach elf Uhr, als der Zug aus Hamburg auf dem Lehrter Bahnhof einfuhr. Er hatte nur vier Wagen, und die Hälfte der Reisenden waren Soldaten. Einer der ersten, die auf den Bahnsteig sprangen, war ein Mann in Zivil. Trotzdem eilte er auf die Wehrmachtssperre zu. Er stellte sein Gepäck ab und zeigte den Fahrtausweis. Dann schritt er schnell zu einer der Telefonzellen. Erich Baier, Abnahme-Ingenieur für Flugzeugmotoren, schlug das Telefonbuch auf, schrieb sich die Nummer in ein kleines Notizbuch. Er wählte langsam und bedächtig. 99 59 11.

Es meldete sich eine ihm unbekannte Stimme. Der Mann in der Telefonzelle bat, den Herrn Generaloberst Udet sprechen zu können. »Es tut mir leid«, antwortete der andere. »Ich glaube nicht … Aber wenn Sie sich einen Augenblick gedulden wollen …«

Der Mann in der Zelle hörte im Hintergrund Stimmen.

Dann meldete sich der andere wieder. »Entschuldigen Sie, wie war Ihr Name bitte?«

»Baier. Erich Baier. Ich war bei Herrn Udet – bei Herrn Generaloberst. Früher einmal …« Baier hörte, wie der Mann den Hörer weglegte. Wieder die Stimme im Hintergrund. Dann war plötzlich Udet am Apparat.

»Mensch, Baier. Sie sind's? Von wo rufen Sie denn an?«

»Ich komme gerade von Hamburg«, antwortete Baier. »Ich bin noch am Bahnhof …«

»Der Baier!« wiederholte Udet. »Aber sicher müssen Sie kommen. Setzen Sie sich sofort in eine Taxe – wenn es eine gibt. Sonst holt der Herr Peters Sie mit meinem Wagen ab.«

»Nein, nein«, wehrte Baier ab. »Ich dachte nur, anrufen mußt du doch.«

Udet stand am Fenster und beobachtete die Straße, als der Wagen eine Viertelstunde später vor dem schmiedeeisernen Tor hielt. Er sah, wie sein ehemaliger Monteur ausstieg, sich durch das Fenster ins Innere des Wagens beugte. Dann kam Baier auf das Haus zu. Neugierig blickte er sich nach rechts und links um. Udet blieb am Fenster stehen, bis Baier aus seinem Blickfeld verschwunden war. Erst als es schellte, verließ er seinen Platz.

In der Halle traf er mit Peters zusammen, der öffnen wollte. Udet machte eine Handbewegung. »Lassen Sie nur, Peters! Es ist der Baier. Ein Stück aus der guten alten Zeit. – Ich gehe schon selbst.« Er öffnete die Tür. Baier schien einen Mann in Uniform erwartet zu haben. Als er Udet im grauen zweireihigen Flanellanzug vor sich stehen sah, ließ er die Hand, die sich schon halb zum Gruß gehoben hatte, sinken. Er machte eine etwas linkische Verbeugung.

»Na los! Rein, rein mit Ihnen!« Udet winkte ihn in die Halle. »Nur nicht so schüchtern.«

Baier zog seinen Mantel aus. Udet hatte die Zigarre, die er vorher abgelegt hatte, wieder aufgenommen. Er beobachtete den Monteur nachdenklich. »Wie lange haben wir uns jetzt eigentlich nicht gesehen?« fragte er. »Eine Ewigkeit, nicht?«

»Das letzte Mal«, meinte Baier, »das letzte Mal wohnten Sie noch in der Pommerschen Straße, Herr – Herr Generaloberst.«

Eine Sekunde blickte Udet unwillig. »Den General«, sagte er dann, »den lassen Sie heute ruhig mal beiseite.« Er durchquerte die Halle und bedeutete Baier voranzugehen. Etwas steif trat Baier in das große Herrenzimmer. Er blickte sich um und folgte Udet zur Bar. Mit einem sehr höflichen »Danke« nahm er das Glas Kognak. Sie tranken; für ein paar Sekunden schwiegen sie wie zwei Männer, die sich nach langer Zeit wiedersehen und feststellen müssen, daß die gemeinsamen Erinnerungen an ein Leben so entrückt waren, als ob sie schon nicht mehr zu ihnen gehörten. Eine Sekunde spürte Udet Enttäuschung. »Daß Sie gerade heute kommen mußten«, sagte er etwas rätselhaft.

»Ich kann doch nicht nach Berlin kommen – ohne mich bei Ihnen zu melden.« Baier blickte vor sich hin und sog hastig an der Zigarre. Er wehrte zuerst ab, als Udet ihm einen neuen Kognak anbot, dann trank er ihn doch. Er blickte auf, seine Augen gingen zu den Jagdtrophäen an den Wänden, zu dem großen Waffenschrank, der fast die ganze Breite des Zimmers einnahm. »Hier haben Sie mehr Platz als in der Pommerschen Straße«, sagte er. »Hier können Sie alles schön aufstellen.«

»Wollen Sie es sich ansehen?«

»Gern.« Baier nickte.

Udet ging voraus. Er zeigte ihm die einzelnen Zimmer, und dann standen sie am Fuß der Treppe, die in den ersten Stock hinaufführte. Im Treppenhaus hingen die Jagdtrophäen vieler Reisen. Langsam stiegen sie Stufe um Stufe hinauf. Baier hatte jetzt seine anfängliche Befangenheit verloren. Manchmal zeigte er auf eines der Erinnerungsstücke, auf einen kleinen Eskimo-Kajak, auf ein Massai-Schild. Er hatte plötzlich leuchtende Augen.

»Mein Gott, Baier. Haben Sie ein gutes Gedächtnis«, meinte Udet, als Baier sich jetzt an viele Einzelheiten erinnerte.

»Das weiß ich im Traum«, meinte Baier. »Ich habe das so oft

erzählt. Jedem, der hört, daß ich mal der Monteur von Herrn Udet war, daß ich mit Ihnen in Afrika, daß ich bei allen Flugtagen, bei der Filmerei in den Alpen und in Grönland, bei den Rennen in Amerika mit dabei war – jedem muß ich davon erzählen.« Baier streckte seine Zigarre mit der langen grauen Asche aus.

»Auf den Boden!« sagte Udet. »Nur auf den Boden mit der Asche. Heute ist alles erlaubt.« Er hatte die Tür zu dem sogenannten »Fliegerzimmer« im ersten Stock geöffnet. Die Wände waren, bis auf das Fenster und die Tür, mit Erinnerungsstükken bedeckt. Auf den niedrigen Regalen standen Bilder mit Widmungen und ein Pokal neben dem anderen. Die Sonne, die klare, kalte Sonne dieses ungewöhnlich schönen Tages schien in den Raum. Eine Sekunde spürte Udet nichts anderes als den Gedanken, daß das Leben gut und großzügig zu ihm gewesen war.

Baier war vor einem Pokal stehengeblieben. Er sah Udet an, dann nahm er den silbernen Becher in die Hand und drehte ihn so, daß man die eingravierte Schrift lesen konnte. Baier beschwor die Vergangenheit herauf: »Wissen Sie noch? Es hatte so stark geschneit, daß wir mit dem ›Flamingo‹ vom Tempelhofer Feld nicht starten konnten. Aber dann bekamen wir Schneekufen aus Augsburg und kamen zum Eibseerennen doch noch zurecht.«

Udet glaubte, den klaren Himmel jenes Tages über sich zu sehen. Sie hatten ihre Gesichter dick mit Creme eingeschmiert und ein paar alte englische Kamelhaarmäntel und Pelzstiefel angezogen, Beutestücke aus dem Ersten Weltkrieg. Sie hatten den Flug zusammen ohne Unterbrechung mit dem offenen »Flamingo« gemacht. Die Sonne ging hinter der Alpenkette unter, als sie auf dem Eibsee landeten. Er erinnerte sich jetzt wieder an die vermummten Gestalten der Schneeschipper, die die ovale Rennstrecke von dem Schnee freihielten und zu der Maschine gelaufen kamen, als sie ausrollten.

»Unser ›Flamingo‹ mußte im Freien übernachten«, erinnerte sich Baier. »Aber zum Rennen haben wir ihn wieder fit gekriegt. Es hat eigentlich immer geklappt.« Baier stellte den Pokal zurück. »Von dort flogen wir nach München. Wir wohnten im ›Regina‹. – Erinnern Sie sich nicht mehr? Es war an einem Dienstag. Faschingsdienstag 1929. An diesem Tag fand zum erstenmal wieder ein Umzug in München statt. Ich glaube, es war der erste nach dem Weltkrieg …«

»Natürlich, Baier! Und es war saukalt. Jetzt erinnere ich mich wieder. Es waren viele dabei, die hatten sich als Neger kostümiert. Abends lagen sie im Krankenhaus mit erfrorenen Beinen und Händen.«

Baier hatte schon wieder etwas anderes entdeckt: ein buntes Gummistück. Als er den Wasserball aufblies, zeigte sich eine Schrift auf der Rundung. Sie war noch gut lesbar: »Gruß von Udet – Bäderflug 1930«.

»Das war noch eine Zeit …« sagte Udet. »Fliegen, Baier, da bist du oben, weit weg. – Ob man je noch so fliegen wird?«

Während sie weiter durch den Raum schritten, während Baier erzählte und Udet mechanisch antwortete, stand ihm wieder die ganze Nutzlosigkeit dessen, was jetzt war, klar vor Augen … Das bittere, das beschämende Gefühl, etwas verraten und das eigentliche Ziel aus den Augen verloren zu haben. Er starrte auf die Bilder mit den Widmungen. Die besten waren die alten vergilbten Bilder von Flugzeugen, Maschinen, mit denen er um die Welt geflogen war, Aufnahmen von Hotels, in denen er gewohnt hatte … Und Bilder von Menschen. Von Frauen, von Männern, von Fliegern, von Weltkriegsgegnern, von all den wunderbaren und seltsamen Figuren, denen er in seinem Leben begegnet war. – »In Dankbarkeit gewidmet«, las er und hatte plötzlich das Gefühl, als säßen sie jetzt über ihn zu Gericht. Plötzlich schreckte er auf. »Wieviel Uhr ist es denn?«

Baier blickte auf seine Uhr: »Bald halb eins … Ich muß jetzt auch gehen.«

»Aber warum! Wer weiß, wann wir uns wiedersehen.« Sie gingen nach unten. Udet zog einen grauen Lodenmantel an. Sie verließen das Haus, spazierten unter den Bäumen im Garten entlang. Am Rand des Weges war das Laub zu Haufen zusammengefegt. Udet schob es mit den Füßen vor sich her.

Als sie die Frau von der Stallupöner Allee einbiegen sahen, sagte Udet: »Ich glaube, Sie kennen Frau Bleier noch ...«

Sie begrüßten sich. Dann bummelten sie gemeinsam zum Haus zurück. Udet war sehr gesprächig. Er erzählte und erzählte, machte Witze. Zuerst hatte die Frau ihn fast mit Unbehagen betrachtet, dann wandte sie sich an Baier. »Wie haben Sie das nur fertiggebracht? So gute Laune hat er seit langem nicht mehr gehabt.«

Baier lächelte verlegen.

Nachher saßen sie noch eine Weile an der Bar. Endlich erhob sich Baier. »Ich muß jetzt wirklich gehen«, sagte er. Auch Udet war aufgestanden. Er holte eine Kiste Zigarren. Es war noch eine der Kisten, die Barnekow in Amsterdam besorgt hatte, Zigarren mit Udets Bild auf den Bauchbinden. »Ihnen scheinen sie ja nicht geschmeckt zu haben«, meinte Udet. »Aber nehmen Sie eine Kiste mit, für Ihren Vater.«

Während Baier sich anzog, rief Udet Peters. Dann traten sie unter die Haustür und warteten, bis Peters mit dem BMW vorfuhr. Die beiden Männer reichten sich die Hand.

»Ich hoffe, ich habe nicht gestört«, sagte Baier. »Ich meine nur – das gibt's doch nicht, daß ich in Berlin bin und Sie nicht besuche ...«

Udet schleuderte die Zigarre weg. Sie schmeckte plötzlich strohig. Er legte Baier die Hand auf die Schulter. »Adieu. Und alles Gute – na, und was man so sagt«, meinte er rauh. Dann wandte er sich schnell um und trat zurück. Der Wagen fuhr an.

»Jetzt habe ich ihn ziehen lassen – und mich nicht mal bei ihm bedankt.«

»Bedankt? Wofür hättest du dich bei ihm bedanken sollen?« sagte die Frau. In dem Augenblick, da er sich in die Halle wandte, begegnete er ihrem erstaunten Blick.

»Heute morgen. Als ich anfing, Aufstellung zu machen, da stand ich mit leeren Händen da ...«, sagte er.

Sie brach in ein nervöses, unruhiges Lachen aus. »Der Baier, der kommt doch wieder.«

Udet zögerte mit der Antwort. Dann lachte er. »Das glaube ich nicht.«

»Fängst du schon wieder an?«

»Wenn mich einer fragen würde«, begann er nachdenklich, »welchen Wunsch ich hätte, ich meine, was einmal bleibt … Ich glaube, ich würde antworten: einen Freund. Einen Freund, dessen Erinnerung noch lebendig ist, wenn ich …« Er blickte auf. Sie stand unbeweglich vor ihm. Sie rang ihrem Gesicht ein mühsames, gepreßtes Lächeln ab. Er ging voraus. Sie setzten sich an die Bar. »Du siehst heute nett aus«, sagte er.

Sie blickte auf ihre rotlackierten Fingernägel und dann erstaunt auf ihn. »Langsam wird es mir unheimlich«, meinte sie. »Du machst mir Komplimente? Es ist lange her, daß ich so etwas von dir gehört habe. Du schimpfst nicht einmal, daß ich die Nägel rot lackiert habe? Das konntest du doch nie leiden.«

Er wandte sich um. Das Mädchen stand im Zimmer. »Das Essen, Herr Generaloberst«, sagte sie.

Als sie in das Eßzimmer traten, stand er eine Sekunde vor dem gedeckten Tisch. »Ente?« fragte er. »Wo ist die her?«

»Von uns zu Hause«, antwortete das Mädchen leise.

»Na schön, wenn's schon so feierlich zugeht, dann stifte ich Champagner. Die beste Pulle, die wir im Hause haben.« Er schob schon bald seinen Teller beiseite, faltete seine Serviette sorgfältig und stellte das Glas vor sich hin.

Sie tranken den Kaffee in der Halle. Sie saßen vor dem Kamin. Die Sonne schien hell ins Zimmer. Inge Bleier hatte die Karten genommen und begann sie auszulegen, aber er winkte ab.

»Du brauchst sie mir nicht zu legen«, sagte er. »Heute nicht mehr.« Er nahm das Spiel, mischte es ungeschickt und begann dann acht Karten in einer Reihe aufzudecken.

»Kannst du denn Karten legen?« fragte sie.

Er nickte. Er legte eine neue Reihe auf.

»Sieben müssen das sein«, korrigierte sie.

Aber er schüttelte den Kopf. Er machte ein ernstes, überlegenes Gesicht. Dann nahm er wieder ein paar Karten in die Hand, deckte drei andere damit zu, nahm sie zusammen auf. Sie machte eine Bewegung, als wollte sie aufstehen. »Bleib sitzen«, sagte er. »Ich weiß, du kannst schlecht zuhören, aber heute solltest du es tun.«

»Das ist doch Unsinn, du kannst doch gar nicht Karten legen.«

»Das ist ein neues System«, sagte er lächelnd. »Das kennst du nicht.« Er deutete auf eine Karte. »Das bist du. Du wirst eine Zeitlang allein sein, aber siehst du«, er deutete auf zwei in der Nähe liegende Karten, »da warten schon einige …«

»Bitte!« sagte sie. »Hör auf! Ich will nichts hören. Du bist heute so sonderbar. Ich habe Angst.«

»Angst? Um mich?« Er lachte. Er deutete auf eine andere Karte. »Das bin ich. Herrlich in Gala, nicht wahr? Aber abgeschossen. Ganz in einer Ecke, allein. Es ist aus mit ihm. Guck dir sein Gesicht an. Das richtige Gesicht hinter der Galauniform. Das Gesicht eines Mannes, der sich etwas zu spät fragt, wie alles gekommen ist.« Er blickte sie jetzt an. »Da ist er gelandet. – Er wollte Flugzeuge bauen und hat vergessen, daß es Bomber werden. Er hatte sich eine Uniform angezogen und gemeint, das sei einfach nur ein Kleid, das man an- und ablegen kann …«

»Bitte«, sagte sie, aber er fuhr ungerührt fort.

»Sieh ihn dir genau an. Selbst jetzt gibt's für ihn keinen anderen Weg, als sich davonzustehlen und den anderen das Lügen zu überlassen … Du wirst es sehen. Sie werden sagen, ich sei am Herzschlag gestorben. Sie werden mir ein Staatsbegräbnis geben. Dann bin ich noch einmal der feine Max. – Aber sie werden noch einmal lügen müssen. Sie werden dastehen, und ein toter, stummer Mann wird ihnen sagen, was er sich als Lebender nicht getraut hat.«

Sie fegte mit einer heftigen Bewegung die Karten beiseite. »Ich will nichts hören!« Sie schrie es fast. »Ich kann es nicht mehr hören. Du erzählst mir das die ganze Zeit. Ich kann nicht mehr. Ich will es nicht mehr hören.«

Er war aufgestanden. Er kniete vor dem Kamin und strich ein Zündholz an. Er schützte die Flamme mit seiner Hand und hielt sie an das Papier unter dem Reisig. Die Sonne war matter geworden. Durch das offene Fenster hörte man den Wind, der aufgekommen war. Langsam wurden die Schatten im Raum länger. Sie saßen um das aufflackernde Feuer, bis es im Raum völlig dunkel geworden war. Dann erhob er sich und verließ die Halle. Als er zurückkam, stand sie beim Telefon. Sie hatte gerade den Hörer aufgelegt. Er trat auf sie zu. Er hob die Sektflasche und deutete auf das Etikett.

»Ich habe noch eine letzte Flasche gefunden«, sagte er. »Wunderbarer Krug. Weißt du noch, wir haben ihn getrunken, damals als …«

»Laß uns gehen«, unterbrach sie ihn. »Bitte, tu mir den Gefallen. Die Winters haben angerufen. Sie haben uns eingeladen. Wir sollen zu ihnen kommen, zum Abendessen.«

Er hatte die Flasche geöffnet. Er starrte sie eine Sekunde an, während der weiße Schaum aus der Flasche über seine Hände lief. »Heute«, sagte er, »ausgehen? – Komm, setz dich. Ich habe dir noch so vieles zu sagen. Es gibt noch viele Dinge, die zu regeln sind …«

»Bitte«, sagte sie, »laß uns zu Winters gehen.« Sie blickte sich im Raum um. »Ich kann nicht hierbleiben. Ich möchte gehen.« Sie nahm das gefüllte Glas, das er ihr reichte. Aber sie trank noch nicht. »Laß uns gehen«, beharrte sie. »Es ist bestimmt das beste. Du kommst auf andere Gedanken.«

Er senkte den Kopf. »Schön«, sagte er dann. »Heute tu ich dir auch den Gefallen.« Er hatte plötzlich ein Gefühl der Leere, seine Ohren begannen wieder zu schmerzen, ein unaufhörliches, pochendes Trommeln, das in seinem Kopf dröhnte.

Er hatte sich umgezogen. Dann waren sie zu ihrer Wohnung am Karolinger Platz gefahren. Er hatte gewartet, bis sie ein anderes Kleid angezogen hatte. Er hatte ihr schweigend in den Nerz geholfen. Sie trug ihn zum erstenmal in diesem Winter.

»Ich mußte ihn herschleppen«, meinte sie später zu Edi Winter. In einem großen Raum war zum Abendessen gedeckt.

Udets Gesicht war fahl, als er sich an den Tisch setzte. Ein Mädchen im schwarzen Kleid und mit weißer Schürze trug auf. Udet hielt seine Hand über den Teller, als sie zu ihm trat. »Mich müßt ihr entschuldigen«, sagte er. Er lächelte mühsam. »Fragt die Inge – wir hatten schon heute mittag Ente. Zweimal eine Henkersmahlzeit – das ist mir zuviel.« In der Mitte des Tisches stand eine Kristallvase mit roten Astern. Eine Weile starrte Udet auf die Blumen. Dann blickte er von einem zum andern. »Um Gottes willen«, sagte er, »laßt euch nicht stören.« Er schlug mit dem Löffel gegen sein Sektglas. »Solange ihr keine Rede von mir verlangt und mir was zu trinken gebt …«

»So geht das den ganzen Tag schon«, vertraute Frau Bleier sich nach dem Essen dem Hausherrn, Edi Winter, an. »Den ganzen Tag redet er von nichts anderem, als daß er sich umbringen will. Wir müssen ihn aufheitern.«

»Laß nur, Inge«, meinte Winter beruhigend. »Mach dir keine Sorgen, jemand, der so viel davon spricht, der tut das nicht.«

Sie blieben bei Winters bis ein Uhr morgens. Man hatte sie zum Wagen begleitet, und dann fuhren sie durch die dunkle, düstere Stadt. Er hatte den Weg zur Stallupöner Allee eingeschlagen. Sie legte die Hand auf seinen Arm. »Fahr mich in meine Wohnung«, sagte sie. Er antwortete nicht. Schweigend fuhr er weiter. Sie hatte sich vorgebeugt und starrte aus dem Fenster. Die schmalen Schlitze der Scheinwerfer erhellten die Straße kaum. Nur manchmal an einer Kreuzung leuchteten phosphorbestrichene Randsteine auf.

»Bitte, Erni«, wiederholte sie. »Ich möchte wirklich, daß du mich nach Hause fährst.«

Er warf einen schnellen Blick zu ihr hinüber. Er fuhr den Wagen zum Rand der Straße und hielt. »Es ist noch so früh«, sagte er. »Das Feuer im Kamin wird noch brennen. Ein paar Gläser könnten wir noch zusammen trinken.«

»Bitte nicht«, sagte sie hastig. Wie schon so oft, hatte sie ein Gefühl der Angst. Die Angst, daß er, wenn er fiel, sie mit sich reißen könnte. »Ich komme morgen – das heißt heute – zum Frühstück.«

»Nur eine Stunde«, bat er. »Eine oder zwei Stunden, in denen ich nicht allein durch das Haus gehen muß, in denen ich nicht allein an der Bar sitze, allein mit …« Er schwieg plötzlich und startete den Wagen. Als er wieder hielt, sah sie, daß sie zu Hause war. »Es ist wirklich besser so«, sagte sie.

»Vielleicht hast du recht. Vielleicht muß man dazu wirklich allein sein.« Er blickte sie an. »Ich bin jetzt allein«, sagte er.

Er stieß den Wagenschlag auf, ging um den Wagen herum und öffnete ihr die Tür. Er reichte ihr die Hand, als sie ausstieg. Sie gingen über das Trottoir zur Haustür.

»Ich kann wirklich nicht mitkommen«, sagte sie. »Was sollen die Leute denken, wenn ich morgen früh in meinem Mantel auf die Straße gehe – in einem Nerz.« Sie hatte die Tür aufgeschlossen. Er starrte auf ihr blond schimmerndes Haar in der Dunkelheit.

9.

Er war noch eine Stunde durch die Stadt gefahren. Er hatte vor Horcher gehalten, vor einem Lokal in der Budapester Straße. Dann wurde sein BMW noch vor dem Flughafen Tempelhof gesehen. Kurz vor halb drei Uhr bog sein Wagen, von der Heerstraße her kommend, in die Stallupöner Allee ein. In diesem Augenblick sah Udet den Wagen, der ihm entgegenkam. Er lenkte den BMW hinüber auf die rechte Seite.

Der andere Wagen hatte gehalten. Udet drehte das Fenster neben seinem Sitz herunter. Als er vorüberfuhr, sah er eine Gestalt aus dem anderen Wagen steigen. Udet erkannte einen Mann, der durch die Dunkelheit hinter seinem Wagen herrannte. Dann hatte er ihn erreicht, eine Hand umklammerte den Türrahmen. Schwer atmend lief der Mann neben dem langsam ausrollenden BMW her. Udet starrte zu dem Gesicht hinauf. Es war dunkel. Ein feiner, leiser Regen fiel, und die

Luft roch jetzt nach dem Laub und nach den Kiefern des nahen Waldes.

Barnekow fuhr sich mit dem Arm über die Stirn. »Das bißchen Laufen hat mich ganz schön außer Puste gebracht«, sagte er ... Plötzlich beugte er sich zum Fenster herunter. »Alles in Ordnung ...?«

»Was – was soll nicht in Ordnung sein?« sagte Udet stockkend.

Trotz der Dunkelheit sah er, wie der verstörte Ausdruck in Barnekows Gesicht langsam verschwand. Barnekow schüttelte den Kopf. Er ließ die Arme sinken.

»Entschuldige«, sagte er mühsam, »es war eine verrückte Idee, und sie überfiel mich plötzlich.«

»Heraus mit der Sprache«, sagte Udet.

Barnekow starrte leer vor sich hin. »Wirklich ...«, begann er. »Es war nichts. Es war einfach ... Vor drei Tagen, am Donnerstag, dem Tag, an dem wir uns zum letztenmal gesehen haben ... Du erinnerst dich. Ich war in deinem Zimmer, als du etwas in den Panzerschrank geschlossen hast.«

»Ein Kuvert«, sagte Udet ruhig.

»Verdammt noch mal, ja, ein Kuvert.« Barnekows Stimme klang plötzlich erstickt. »Ich habe dich beobachtet, wie du es verschlossen hast ... Dein Gesicht dabei.«

»Also gut«, sagte Udet. »Es war mein Testament.«

»Das fiel mir plötzlich ein, und ...« Barnekow gebrauchte plötzlich das »Sie«. – »Sie haben doch nicht die Absicht? ... Udlinger, ich tauge nicht viel. Ich habe ein bißchen zuviel bei Ihnen schmarotzt. Wenn Sie jetzt aufgeben, dann weiß ich nicht ...« Plötzlich, ehe Udet ihn zurückhalten konnte, war Barnekow verschwunden. Udet sah ihn zu seinem Wagen laufen. Einen Augenblick lang dachte er daran, ihn zurückzurufen.

Er fuhr den Wagen in die Garage. Er schloß langsam und sorgfältig ab und prüfte die Klinke. Als er dann ins Haus trat, blieb er einen Augenblick lang in der dunklen Halle stehen. Plötzlich flammte das Licht auf. Peters kam die Treppe von seiner Wohnung im Souterrain herauf. »Was machen Sie denn noch?« fragte Udet.

»Ich habe Ihren Wagen gehört.« Peters hielt den Mantel über der Brust zusammen. »Ich wollte Ihnen nur sagen, Hauptmann von Barnekow hat hier auf Sie gewartet. Ich sagte ihm, daß Sie zu Winters gegangen seien und daß es wohl spät würde. Aber er wollte auf Sie warten. Ich habe ihn vor noch nicht langer Zeit erst hinausgelassen.«

»Wissen Sie, was er wollte?« fragte Udet.

»Nein. Er hat den ganzen Abend an der Bar gewartet – und«, Peters lächelte, »kaum etwas getrunken.« Dann fügte er hinzu: »Kann ich noch etwas tun, Herr Generaloberst?«

Udet schüttelte den Kopf.

»Und morgen früh?« fragte Peters. »Wegen des Frühstücks … Gehen Sie ins Amt?«

»Nein!« schrie Udet plötzlich. »Ich gehe nicht ins Amt! … Lassen Sie mich in Ruhe mit Ihrem Frühstück. Gehen Sie!«

Peters wandte sich um. Er war schon an der Treppe, als Udet noch fragte: »Und angerufen hat niemand? – Frau Bleier?«

»Nein, Herr Generaloberst.«

»Ist gut – übrigens, Peters«, er zögerte. »Ach ja, das Laub im Garten, auf dem Weg, machen Sie sich nicht zuviel Arbeit damit. Lassen Sie es liegen. Ich mag es gern. – Gute Nacht.«

Plötzlich war das Haus wieder still und dunkel. Zaudernd stand er einen Augenblick in der Halle, ging zur Treppe, die nach oben führte. Aus dem Treppenhaus strömte ihm ein eigenartiger Geruch entgegen, der leicht modrige Geruch nach ausgestopften Tieren. Unbeweglich blieb er auf der ersten Stufe stehen. Sein Kopf dröhnte vor Schmerzen. Dann verstummte das Trommeln, und es blieb nichts als das Pochen seines Herzens.

Er machte kein Licht, als er durch die Halle zur Bar ging. Er zündete eine kleine Lampe an. Er suchte lange unter den Flaschen. Dann nahm er eine Flasche Kognak. Er trug sie hinüber zu dem Sessel am Kamin. Ein bißchen Glut lag noch in der Feuerstelle, ganz nach hinten gekehrt. Er stellte die Flasche ab,

274

trank ein Glas, dann ging er zum Telefon. Er hob den Hörer ab. Er zögerte eine Weile, dann wählte er eine Nummer. Niemand kam an den Apparat, er ließ es weiter klingeln. Ganz unvermittelt war dann ihre Stimme da, unsicher und nervös. »Ich habe dir gesagt, ich komme nicht … Und ruf bitte nicht wieder an. Bitte! Ich komme zum Frühstück. Dann können wir über alles reden.«

Er hielt den Hörer noch eine ganze Weile in der Hand, ehe er ihn zurücklegte. Er nahm die Flasche und das Glas. Im Dunkeln stieg er die Treppe hinauf und ging in sein Schlafzimmer. Mit einem vollen Glas trat er dann ans Fenster, das zum Garten hinausging. Er trank schnell. Er stand wohl eine halbe Stunde dort und starrte hinaus in die Nacht. Dann stellte er das Glas weg und warf sich auf das Bett. Plötzlich wußte er, daß es etwas mehr war als ein schwieriger Flug, bei dem das Trinken ihm geholfen hatte.

Er hatte kein Gefühl, wie spät es war, als er aufwachte. Draußen war es schon hell. Aber selbst das besagte nichts. Die Zeit schien stillzustehen. Er ging hinüber in das Bad. Er wusch sich. Dann zog er den rotgrauen Bademantel an. Er lief die Treppe hinunter ins Herrenzimmer. Er öffnete die Tür des Gewehrschrankes. Sein Blick glitt über die schwarzen Läufe. Schließlich nahm er eine Waffe. Er wog sie in der Hand. Plötzlich durchschoß ihn eine neue Angst. Sein Herz hämmerte, und es schien ihm ganz unmöglich, dieses laute, pochende Herz zum Schweigen bringen zu können.

Er legte die Waffe zurück und nahm eine neue. Als er sich mit dem Colt in der Hand umdrehte, fiel das Licht auf den Lauf. Aus einer Schachtel holte er die Munition. Er steckte die Zehn-Millimeter-Kugeln in die Trommel, dann eilte er nach oben.

Er öffnete die Tür zu dem Fliegerzimmer, in dem er am Morgen mit Baier gestanden hatte. Er ging an den Wänden entlang. Die Ruhe, die er beim Aufwachen gespürt hatte, verließ ihn auch jetzt nicht. Er starrte auf die Wände. Ob es richtig gewesen war? Er wußte es nicht. Er wußte es auch jetzt noch nicht.

Aber es war sein Leben gewesen, und in der Zukunft warteten nur noch schwarze drohende Schatten. Er fühlte sich plötzlich befreit. Er stand nicht mit leeren Händen da! Es war doch noch etwas, das er zu verlieren hatte.

Er war müde und zerschlagen, als er in sein Schlafzimmer hinüberging. Er zog die Tür hinter sich zu. Er drehte den Schlüssel zweimal um. Er goß den Rest aus der Flasche in das Glas und trank es aus. Er spürte plötzlich den Wunsch, laut hinauszuschreien. Dann sah er den Rotstift auf der Kommode liegen. Er griff danach. Er blickte sich um. Dann schrieb er mit wilden Bewegungen einige Sätze an die Bettlade am Kopfende des breiten französischen Bettes.

Erschöpft ließ er sich auf das Bett fallen. Die Hand mit der Pistole lag neben ihm. Sie schien nicht ihm zu gehören. Sie war nur das Werkzeug, das ihn richtete. Er stützte sich auf. Mit der anderen Hand griff er nach dem Telefonhörer neben seinem Bett. Er wählte die Nummer ruhig und sicher. Es war kurz vor neun Uhr, als bei Frau Bleier das Telefon klingelte.

Über dieses letzte Gespräch mit Ernst Udet am Morgen des 17. November 1941 sagt Frau Bleier heute: »– Ich weiß nicht, seine Stimme klang verzweifelt. Er erzählte mir, was in den letzten Stunden geschehen war. – Aber ich dachte, jetzt, wo diese Nacht vorbei ist, wird auch alles andere vorbeigehen. Ich sagte sehr schnell, daß ich gleich zum Frühstück komme. Übrigens war ein alter Freund von ihm, Floh Schneeberger, in Berlin. Ich dachte, das würde ihn freuen, und ich schlug ihm vor – aber er wollte niemand mehr sehen. Er sagte mir noch etwas Nettes, aber ich hatte Angst, als er es sagte. Ich hatte die ganz unsinnige Idee, daß alles gut werden würde, wenn er nur nicht weitersprach. Aber er meinte ganz ruhig: ›Sag Pilli Körner, daß er mein Testament im Panzerschrank findet ...‹

Ich weiß noch, ich schüttelte den Kopf, als könne ich ihn so zum Schweigen bringen, als könne ich so alles abwenden. Dann ... Ich kann es noch heute nicht sagen. War nur der Hörer heruntergefallen, oder hörte ich wirklich den Schuß ...?

Ich rief zurück, aber seine Leitung war belegt. Dann rief ich Edi Winter an: ›Komm schnell! Etwas Furchtbares ist passiert.‹ Dann habe ich Pilli Körner verständigt. Edi Winter holte mich in seinem Wagen ab. Zusammen fuhren wir zur Stallupöner Allee.«

Der Hausmeister, Herr Peters, sagte später zu Udets altem Manager, Walter Angermund, der zu dieser Zeit im Krankenhaus lag: »Das war in der Früh, Montag früh. – Der Schuß, das war unser Alarm ... Das Telefon im Schlafzimmer war ausgehängt, aber das sah ich erst später. Es war so um neun, kurz vor neun. Wir, meine Frau und ich, rauf. An der Tür gerüttelt, nichts rührt sich. Wir klopfen, aber er hatte sich eingeschlossen. Was nun? – Öffnen, öffnen! Wir sind gewaltsam rein, und dann lag er da ... Ich schickte meine Frau fort. Sie sollte im RLM anrufen.«

Der damalige Oberst Pendele sagt heute: »Am Montag um neun Uhr fünf klingelte in meinem Zimmer das Telefon. Ich ging an den Apparat. ›Um Gottes willen, Herr Oberst, kommen Sie sofort zum General! Es ist etwas Furchtbares passiert!‹ – Es war Frau Peters, die Hausmeisterin. Sie sagte weiter nichts. Ich nahm einen Arzt aus dem RLM mit und fuhr sofort in die Stallupöner Allee.«

Die ersten in der Stallupöner Allee an diesem Morgen waren Frau Bleier und Edi Winter. Frau Peters empfing sie an der Tür. Herr Peters hatte dann beide in den ersten Stock hinauf zum Schlafzimmer geführt. Peters ging voraus auf die Tür am Ende des Korridors zu. Frau Bleier hielt ihn plötzlich zurück.

»Es ist keine Hoffnung mehr?« fragte sie.

Peters schüttelte den Kopf. »Er ist tot.«

Als sie vor der Tür standen, hob sie die Hände vors Gesicht. Winter stützte sie. Dann ließ sie die Hände sinken. Von dort, wo sie stand, sah sie nur das Fenster. Das helle Licht dahinter schien ihr unwirklich. Er ist tot. – Die Worte hallten in ihr nach, aber sie schienen eine Bedeutung zu haben, die sie nicht zu fassen vermochte. – Udlinger, dachte sie, und mit diesem Wort verbanden sich Gedanken und Bilder, die zu der dumpfen, teilnahmslosen Ruhe dieses Hauses nicht paßten. Nein, dachte sie, als sie immer noch aus dem Fenster auf das gläserne Licht starrte. »Ich will es nicht sehen«, sagte sie. Sie rannte zurück, die Treppe hinunter. Winter folgte ihr.

Wenige Minuten später fuhr Udets Adjutant, Oberst Pendele, mit dem Arzt vor. Die Haustür stand offen, und die beiden Männer rannten hinauf in den ersten Stock. Sie schickten Peters hinunter, dann betraten sie den Raum. Pendele blieb bei der Tür stehen, als der Arzt an das Bett trat, auf dem der Tote in seinem rotgrauen Bademantel lag. Die rechte Hand hing über den Bettrand herab. Dort, auf dem Boden, lag die Waffe, ein mexikanischer Colt. Es war, als deutete die Hand darauf. Eine Sekunde lang zögerte der Arzt und starrte auf das blutüberströmte Bett. Dann beugte er sich über den Toten. Sein Gesicht war ratlos, als er sich dann wieder aufrichtete. Er stand da, mit hängenden Armen, in der linken Hand die Arzttasche. Dann trat er vom Bett zurück und stellte die Tasche auf die Kommode. Immer noch wich er Pendeles Blick aus.

»Wie? …« begann Pendele.

Der Arzt deutete mit zwei Fingern hinter sein rechtes Ohr auf die Halsschlagader. Er trat schnell an das Fenster und öffnete es. Er lächelte verlegen, als er sich wieder ins Zimmer wandte. Er griff nach seiner Tasche. Er warf noch einen letzten Blick auf den Toten. Dann sagte er: »Sie brauchen mich nicht mehr.«

In diesem Augenblick betrat der Staatssekretär Pilli Körner das Zimmer. Der Arzt verließ den Raum. Die beiden Männer schwiegen. Sie blickten sich an; eine Sekunde, in der jeder die Hoffnung zu haben schien, in dem Gesicht des anderen eine Erklärung für das Geschehene zu lesen … Dann vermieden sie es, sich noch einmal anzusehen.

»Ich bin auch gerade erst gekommen«, sagte Pendele.

Körner war mit müden, schleppenden Bewegungen neben das Bett getreten. Er bückte sich und hob die Waffe auf. Er reichte sie Pendele. Plötzlich machte er eine heftige Handbewegung. Er deutete aufgeregt auf das Kopfende des breiten französischen Bettes. »Haben Sie – haben Sie das schon gesehen?«

Pendele trat auf die andere Seite des Bettes; in Gedanken nahm er dabei den Hörer des Telefons vom Boden auf und legte ihn in die Gabel zurück. Sie beugten sich beide gleichzeitig vor. Mit einem roten Fettstift standen drei Sätze auf das Holz des Bettes geschrieben:

Ingelein, warum hast du mich verlassen?

Auch der Eiserne*) hat mich betrogen.

Milch, dieser …

Die beiden Männer, zwischen denen der Tote lag, blickten sich stumm an. Dann ging Körner mit schweren, festen Schritten zur Tür und stieß sie zu. Als sie wieder aufsprang, lehnte er sich mit der Schulter dagegen. »Und nun?« fragte Pendele.

Körner nickte, als beantwortete er eine Frage. Und die beiden Männer schienen sich verstanden zu haben. Schweigend machten sie sich daran, die Schrift fortzuwischen. »Haben die anderen …« fragte Körner dann. »Ich werde mit ihnen sprechen.« Körner blickte unruhig zu der Bettlade hin, wo die Worte gestanden hatten. »Kein Wort darüber!« Er fuhr sich mit einer müden, ratlosen Geste über die Augen, und dann sagte er heftig: »Ich werde jetzt Karinhall anrufen … Sollen die sich den Kopf zerbrechen.«

Der Staatssekretär Pilli Körner hatte mit Karinhall gesprochen. Er hatte sich nicht direkt mit Göring verbinden lassen. Er hatte gebeten, ihm mitzuteilen, was geschehen war. Schon wenige Minuten später rief Göring selbst an. Nach dem Gespräch rief Körner alle im großen Herrenzimmer zusammen. Es waren Frau Bleier, Eduard Winter, Udets Adjutant Pendele, der Arzt, das Haushälterehepaar Peters, das Dienstmädchen.

Sie kamen leise ins Zimmer, sie sprachen leise. Bis auf die wenigen Geräusche, die sie durch das Fenster vernahmen, war

---

*) Eine Bezeichnung für Göring; der eigentliche Träger dieses Namens in der Fliegerei war der Bombenflieger des Ersten Weltkrieges Alfred Keller.

es still. Sie sahen Körner an und warteten. Körner machte eine ärgerliche Bewegung und hob plötzlich den Kopf. »Ich habe Ihnen folgendes zu sagen: Niemand darf etwas davon erfahren, niemand. Ich brauche Ihnen nicht zu sagen, was für Folgen es für Sie haben würde, wenn Sie dem zuwiderhandeln. Welche offizielle Formulierung getroffen wird, erfahren Sie noch. Bis dahin verläßt keiner das Haus.« Er richtete sich auf. »Auf jeden Fall – es muß ein Unfall sein …«

Er winkte Pendele und Peters und dem Arzt. Sie verließen zusammen den Raum. Nach einer halben Stunde kam Körner wieder. Er trat zu Frau Bleier. Er nahm sie am Arm. »Wenn Sie ihn noch einmal sehen wollen …« sagte er.

Sie schüttelte den Kopf, aber sie erhob sich doch und ließ sich von ihm aus dem Zimmer führen. »Sie müssen damit fertig werden«, sagte er, aber er schien von seinen Worten selbst nicht überzeugt zu sein. Hinter den Tränen auf ihrem Gesicht erschien ein krampfhaftes Lächeln. »Muß das sein?« fragte sie.

»Sie brauchen keine Angst zu haben«, antwortete Körner stockend. »Wir haben ihn …«

»Nein«, unterbrach sie hastig, »das meine ich nicht. Ich meine, er ist doch tot, wozu da diese … Was will man denn sagen, wie er gestorben ist?«

Körner ging weiter, ohne zu antworten, aber dann, als sie vor der Tür zum Bad standen, sagte er rauh: »Lassen Sie, er hat es hinter sich … Er wollte sicher nicht, daß man ihn nun betrauert.«

»Als sein Vater starb«, sagte sie unvermittelt, »hatte er einen seltsamen Wunsch. Er wollte, daß sein Sohn seine Asche nehme und aus dem Flugzeug über den Alpen ausstreue. Wissen Sie, sein Vater hat die Berge sehr geliebt. – Erni hat es nie getan. Aber immer hat er davon gesprochen … ›Ich hätte es doch tun sollen‹, sagte er mir. ›Menschen brauchen keine Denkmäler.‹« Körner deutete fragend auf die Tür. Sie nickte jetzt ruhig.

Sie hatten ihn gewaschen und im Bad aufgebahrt, und dann war sie froh, daß sie ihn noch einmal gesehen hatte. Es waren nur ein paar Sekunden, in denen sie dort stand und auf sein

Gesicht starrte, aber als sie wieder auf den Gang trat, war es, als begleitete sie die Ruhe auf seinem Gesicht. Die Ruhe war auch noch gegenwärtig, als sie später das Haus verließ. Auf der Schwelle wandte sie sich noch einmal um, aber das Haus selbst schien nichts mehr mit dem Toten zu tun zu haben. Und als sie weiterging, war es, als nehme sie das, was von einem Leben bleibt, mit sich und als bliebe das Haus leer hinter ihr zurück.

10.

Bis zum Mittag des 17. November hat man sich in Karinhall entschieden. Schon um vierzehn Uhr des gleichen Tages gibt der Reichssender Berlin die Todesmeldung durch: Unglücksfall bei der Erprobung einer neuen Waffe. Die offizielle Meldung des »Deutschen Nachrichten-Büros«, die am Abend vorliegt, lautet:

»Der Generalluftzeugmeister, Generaloberst Ernst Udet, erlitt am Montag, dem 17. November 1941, bei Erprobung einer neuen Waffe einen so schweren Unglücksfall, daß er an den Verletzungen auf dem Transport verschied. Der Führer hat für den auf tragische Weise in Erfüllung seiner Pflicht dahingegangenen Offizier ein Staatsbegräbnis angeordnet.

In Anerkennung der hervorragenden Leistungen des im Weltkrieg in zweiundsechzig Luftkämpfen siegreichen Jagdfliegers und in Würdigung der hohen Verdienste bei dem Aufbau der Luftwaffe hat der Führer den Generaloberst Udet durch Verleihung seines Namens an das Jagdgeschwader III ausgezeichnet.«

Noch am gleichen Tag erscheint in der Wohnung von Udets Mutter in der Mauerkircher Straße in München der Kommandeur des Luftgaues VII, General Zenetti, um ihr und Udets Schwester persönlich die Nachricht zu überbringen. Am Donnerstag, dem 20. November, fliegen die beiden Frauen nach Berlin. Bei ihnen ist Lo, Udets geschiedene Frau. Sie ist längst wieder verheiratet, aber bei der Todesnachricht ist sie sofort von Kufstein nach München geeilt. Ein alter Fliegerfreund Udets, der Oberstleutnant Franz Hailer, wird beauftragt, die Frauen nach Berlin zu begleiten. Am Donnerstagabend landet die Maschine auf dem Flugplatz Tempelhof. Der Oberst Pendele ist da, um die Ankommenden abzuholen. Er bringt sie ins Hotel »Kaiserhof«. In diesem Hotel wird der Generalfeldmarschall Milch der Mutter bei einem Kondolenzbesuch ausführlich den Hergang des »Unfalls« schildern. Er wird etwas von neuartigen, komplizierten Waffen erzählen und auch ihr die Wahrheit verschweigen. Ihre Bitte, den Sohn noch einmal sehen zu dürfen, wird abgeschlagen.

Schon am Dienstag, einen Tag nach seinem Tode, hat man die Leiche Udets auf einer Lafette von der Stallupöner Allee ins RLM gebracht. Der von den Bühnenbildnern und Dekorateuren ausgeklügelte Schlußakt eines Schauspiels, das man dem Volk schuldig zu sein glaubt, beginnt. Am Dienstag werden die großen weißen Einladungskarten verschickt. »Der Reichsmarschall des Großdeutschen Reiches und Oberbefehlshaber der Luftwaffe beehrt sich, zu dem am Freitag, dem 21. November 1941, elf Uhr, im Ehrensaal des Reichsluftfahrtministeriums in der Wilhelmstraße stattfindenden Staatsakt anläßlich des Staatsbegräbnisses des verewigten Generalluftzeugmeisters Generaloberst Dr. h. c. Ernst Udet einzuladen.«

Die Funksprüche und Telegramme an Offiziere, die Ehrenwache halten sollen, gehen hinaus an die Front. Die Wochenschau wird verständigt. Die Techniker des Reichssenders legen ihre Leitungen in den Saal. Die Flakersatzabteilung 12 aus Berlin-Lankwitz wird beauftragt, die Ehrenbatterie, die Musikkapelle, das Salutkommando, die Sarg- und Kranzträger zu stellen.

Der Sarg stand auf einem Katafalk im Ehrensaal des Reichsluftfahrtministeriums. Um zehn Uhr fünfundvierzig hatten alle Eingeladenen ihre Plätze eingenommen. Über den vier schwarz umflorten Pylonen züngelten die Flammen. Ihr Widerschein geisterte auf den Gesichtern der Luftwaffenoffiziere, die neben dem Sarg die Ehrenwache hielten. Sie standen dort mit Stahlhelm, in hohen Stiefeln, mit gezogenem Degen, Galland, Lützow, Oesau, Peltz – die Fliegerhelden der Nation, von den Regisseuren des Staatsakts herbefohlen. Morgen schon würden sie wieder an die Front zurückkehren, hinter ihre Visiere und Zielgeräte, nach denen sie sich in diesem Augenblick zurücksehnen mochten. Was hier im Ehrensaal geschah, hatte nichts mehr mit dem Mann zu tun, an dessen Sarg sie die Ehrenwache hielten. Nicht einmal die drei Frauen, Udets Mutter, seine Schwester und Frau Bleier, die tief verschleiert in der ersten Stuhlreihe saßen, mochten glauben, daß zweihundertvierzig Kränze und das monotone Summen der Wochenschaukameras diesem Staatsakt einen Sinn geben konnten.

Die ganze Prominenz von Partei, Staat und Wehrmacht war zugegen. Eine kleine Besetzung der Berliner Philharmoniker spielte, den Trauermarsch aus Wagners »Götterdämmerung«. Es war kurz nach elf Uhr, als Göring von seinem Platz in der ersten Stuhlreihe aufstand, um die Trauerrede zu halten. In seiner taubengrauen Uniform und den rotbraunen Stiefeln mit den Sporen trat er vor den Katafalk:

»Jetzt müssen wir Abschied nehmen. Unfaßbar ist mir der Gedanke, daß Du, mein lieber Udet, nicht mehr unter uns weilst. Deine Verdienste zu rühmen, ist nicht meine Aufgabe, denn durch Deine Taten bist Du unsterblich geworden …

Durch Deinen persönlichen Einsatz gabst Du unseren tapferen jungen Fliegern das Vertrauen zu ihren Waffen. Denn was Du erdacht und erflogen hattest, das nahmen sie als selbstverständlich. Unendlicher Stolz mußte Dich erfüllen, wenn ich Dir immer wieder sagen konnte, daß unsere Flugzeuge, wie wir immer wieder vergleichen konnten, die besten waren und die besten sind und kraft Deiner Arbeit immer die besten bleiben werden …

Und so bist Du nun für uns gefallen, wieder weil Du alles selbst machen wolltest.«

Plötzlich unterbrach ein Schluchzen Görings Stimme. Er hatte Mühe, seine Rede zu beenden.

»Noch wissen wir nicht, wie wir die Lücke, die Du gelassen hast, ausfüllen sollen. Du warst ein so lebendiger Mensch, daß wir fast fühlen: Du bist immer unter uns.

Mit der Sicherheit und Siegeszuversicht, mit der Du gelebt hast, wollen wir weiterleben. Dein Tod soll uns bestärken. Und nun kann ich als letztes nur noch sagen: Mein bester Kamerad, leb wohl!«

Als die Männer dann den Sarg vom Katafalk hoben, waren die meisten auf den breiten Balkon des Ehrensaals getreten. Der Sarg wurde über den Hof getragen. Das hohe eiserne Gitter, das den Ehrenhof zur Straße abgrenzte, schwang zur Seite, und die Männer hoben den Sarg auf die Lafette. Die auf der Straße wartenden Offiziere eilten aufgeregt hin und her, wiesen Plätze an, und plötzlich war die Stille voller Stiefelschritte und Kommandos. Dann formierte sich der Zug. Zuerst die Fahnenträger, die Musikkapelle, die Kranzträger, die Adjutanten mit den Ordenskissen, dann die von Pferden gezogene Lafette mit dem Sarg. Dahinter, allein, Göring. Mit weitem Abstand Generäle in Mänteln mit schneeweiß leuchtenden Aufschlägen und die anderen Trauergäste. Sie warteten darauf, daß sich der Zug in Marsch setzte.

So würde er sich über die Wilhelmstraße zur Luisenstraße und zum Invalidenfriedhof bewegen. Nicht zum erstenmal. Nicht zum letztenmal. Die graue schnurgerade Straße hinunter – für viele von den Tausenden, die Spalier standen, eine Straße der Trauer, für andere eine Straße des schlechten Gewissens.

Der Morgen dieses Novembertages war kalt und grau, kalt und grau wie die Gesichter der Männer im Trauerzug. Es war, als stände in ihren Gesichtern schon etwas von dem geschrieben, was noch geschehen würde. Als wüßten sie schon um die bitteren und düsteren Jahre, die ihnen noch bevorstanden und die viele von ihnen nicht überleben würden.

Auch Raven von Barnekow war darunter. Mit starrem, un-

284

beweglichem Gesicht schritt er dahin. Kurz darauf, als Milch das Amt Udets übernommen hatte, ließ er sich versetzen. Und vier Wochen darauf war auch er tot. Wenige Tage nach dem Kriegseintritt Amerikas, am 8. Dezember 1941, erschoß er sich auf dem Gut seiner Eltern in Alt-Marin in Pommern auf der Jagd.

Ein anderer im Trauerzug war der damalige General der Flieger Hermann Dahlmann, ein Mann, der Udet schon seit dem Ersten Weltkrieg kannte. Als der Zug sich in Bewegung setzte, blickte er hinüber zu der düsteren, im Dunst des Morgens liegenden Fassade des Luftfahrtministeriums. Er stieß seinen Nebenmann, den Flugzeugindustriellen Fritz Siebel, an und deutete hinüber zu den Fenstern des Gebäudes. Sie waren alle geschlossen, aber hinter den Scheiben sah man dichtgedrängt die Gesichter der Menschen, die auf die Straße hinunterstarrten. Siebel nickte.

Von der Spitze des Zuges vernahmen sie jetzt die abgehackten Klänge des Musikkorps.

Dahlmann erinnert sich heute:

»Damals wußten wir noch nicht, was wirklich mit dem Udlinger geschehen war. Übrigens, noch vor dem Staatsbegräbnis bekamen wir im RLM die Nachricht, daß Mölders auf dem Flug zur Beisetzung Udets abgestürzt war, tödlich. Die Nachricht war noch vor der Trauerfeier eingetroffen, aber man hatte sie vor Göring geheimgehalten. Und noch eine zweite Nachricht war gekommen. Aus Dresden. Von dort war der General der Flieger Wilberg nach Berlin gestartet. Es war das allerschlechteste Wetter. Wilbergs Me Taifun war ohne Funktelefon. Man hatte ihn vorher gewarnt. Er flog aber trotzdem, und auch er stürzte tödlich ab …

Aber sehen Sie, an diesem Morgen sprachen wir nicht von den Toten. Vielleicht, weil es genug Pathos gegeben hatte. Vielleicht auch einfach nur, um nicht zu zeigen, wie nahe uns Udets Tod gegangen war. Ohne daß wir es merkten, hatten wir unsere Umgebung vergessen. Sie müssen das richtig verstehen, plötzlich waren wir mitten in unserer Erinnerung, und weil es

Erinnerungen an Udet waren … Wir erzählten uns plötzlich lustige Geschichten von ihm, wie's so geht.

Aber dann geschah etwas. Ich sah eine Frau, die Udet einmal nahegestanden hatte. Das war schon lange her. Es war eine Frau von Langen, eine geborene Gräfin Douglas; um 1930 herum konnte man ihr Bild auf den Titelseiten fast aller deutschen illustrierten Zeitungen sehen, denn sie war Ehrenhäuptling der Sioux-Indianer. Sie war damals oft mit Udet zusammen. Und als nun der Trauerzug am Hotel ›Kaiserhof‹ vorbeikam, da stand sie dort auf dem Podest eines Denkmals und – weinte.

… Und dann sah ich plötzlich auch die anderen Menschen, rechts und links von uns an der Straße. So etwas von echter Trauer unter den Menschen habe ich selten erlebt …

Ich weiß noch, wie ich zu meinen Nebenmännern sagte: ›Kinder, das ganze Volk weint – und wir machen hier Witzchen in Reih und Glied.‹«

So hatte man ihn begraben. Aber die Lüge um seinen Tod fiel auf die zurück, die sie erfunden hatten. Bald tauchten Gerüchte auf. Sie verstummten nie.

Ein paar Freunde kamen noch in das Haus in der Stallupöner Allee. Frau Bleier, Walter Angermund. Udets Mutter zog in das Haus, aber nur ein paar Wochen lang. Dann verließ sie es und kehrte nach München zurück.

Nichts blieb von diesem Haus, das die Erinnerungen an sein berühmtes Leben barg. Bald verschwand alles daraus, wurde verschenkt, in alle Winde verstreut, so wie Udet es selbst bestimmt hatte.

Wildfremde Leute, die sich als seine Freunde ausgaben, kamen um ein Souvenir zu erbitten. Die Erinnerungsstücke seines Fliegerlebens verschwanden, seine große kostbare Gewehrsammlung. Selbst seine Kleider wurden verteilt.

Die Waffe, mit der er sich getötet hatte, fand ihren Liebhaber. Udets Freund, Ritter von Greim, erbat sich von Udets Mutter das Bett, in dem er gestorben war. Es wurde auseinandergenommen, verpackt, mit einem Flugzeug nach München geschafft. Aber es verbrannte Ende des Krieges bei einem Bombenangriff. So, wie das Haus in der Stallupöner Allee 11 von Bomben zerstört wurde.

Als wollte es Udets Freunde prüfen, versuchte das Leben alles, um die Erinnerung an diesen Mann auszulöschen. Und doch hat es sich gezeigt, daß ein Mensch kein Denkmal braucht. Er braucht nur ein paar Freunde, in deren Erinnerung er weiterlebt.